AF503398

DES

JURIDICTIONS UNIVERSITAIRES

COMPOSITION - ATTRIBUTIONS CONTENTIEUSES

THÈSE POUR LE DOCTORAT

(SCIENCES JURIDIQUES)

Présentée et soutenue devant la Faculté de Droit de Lyon le 6 juillet 1899

PAR

George COMPAYRÉ

PARIS

LIBRAIRIE NOUVELLE DE DROIT ET DE JURISPRUDENCE

ARTHUR ROUSSEAU, ÉDITEUR

14, RUE SOUFFLOT ET RUE TOULLIER, 13

1899

THÈSE

POUR LE DOCTORAT

UNIVERSITÉ DE LYON. — FACULTÉ DE DROIT

DES

JURIDICTIONS UNIVERSITAIRES

COMPOSITION – ATTRIBUTIONS CONTENTIEUSES

THÈSE POUR LE DOCTORAT

(SCIENCES JURIDIQUES)

Présentée et soutenue devant la Faculté de Droit de Lyon le 6 juillet 1899

PAR

GEORGE COMPAYRÉ

PARIS

LIBRAIRIE NOUVELLE DE DROIT ET DE JURISPRUDENCE

ARTHUR ROUSSEAU, ÉDITEUR

14, RUE SOUFFLOT ET RUE TOULLIER, 13

1899

BIBLIOGRAPHIE

D. Serrigny. — *Traité de l'organisation, de la compétence et de la pro-cédure en matière contentieuse administrative*, 3ᵉ édit., Paris, Durand, 1865 ; t. III, p. 386-439.

Chauveau (Adolphe). — *Code d'instruction administrative*, 4ᵉ édit., par Tambour, Paris, Cosse etc., 1873, t. I, p. 504-520.

A. Batbie. — *Traité de droit public et administratif*, Paris, Larose et Forcel, 1886 ; t. I, p. 107-111 ; t. II, p. 351-388 ; t. IV, p. 507-562 ; t. VII, p. 448-450.

Simonet. — *Traité élémentaire de droit public et administratif*, Paris, Cotillon, 1893, p. 703-730.

E. Laferrière. — *Traité de la juridiction administrative et des recours contentieux*, 2ᵉ édit., Paris, Berger-Levrault, 1896 ; t. I, p. 421-430 ; t. II, p. 386, 580-583.

Th. Ducrocq. — *Cours de droit administratif*, etc., 7ᵉ édit., Paris, Fon-temoing ; t. II, p. 169-177, 487-544.

L. Gobron. — *Législation et jurisprudence de l'enseignement public et de l'enseignement privé en France*, Paris, Larose, 1896 ; extrait du *Ré-pertoire général alphabétique du droit français* de Fuzier-Hermann, au mot *Instruction publique*, 24ᵉ vol.

Dalloz. — *Répertoire de législation*, etc. au mot *Organisation de l'ins-truction publique*, t. XXXIV, 2ᵉ partie ; et *Supplément au Répertoire*, même mot, t. XII.

— *Code annoté des lois politiques et administratives*, t. II, au mot *En-seignement*.

A. de Beauchamp. — *Lois et règlements sur l'enseignement supérieur*, continué par A. Générés ; 5 vol., 1789-1898 ; Paris, Delalain.

Enquêtes et Documents relatifs à l'enseignement supérieur, impr. na-tion. ; fasc. XVI, 1885, *Universités* ; fasc. LXVIII, 1898, *Constitution et organisation des universités*.

E. de Resbecq. — *Code de l'enseignement primaire*, lois, décrets et ar-rêtés, Paris, Belin, 1887.

Société générale d'éducation, *Commentaire de la loi du 30 octobre 1886*, Paris, aux bureaux de la société, 1888.

P. Carrive. — *La nouvelle législation de l'enseignement primaire*, Paris, Hachette, 1889.

A. Rivet. — *La législation de l'enseignement primaire libre*, Th. Lyon, 1891.

A.-E. Pichard. — *Nouveau Code de l'enseignement primaire* ; 15e édit., Paris, Hachette, 1898.

O. Gréard. — *La législation de l'enseignement primaire en France depuis 1789* ; recueil des lois, règlements, etc ; 5 vol. parus, 1789-1883 ; Paris, Delalain.

— Mémoires et documents scolaires publiés par le Musée pédagogique, impr. nation. ; 1re série : fasc. I, *Le projet de loi sur l'organisation de l'enseignement primaire (1882-84) ; recueil de documents parlementaires relatifs à la discussion à la Chambre des députés*, 1884 ; — fasc. X, *Le projet de loi de l'enseignement primaire (1886) ; recueil de documents relatifs à la discussion au Sénat (1re délibération)*, 1886 ; — fasc. XI, *Recueil de documents relatifs à la discussion au Sénat (2e délibération)*, 1887 ; — fasc. XVIII, *Recueil de documents relatifs à la discussion à la Chambre*, 1886 ; — fasc. XX, *Règlements organiques de l'enseignement primaire*, 1887 ; — fasc. XL, *Décrets, arrêtés, circulaires et décisions ministérielles pour l'application de la loi du 30 octobre 1886* ; — fasc. LXXXVIII, *Recueil des arrêtés du conseil supérieur en matière disciplinaire et contentieuse (1880-1888)*, 1889 ; — fasc. C, *Lois et règlements sur l'enseignement primaire*, par J. d'Estournelles de Constant, 1890 ; — fasc. CX, *Recueil des arrêts rendus par le Conseil d'État et par le Tribunal des conflits sur les affaires relatives à l'enseignement primaire (1879-1891)*. 2e série : fasc. I, *Le mouvement des idées pédagogiques en France depuis 1870*, par H. Marion ; — fasc. II, *Législation et réglementation de l'enseignement primaire (1878-1888)*, par F. Martel ; — fasc. VI, *Le conseil supérieur de l'instruction publique*, par R. Jallifier.

— *Bulletin administratif du ministère de l'Instruction publique.*

JURIDICTIONS UNIVERSITAIRES

COMPOSITION. — ATTRIBUTIONS CONTENTIEUSES

INTRODUCTION

« On a souvent émis le vœu de voir codifier les lois administratives. Pour prouver combien un pareil vœu est
impossible à réaliser, il suffit de jeter les yeux sur une
branche quelconque de la législation qui compose cette
science qu'on appelle le droit administratif, par exemple,
l'organisation de l'instruction publique. Il est impossible
d'imaginer un chaos plus indigeste que celui que forment
les lois, décrets, ordonnances, règlements et arrêtés rendus en cette matière. Chaque loi, décret, ordonnance ou
règlement n'abroge que les dispositions antérieures contraires à celles du nouveau règlement, de sorte qu'il faut
combiner l'immense collection de ce prétendu « Code universitaire », pour en faire sortir les textes en vigueur.
Rien ne saurait donner aux personnes qui n'ont pas étudié cette matière une idée du désordre qui y règne. Après
avoir passé quarante-six ans à l'étude des lois de toutes
sortes, j'avoue n'avoir jamais rencontré un chaos pareil à
celui qui règne dans cette montagne de dispositions

contradictoires, se heurtant, se modifiant, s'abrogeant en partie, se ressuscitant pour se combattre. » Depuis 1865, époque à laquelle s'exprimait ainsi M. Serrigny [1], qui ne faisait guère, d'ailleurs, que répéter une plainte bien souvent formulée et que l'on trouve dès 1829 dans un texte officiel, dans le rapport du ministre de l'instruction publique qui précéda l'ordonnance du 26 mars 1820 sur l'administration supérieure de l'instruction publique [2], le chaos formé par la législation de l'instruction publique s'est encore peut-être bien accru.

En effet, depuis 1870, s'est opéré un mouvement considérable d'expansion des idées pédagogiques, de telle sorte que l'on peut dire que les questions d'enseignement et d'éducation nationale ne laissent plus personne d'indifférent en France. Les manifestations de ce mouvement ont été fort nombreuses et de la plus haute importance.

L'un des symptômes les plus remarquables, en même temps que l'une des causes qui ont le plus influé sur le développement ultérieur des idées et des institutions, a été la véritable transformation opérée par la loi du 27 février 1880 dans la composition du conseil supérieur de l'instruction publique et des conseils académiques, et plus tard par la loi du 30 octobre 1886 dans la composition des conseils départementaux de l'enseignement primaire. La grande nouveauté de ces lois a été de former presque exclusivement ces conseils des délégués élus des membres de l'enseignement public ; c'était appeler le personnel tout entier à se poser, à étudier les questions que ses man-

---

1. *Traité de l'organisation, de la compétence et de la procédure en matière contentieuse administrative*, 2ᵉ éd., t. III, p. 385.

2. De Beauchamp, *Lois et règlements sur l'enseignement supérieur*, t. 1, p. 619.

dataires auraient à résoudre. Les membres de l'enseignement public spécialement compétents et directement intéressés prenaient ainsi une part plus active au mouvement pédagogique énorme qui se produisait et qui aboutissait à un développement presque imprévu de l'instruction, de l'éducation nationales.

La limite des devoirs et des droits de l'Etat en matière d'enseignement se précisait et ce n'était pas dans le sens le moins libéral. L'œuvre de l'éducation nationale liée si intimement aux progrès de la démocratie, s'organisait; les trois ordres de l'enseignement se rapprochaient et ne formaient plus qu'un organisme commun. La République faisait aboutir des projets déjà formés sous l'Empire par des esprits libéraux : la liberté de l'enseignement supérieur, l'organisation de l'enseignement secondaire des jeunes filles, l'obligation de l'enseignement primaire.

C'était dans l'enseignement primaire qu'il y avait le plus à faire, c'est là aussi qu'on a le plus fait. L'évolution pédagogique, politique et sociale a été absolument complète ; il ne subsiste presque rien de la législation antérieure. Non seulement tous les programmes ont été remaniés, non seulement l'état matériel des écoles et la situation des maîtres ont été singulièrement améliorés, mais l'on a vu successivement prendre place dans la législation positive les principes de l'exigence de titres de capacité pour tous les maîtres soit publics soit privés, de l'obligation de l'instruction primaire, de la gratuité et de la laïcité de l'école publique.

Dans l'enseignement secondaire, considéré comme une suite naturelle de l'enseignement primaire, l'organisation générale n'avait pas à être modifiée, mais les problèmes les plus délicats se posaient à l'occasion des programmes et des méthodes ; les diverses réformes et revisions successivement faites n'ont pas donné encore la solution de la question du rôle social et politique de l'enseignement secondaire, question qui reste à l'ordre du jour et qui, jointe à celle de la sanction des études, du baccalauréat à laquelle elle est intimement liée, fait l'objet d'une étude en ce moment même. Signalons cependant l'organisation en 1880 de l'enseignement secondaire des jeunes filles, pour lequel on a su éviter la plupart des défauts et imperfections reconnus dans l'enseignement des garçons.

Dans l'enseignement supérieur, l'œuvre, moins compliquée que dans l'enseignement secondaire ou primaire, n'a pas été moins importante. Les facultés sont devenues des corps vivants où non seulement la vie scientifique est plus intense, plus active, mais où cette vie scientifique a été mise à portée des élèves, soit par des changements apportés à l'enseignement lui-même, à ses objets ou à sa forme, soit par de nouvelles institutions annexes sous forme de conférences, de laboratoires ou de bibliothèques. Les facultés, plus vivantes au point de vue scientifique, voient peu à peu se relâcher le régime administratif qui les coulait uniformément dans le même moule ; elles reçoivent la vie civile en 1885[1], en même temps qu'une organisation commune qui, réunissant en un groupe solidaire les facultés isolées dans leur spécialité, aboutit en 1896 à l'organisation des universités régionales.

Les réformes, les nouveautés que nous venons d'indiquer brièvement, ont naturellement donné lieu à une

----

1. Les facultés ont peut-être bien possédé la personnalité civile avant 1885 ; V. *Enquêtes et documents relatifs à l'enseignement supérieur*, t. XVI, p. 95 et 275 ; *Compte-rendu de la rentrée des facultés de Lyon, Allocution* de M. Caillemer, 1886, p. 17 et 18.

législation très considérable. Intéressante par les questions pédagogiques, politiques ou sociales qu'elle soulève,
cette législation ne présente pas en elle-même et au point
de vue administratif grand intérêt. Nous avons pourtant
cru qu'une étude du contentieux de l'instruction publique
pourrait être utile ; en effet, l'instruction publique dis-
tribue de la façon la plus complète l'enseignement des
trois degrés à un personnel d'élèves les plus divers ; elle a
un personnel considérable de maîtres de tous ordres et de
toutes catégories, elle confère les grades et délivre de nombreux brevets et certificats, elle est chargée de la surveillance de l'enseignement libre ou privé ; elle est ainsi en rapport, en contact, avec un grand nombre de personnes dont
les droits peuvent se trouver lésés, violés, par les actes de
ses agents ; d'autre part, par suite de son organisation particulière, elle possède de véritables tribunaux administratifs
qui lui sont spéciaux. Aujourd'hui que la conception du
contentieux administratif s'est faite plus nette, nous avons
pensé que l'exposé de la composition de ces tribunaux
universitaires, de leur fonctionnement et de leurs attributions contentieuses permettrait de se rendre compte si
les principes du droit administratif général ont réellement
pénétré dans l'organisation du contentieux de l'instruction publique, et si, d'autre part, l'on peut en tirer quelques conclusions intéressantes au point de vue de la conception de ce qu'on appelle le contentieux administratif.

Dans cette étude, nous n'examinerons que le contentieux proprement dit, laissant complètement de côté les
attributions disciplinaires des conseils universitaires, attributions qui rentrent certainement aussi dans le contentieux, et qui, d'ailleurs, sont réglementées de façon
très précise, mais qui soulèvent trop de questions déli-

cates, les motifs des poursuites étant laissés à l'appréciation souveraine des administrateurs et les motifs des peines
à infliger à l'appréciation des juridictions.

Nous nous placerons simplement aussi au point de vue
de la législation, sans nous occuper des considérations
politiques qui prennent une place trop souvent considérable dans les questions relatives à l'organisation de l'enseignement, de l'instruction publique. C'est là une difficulté de notre travail, difficulté dont nous nous sommes
rendu compte dès que nous avons entrepris l'étude de la
composition des divers conseils de l'enseignement.

Une autre difficulté, qui s'est présentée aussi immédiatement à nous, a été celle qui résulte du chaos formé par
la législation de l'instruction publique, chaos qui a toujours existé et existera toujours dans une administration
où les essais, les expériences sont nécessaires et se succè-
dent continuellement, et où les questions de pure administration sont considérées comme secondaires par rapport
aux questions pédagogiques auxquelles elles sont pourtant
étroitement liées. Il faut reconnaître que des améliorations
sont possibles et très désirables, à ce point de vue, et que
l'administration centrale devrait se préoccuper plus qu'elle
ne le fait de cet état de choses. Ainsi, la loi du 30 octobre
1886 a opéré un certain progrès en exposant un tableau
d'ensemble de l'organisation de l'enseignement primaire,
mais pourquoi cette loi organique a-t-elle laissé subsister
quelques lois antérieures alors surtout qu'elle les modifiait, comme la loi du 28 mars 1882 sur l'obligation de l'enseignement primaire, et que faut-il penser de la disposition par laquelle elle abroge toute une partie de la loi
du 15 mars 1850, abrogation dans laquelle est comprise,
sans que personne s'en doute et de sorte qu'il faut un

arrêt du Conseil d'État pour que l'on s'en aperçoive, une disposition essentielle relative aux attributions des conseils académiques [1] ? Le décret organique du 17 janvier 1887 rendu pour l'exécution de la loi du 30 octobre 1886 a bien remplacé et abrogé implicitement un grand nombre de règlements (implicitement, car il ne contient que la formule qui est de style pour tous les actes de l'instruction publique : « les dispositions contraires sont abrogées »...) ; il a abrogé vingt-sept décrets dont vingt et un datant de 1880 et des années suivantes, et vingt-huit arrêtés dont vingt-cinq publiés de 1880 à 1887 d'après la liste officielle [2], mais pourquoi laisse-t-il subsister des dispositions éparses dans d'autres règlements qui ne sont abrogés que pour partie? Pour éviter les inconvénients qui résultent de la publication successive de plusieurs règlements, l'administration a pris un autre système, qui conduit à des résultats encore plus singuliers, et dont l'arrêté organique du 17 janvier 1887 est un des meilleurs exemples : cet arrêté avait, le jour de sa publication, cent quarante articles, il en a aujourd'hui cent soixante-quatorze, dont de nombreux ont été successivement modifiés et même abrogés ; de sorte que pour faire une étude d'ensemble de cet arrêté il serait plus logique de prendre les textes dans l'ordre inverse de leur date de publication, en commençant par le plus récent. Pour donner un dernier exemple de la singulière façon dont l'administration de l'instruction publique comprend l'intérêt qu'il y a à présenter sur une même question l'ensemble de la législation et de la réglementation, pourquoi le décret du 26 juin 1880 sur le fonctionnement des conseils

1. V. p. 19, note 6, et p. 256.
2. V. *Mémoires du Musée pédagog.*, 1ʳᵉ série, fasc. 20, p. XXVI.

académiques n'a-t-il pas posé quelques règles générales de procédure, règles qu'il faut aller chercher dans divers décrets datant de 1850 ? Enfin, si l'on considère, d'autre part, que, comme l'administration semble bien l'admettre, les décrets, les arrêtés rendus en vertu d'une loi et pour son application sont abrogés de plein droit par l'abrogation de la loi elle-même[1], l'on se trouve en présence d'une réglementation qui ne se compose plus, comme on l'a dit, que de lacunes réunies par quelques dispositions éparses.

Une troisième difficulté de notre travail, plus importante parce qu'elle touche au fond même du sujet, a été la détermination des affaires contentieuses de l'enseignement, leur distinction d'avec les affaires purement administratives, la séparation de l'administration active et de la juridiction. Les conseils de l'enseignement sont avant tout des comités d'études, des commissions consultatives, qui ont aussi des attributions administratives, et qui possèdent enfin un pouvoir propre de juridiction ; la distinction entre ces diverses fonctions est souvent fort délicate à faire ; de plus, les administrateurs, ministre, recteurs, etc., ont certaines attributions administratives qui pourraient fort souvent être considérées comme des attributions contentieuses. Cela a été une grosse difficulté de notre travail et nous n'avons pu la résoudre de façon satisfaisante. Aussi, nous sommes-nous borné à étudier les affaires qui sont, aux termes mêmes de la législation ou de la jurisprudence, des affaires contentieuses ; ces affaires ne sont pas les seules qui puissent rentrer dans le contentieux administratif, mais leur étude suffit pour

---

1. V. rapport de M. Buisson à la section permanente du Conseil supérieur, déc. 1886, *Mémoires du Musée pédagog.*, fasc. cité, p. I.

donner une idée assez nette, croyons-nous, des affaires contentieuses de l'instruction publique.

Après un rapide historique depuis 1806, époque où l'instruction publique, l'université,a commencé d'être une administration particulière, et où l'on trouve quelques renseignements sur son contentieux, nous étudierons successivement la composition des divers conseils de l'enseignement considérés comme juridictions contentieuses, et l'exercice de leurs attributions en cette qualité.

CHAPITRE PREMIER

APERÇU GÉNÉRAL ET HISTORIQUE.

L'Université de France créée par la loi du 10 mai 1806 était « un corps chargé exclusivement de l'enseignement et de l'éducation nationale dans tout l'Empire » ; elle fut organisée par le décret du 17 mars 1808.

L'université comprend toutes les écoles, tous les établissements d'instruction ; aucune école ne peut être fondée hors de l'université et sans l'autorisation de son chef ; dès que cette autorisation est accordée, l'établissement fait partie intégrante de l'organisation de l'université[1] ; c'est le monopole absolu. A la tête de l'université se trouve un grand-maître et un conseil de l'université.

L'université est divisée en académies régionales[2] ; à la tête de chaque académie est placé un recteur, assisté d'un conseil académique composé de dix membres choisis par le grand-maître parmi les fonctionnaires et les officiers de l'académie[3] ; les conseils académiques ont des attributions fort larges et assez mal définies ; au point de vue auquel nous nous plaçons, ils connaissent de toutes les affaires contentieuses relatives aux écoles en général et aux membres de l'université[4].

---

1. Décret, 17 mars 1808, art. 2 et 3 ; les petits séminaires seuls restent en dehors de l'université.
2. Décret cité, art. 4 et art. 94.
3. Décret cité, art. 85 ; il s'agit, bien entendu, des *officiers d'académie*.
4. Décret cité, art. 87.

Le conseil de l'université comprend trente membres : dix conseillers titulaires choisis parmi les inspecteurs et les recteurs, et nommés à vie et brevetés par l'Empereur, et vingt conseillers ordinaires choisis chaque année par le grand-maître parmi les inspecteurs, les doyens et professeurs de faculté et les proviseurs des lycées [1]. Le conseil est divisé, pour l'étude des affaires qui lui sont soumises, en cinq sections dont une section du contentieux [2]. Les attributions contentieuses du conseil s'étendent à toutes les difficultés, à toutes les contestations relatives à l'enseignement, « à l'administration générale des académies et des écoles, aux membres de l'université », même quand des tiers y sont directement intéressés, à moins qu'ils ne consentent pas à s'en rapporter au jugement du conseil de l'université [3] ; ainsi, par exemple, le conseil connaissait des pourvois formés par les candidats non admis contre les opérations d'un concours devant les facultés, pour violation des formes prescrites [4] ; le recours au Conseil d'État était en principe ouvert contre les décisions du conseil, mais un certain nombre d'affaires échappaient à ce recours ; ainsi, en matière de comptabilité le conseil de l'université était souverain [5] : toutes les questions lui étaient soumises et il arrêtait définitivement tous les comptes re-

1. Décret cité, art. 69, 70 et 71.

2. Décret cité, art. 75.

3. Décret cité, art. 78 et 82 ; et décret, 15 novembre 1811, art. 82 ; V. pour la procédure : décret, 15 novembre 1811, chap. II.

4. Décret, 3 octobre 1809, art. 18 et 89 ; l'on retrouve cette règle dans de très nombreux textes : décret, 21 décembre 1818, art. 27 ; règl., 12 avril 1823, art. 34 et 35 ; règl., 1er mars 1825 ; 10 mai 1825 ; 31 mars 1840 ; 7 avril 1840 ; 11 janvier 1842, art. 56 ; 22 avril 1843, art. 58 ; 6 février 1846, art. 46 ; etc. V. p. 19 et 255.

5. Ce n'est que le 11 novembre 1828 que la comptabilité de l'université, de l'instruction publique fut soumise à la Cour des comptes.

latifs au fonctionnement de l'université [1]. Au point de vue de la discipline les pouvoirs du conseil étaient aussi des plus larges [2].

Il nous faut signaler une disposition encore en vigueur aujourd'hui [3] : « d'après les examens et sur les rapports favorables des facultés, visés par les recteurs, le grand-maître ratifie les réceptions aux grades. Dans le cas où il croira devoir refuser cette ratification, il en sera référé au ministre de l'intérieur, qui en fera rapport pour être pris, en Conseil d'Etat, le parti qui sera jugé convenable [4]. »

Le 21 septembre 1812, l'université qui avait formé jusqu'alors un corps absolument indépendant, était placée sous « la surveillance » du ministre de l'intérieur.

Au retour des Bourbons, l'université ne fut pas immédiatement supprimée ; l'ordonnance du 22 juin 1814 porte « qu'elle observera provisoirement les règlements en vigueur ». Mais l'ordonnance du 15 février 1815, qui ne fut d'ailleurs jamais expressément rapportée, organisa des universités régionales destinées à remplacer les académies ; un conseil présidé par le recteur avait dans chaque université les plus larges pouvoirs au point de vue administratif. Un conseil royal de l'instruction publique remplaçait le conseil de l'université ; pour la première fois l'université, l'instruction publique était dirigée par des personnes qui lui étaient étrangères : le conseil royal com-

1. Décret, 17 mars 1808, art. 68, 75, 77, 87 et 88 ; décret, 15 novembre 1811, art. 47 à 54, 111 à 115, 150 à 155 ; arrêtés, 10 novembre 1812 et 4 juin 1813.

2. Décret, 17 mars 1808, art. 39 à 49, 57, 79, 87 ; décret, 15 novembre 1811, art. 41 à 46, 63 à 76, 83 à 91.

3. V. p. 253.

4. Décret, 17 mars 1808, art. 58, § 1er.

prenait, en effet, douze membres, dont deux membres du clergé, deux membres de la magistrature et huit membres pris parmi les membres de l'enseignement ; les conseils des universités comprenaient le recteur et les doyens, un proviseur, puis l'archevêque ou l'évêque, le préfet, et trois notables.

Le 20 mars fit avorter cette tentative, et le 30 mars l'université impériale était rétablie.

Après les Cent-Jours, l'organisation des académies fut « provisoirement » maintenue, en raison « de la difficulté des temps », par l'ordonnance royale du 15 août 1815. Mais le grand-maître et le conseil de l'université font place à une commission de l'instruction publique composée de cinq membres [1], sous l'autorité du ministre de l'intérieur. Le 1er novembre 1820, la commission de l'instruction publique prend le nom de conseil royal de l'instruction publique. Le titre de grand-maître est restitué au chef de l'université, président du conseil royal, le 1er juin 1822. Les membres du conseil sont nommés par le roi « entre trois candidats présentés par le président, de l'avis du conseil [2] ». Le 26 août 1824, est créé un ministère des affaires ecclésiastiques et de l'instruction publique ; et enfin le service de l'instruction publique, rattaché au ministère de l'intérieur en 1828, devint le 10 février de la même année un ministère distinct.

Le conseil royal avait à peu près les mêmes attributions que l'ancien conseil de l'université, c'est-à-dire qu'il était tout-puissant en ce qui concernait les choses et le personnel de l'instruction publique. La loi du 22 juin 1833

1. L'ordonn. du 22 juillet 1820 porte ce nombre à sept.
2. Ordonn., 27 février 1821.

organisa la liberté de l'enseignement primaire, et créa des
comités communaux et des comités d'arrondissement qui
eurent certaines attributions administratives, mais surtout
des attributions de surveillance. La discipline des maîtres
privés était remise aux tribunaux de première instance
jugeant en chambre du conseil. Le conseil royal restait
compétent pour toutes les autres questions, quelles qu'elles
fussent.

Le 7 septembre 1845, « le conseil de l'université reprend
sa constitution telle qu'elle avait été établie au décret
organique du 17 mars 1808; il s'appelle conseil royal de
l'université ». L'enseignement primaire y est représenté
directement. Les conseils académiques ne sont plus sujets
au renouvellement annuel ; le nombre de leurs membres
est progressivement ramené par voie d'extinction au
chiffre de dix en outre du recteur.

La constitution de 1848 proclama la liberté de l'enseignement. Des idées nouvelles s'étaient fait jour ; nous
les résumerons brièvement : L'enseignement libre devait obtenir les plus grandes garanties, mais, aux termes mêmes de la constitution, il ne pouvait s'exercer que
sous la surveillance de l'État ; or, disait-on, l'université
c'est l'État enseignant, et c'est, d'autre part, le concurrent
nécessaire de l'enseignement libre ; ce n'est donc pas à
elle que peut être confiée la surveillance de cet enseignement ; d'un autre côté, la société tout entière est intéressée au bon fonctionnement de l'instruction publique,
c'est-à-dire, à la fois, de l'enseignement de l'État et de
l'enseignement libre, et il importe que la liberté de l'enseignement, principe essentiel, ne soit menacée par aucun
monopole ; or, ajoutait-on, la société ce n'est pas l'État, la
société a des intérêts, des droits autres que ceux de l'État,

supérieurs à ceux de l'État : il faut donc que, dans l'administration de l'instruction publique, à côté du ministre, seul représentant des droits de l'État, il y ait, tout au moins à titre consultatif, à côté de la représentation de l'université, de l'enseignement public, une représentation de l'enseignement libre, et surtout une représentation des droits et des intérêts de la société à laquelle doit être remise la direction suprême de l'enseignement[1]. Ces opinions, dont chacune est critiquable[2], aboutirent au vote de la loi du 15 mars 1850, qui bouleversait tout ce qu'on avait auparavant entendu sous le nom d'instruction publique.

Le vice capital de la loi de 1850, ou ce qui en faisait le mérite aux yeux de ses partisans, c'était d'avoir remis aux mains des conseils de l'instruction publique, composés d'après les idées que nous avons indiquées et dans lesquels la majorité appartenait à des personnes étrangères aux choses de l'enseignement, à la fois la surveillance de l'enseignement libre qui se réduisait à peu de chose, et l'administration générale, au moins au point de vue consultatif, de l'enseignement public ; de sorte que, par exemple, si les écoles libres pouvaient se créer librement sauf quelques formalités à remplir[3], le conseil supérieur

---

1. Rapport Beugnot à l'Assemblée législative, 6 octobre 1846 ; *Moniteur*, p. 3263 ; *Compte rendu, Annexes*, t. 2, p. 258.

2. V. p. 24 ; V. pour la critique de la loi de 1850, spécialement, l'exposé des motifs du projet de loi relatif au conseil supérieur et aux conseils académiques (loi du 27 février 1880), Chambre, 15 mars 1879, *Off.* du 29, p. 2657, ann. 1338 ; Rapport Chalamet, Chambre, 24 juin 1879, *Off.* du 7 juillet, p. 6286, ann. 1551 ; Sénat, 22 juillet 1879, *Off.* du 14 août, p. 8470, ann. 400 ; Rapport Barthélemy-Saint-Hilaire, 14 janvier 1880, *Off.* du 7 février, p. 1393, ann. 4 ; V. aussi, rapport Spuller, Chambre, 29 mai 1879, *Off.* du 12 juin, p. 5004, ann. 1442.

3. V. pour les écoles secondaires la législation encore en vigueur, p. 162.

de l'instruction publique était appelé à donner son avis
sur les créations, déplacements et suppressions de tous
les établissements d'enseignement public ; tandis que les
programmes des écoles libres n'étaient soumis à d'autre
surveillance que celle qui est nécessaire pour vérifier si
l'enseignement n'est pas contraire à la morale, ou à la
constitution et aux lois, les programmes et règlements
relatifs à l'enseignement public étaient soumis à l'examen
du conseil supérieur : enfin, pour donner un dernier
exemple, le conseil donnait son avis sur les livres qui
pouvaient être *introduits* dans les écoles publiques et sur
ceux qui devaient être *interdits* dans les écoles libres.
Nous n'insistons pas davantage : nous avons voulu simplement montrer que la loi de 1850, comme on l'a dit et répété, avait bien mis, l'enseignement public, l'université,
non seulement en tutelle, mais sous l'autorité directe de
ses détracteurs et de ses ennemis.

En effet, le conseil supérieur de l'instruction publique,
qui prend la place du conseil royal, comprend vingt-huit
membres dont huit seulement représentent l'enseignement public. Le ministre préside le conseil ; à côté de lui,
les grands intérêts sociaux sont représentés par quatre
archevêques ou évêques élus par leurs collègues, un ministre de l'église réformée, un ministre de la confession
d'Augsbourg, un membre du consistoire israélite élus par
leurs consistoires respectifs, trois conseillers d'État, trois
conseillers à la Cour de cassation et trois membres de
l'Institut élus respectivement par leurs collègues ; trois
membres de l'enseignement libre choisis par le Président
de la République, et huit membres de l'enseignement
public choisis par le Président parmi les inspecteurs, les

recteurs et les professeurs de facultés complètent le conseil [1]-[2].

La loi de 1850 crée une académie dans chaque département « afin que le service de l'instruction publique ne soit pas traité avec moins de faveur que les autres services publics » ; en réalité, l'autorité et l'indépendance du recteur et aussi du conseil académique en sont singulièrement affaiblies. Pour la composition du conseil académique l'application du principe suivant lequel est composé le conseil supérieur est exagérée ; « une plus forte représentation est donnée à l'intérêt général de la société qu'aux connaissances spéciales en matière d'enseignement, parce que le conseil académique est une institution locale, organe des vœux et des besoins des familles, dans laquelle on n'apercevra même plus les vestiges d'une institution universitaire [3] ». Et c'est à ce conseil incompétent que l'on donne les plus larges attributions en matière d'enseignement. Le recteur préside le conseil académique ; à côté de lui, un seul membre de l'enseignement désigné par le ministre ; puis, le préfet et l'évêque, ou leurs représentants, un ecclésiastique délégué par l'évêque, un pasteur protestant, un délégué du consistoire israélite, le procureur général ou le procureur de la République et un délégué de la Cour d'appel ou du tribunal de première instance et quatre délégués du conseil général dont deux au moins pris dans son sein [4].

Au point de vue administratif, les attributions du con-

---

1. Loi citée, art. 1er.
2. Notons que les recteurs pouvaient être pris dans l'enseignement libre , loi 1850, art. 9, § 1er.
3. Rapport Beugnot cité.
4. Loi citée, art. 10.

seil académique sont très étendues ; il administre, en réalité, l'académie concurremment avec le recteur [1]. D'autre
part, le conseil académique devient la juridiction contentieuse et disciplinaire ordinaire pour toutes les questions
relatives à l'enseignement ; ses attributions sont des plus
larges ; il est possible de faire rentrer toutes les difficultés
relatives au contentieux de l'enseignement dans l'énumération suivante : « le conseil académique prononce, sauf
recours au conseil supérieur, sur les affaires contentieuses
relatives à l'obtention des grades, aux concours devant les
facultés, à l'ouverture des écoles libres, aux droits des
maîtres particuliers, et à l'exercice du droit d'enseigner [2] ».
La loi de 1851 n'a organisé que le jugement des oppositions à l'ouverture des écoles libres primaires [3] ou secondaires [4] ; les décrets du 29 juillet 1850 et du 26 décembre
1875 ont bien organisé les recours contre les décisions des
jurys chargés de la collation des grades [5], mais les autres
attributions contentieuses du conseil académique n'ont pas
été visées par d'autres textes que ceux que nous venons
de citer et n'ont jamais été organisées ; et l'article 14 qui
donnait ces attributions au conseil académique a été compris dans l'abrogation que la loi du 30 octobre 1886 a faite
des titres I et II de la loi de 1850 [6].

Sauf les jugements sur les oppositions faites à l'ouverture d'écoles primaires libres [7], toutes les décisions con-

1. Loi citée, art. 8.
2. Loi citée, art. 14, § 7.
3. Dispositions abrogées et remplacées par celles de la loi de 1886,
V. p. 101.
4. Dispositions toujours en vigueur, V. p. 166.
5. V. p. 12 et 255.
6. Art. 61, V. p. 256.
7. Modifié ; V. p. 22.

tentieuses des conseils académiques pouvaient faire l'objet d'un recours au conseil supérieur [1] ; il en était spécialement ainsi pour les décisions sur les oppositions faites à l'ouverture d'établissements libres d'enseignement secondaire ; d'ailleurs, la législation de la loi de 1850 est encore en vigueur sur ce point [2]. Les pouvoirs du conseil supérieur en matière contentieuse étaient des plus larges. Il avait un pouvoir de juridiction propre, et suivant la doctrine et la jurisprudence de l'époque, absolument souverain, sans recours possible au Conseil d'État, même pour excès de pouvoir ou violation de la loi [3].

L'expérience n'était pas encore faite de ce que pouvait produire la loi de 1850, spécialement au point de vue de la composition des conseils de l'instruction publique, que des modifications peu nombreuses, mais essentielles, étaient apportées à leur composition et au mode de désignation de leurs membres par le décret-loi du 9 mars 1852. Ce décret avait l'intention d'« appliquer des principes propres à rétablir l'ordre et la hiérarchie dans le corps enseignant », en réalité, il établissait un des régimes les plus lourds qu'ait connu l'enseignement public. A l'élection était substituée, pour les membres du conseil supérieur, la nomination directe par le chef de l'État, ou par le ministre pour les membres des conseils académiques. La composition des conseils académiques n'était pas modifiée ; mais le conseil supérieur comprenait sous la présidence du ministre : trois sénateurs, trois conseillers d'État, cinq archevêques ou évêques, trois membres des cultes non catholiques, trois membres de la Cour de cas-

1. Art. 14, § 7.
2. V. p. 169.
3 V. Rapport Beugnot cité.

sation, cinq membres de l'Institut, huit inspecteurs généraux et deux membres de l'enseignement libre, tous désignés par décret pour un an [1]. Les attributions des conseils
n'étaient pas modifiées, sauf en ce qui concerne la discipline des membres de l'enseignement public qui passait
entièrement aux mains du ministre [2].

La loi du 14 juin 1854 rétablit les académies régionales
en supprimant les académies départementales de la loi de
1850, et créa dans chaque département un conseil départemental. Dès lors, il y eut trois séries de conseils de
l'enseignement, les conseils départementaux, les conseils
académiques et le conseil supérieur.

La composition du conseil supérieur n'est pas modifiée.
Les nouveaux conseils académiques présidés par le recteur comprennent : les inspecteurs de l'académie, les
doyens des facultés, et sept membres choisis tous les trois
ans par le ministre, un parmi les archevêques ou évêques,
deux parmi les membres du clergé catholique ou les ministres des cultes non catholiques reconnus, deux dans la
magistrature et deux parmi les fonctionnaires ou notables
de la circonscription académique. Le conseil départemental comprenait, sous la présidence du préfet auquel la loi
rendait la direction de l'enseignement primaire : l'inspecteur d'académie, un inspecteur primaire désigné par le
ministre, et les membres que la loi de 1850 appelait à siéger dans les conseils académiques et dont le mode de désignation restait réglé par le décret du 9 mars 1852. Toutes
les attributions déférées au conseil académique par la loi
de 1850 en ce qui concerne l'enseignement primaire et les

1. Art. 5.
2. Art. 1er.

affaires contentieuses ou disciplinaires relatives aux établissements libres d'instruction secondaire étaient trans-
férées au conseil départemental ; l'appel au conseil supérieur était possible dans les cas prévus par la loi de
1850.

Le conseil académique conservait donc la connaissance
de toutes les affaires contentieuses relatives à l'enseignement public supérieur ou secondaire, sauf recours au conseil supérieur.

La loi du 10 avril 1867, relative à l'enseignement primaire, institua l'appel au conseil supérieur des décisions
des conseils départementaux sur les oppositions formées à
l'ouverture d'écoles primaires libres.

Après la chute de l'Empire, il fallut donner une nouvelle organisation aux divers conseils de l'enseignement.
Les projets relatifs aux conseils académiques et aux conseils départementaux furent ajournés ; mais la loi du
19 mars 1873 modifia la composition du conseil supérieur.
Cette loi est conçue dans le même esprit que la loi de
1850 : « La famille française » entière doit être représentée
dans ce conseil supérieur ; tous les grands corps qui sont
comme les organes de la vie morale d'une nation y ont
leur place assignée [1]. Présidé par le ministre, le conseil
comprend : quatre archevêques ou évêques élus par leurs
collègues, un délégué de l'église réformée, un délégué de
la confession d'Augsbourg, un délégué du consistoire
israélite, deux membres de la Cour de cassation, deux du
Conseil d'État élus par leurs collègues, cinq membres de
l'Institut élus par les cinq classes, un membre du Collège

1. Rapport de Broglie ; Assemblée nationale, 27 janvier 1871, *Off.* du
7 juillet, ann. 321.

de France, un membre de l'Académie de médecine, un membre du conseil supérieur des arts et manufactures, un membre du conseil supérieur du commerce, un membre du conseil supérieur de l'agriculture élus respectivement par leurs collègues, un membre de l'armée et un membre de la marine nommés par leurs ministres, puis, un membre de chacun des groupes des facultés de droit, des facultés de médecine, des facultés des lettres, et des facultés des sciences élus par leurs collègues, sept membres nommés par le Président de la République et choisis parmi les inspecteurs généraux, les recteurs et anciens recteurs, professeurs et anciens professeurs des facultés, professeurs du Collège de France ou du Muséum, directeur de l'École normale supérieure, proviseurs des lycées, et enfin quatre membres de l'enseignement libre élus par le conseil lui-même. Les membres du conseil sont nommés pour six ans. Les compétences tiennent dans le nouveau conseil une place importante, mais elles continuent à n'y former qu'une minorité : vingt-quatre membres sur quarante représentant les grands intérêts sociaux. L'élection était aussi appliquée sur une base plus large. Les attributions du conseil supérieur étaient à peu près les mêmes que celles du conseil de 1850 ; les mêmes exactement au point de vue du contentieux.

La loi du 12 juillet 1875 proclama la liberté de l'enseignement supérieur ; mais aucune nouvelle attribution contentieuse n'est conférée aux conseils de l'instruction publique ; les oppositions à l'ouverture d'établissements libres ou de cours isolés ne peuvent être formées que par le procureur de la République et sont portées devant le tribunal civil ; d'autre part cependant, le conseil départe-

mental était compétent pour connaître des poursuites disciplinaires contre les membres de l'enseignement supérieur libre.

La loi du 27 février 1880 sur la composition du conseil
supérieur et des conseils académiques inaugure un régime nouveau. Le conseil supérieur reconstitué par cette
loi se distingue par trois caractères principaux : exclusion
des ministres des cultes et de ceux qui sont censés représenter les grands intérêts sociaux ; représentation des
grands établissements d'instruction publique et des trois
degrés de l'enseignement universitaire ; prédominance de
l'élément électif[1]. La loi de 1880 fait justice de la singulière idée de la loi du 15 mars 1850 d'opposer la société à
l'État. L'État n'est que le mandataire de la société ; l'un
des droits de l'État est le droit de donner l'enseignement ;
l'État enseignant, « l'université, dans son personnel
comme dans ses élèves, est une représentation, une image
fidèle de la société française ; il admet toutes les commu-
nions, toutes les opinions ; il n'appartient à aucun dogme,
il n'en exclut aucun ; c'est là son caractère propre[2] » ; dès
lors les droits de l'État peuvent être exercés en matière
d'enseignement libre par les fonctionnaires de l'enseignement public, qui sont les représentants de l'État. D'autre
part, ce sont eux seuls qui sont compétents ; il n'y a donc
plus place, dans les conseils de l'enseignement, pour les
représentants des grands intérêts sociaux, des grands corps
de l'État, et encore moins pour les ministres des cultes
qui s'y étaient posés comme les défenseurs attitrés de l'en-

1. Rapport Chalamet, Chambre, 24 juin 1879, *Off.* du 7 juillet, p. 6286,
ann. 1551.
2. Rapport Chalamet cité.

seignement libre ; les représentants de grandes écoles du gouvernement prennent bien place au conseil supérieur, mais ce n'est qu'à titre de représentants d'une compétence spéciale. L'enseignement libre, qui possède lui aussi la compétence, est représenté au conseil supérieur dont les attributions s'étendent à toutes les questions d'enseignement ; c'est à ce titre et nullement à titre d'avocats de cet enseignement que sont admis au conseil supérieur les quatre membres de l'enseignement libre désignés par décret ; mais dans les conseils académiques, qui sont composés suivant les mêmes principes que le conseil supérieur et dont les attributions pédagogiques sont moins étendues, l'enseignement libre n'est représenté que pour le jugement des affaires contentieuses intéressant les membres de cet enseignement, c'est donc bien pour donner une nouvelle compétence spéciale à ces conseils dans ces cas particuliers.

Les attributions du conseil académique au point de vue contentieux sont très générales : « Il est saisi par le ministre ou par le recteur des affaires contentieuses qui sont relatives à l'enseignement supérieur ou secondaire, public ou libre ; il les instruit et prononce, sauf recours au conseil supérieur, les décisions à appliquer »[1]. Le contentieux de l'enseignement supérieur public ayant été déféré en 1896 aux conseils des universités, la compétence du conseil académique s'étend à tout le contentieux de l'enseignement supérieur libre et de l'enseignement secondaire public et libre. L'on ne voit pas quelles peuvent être les questions contentieuses relatives à l'enseignement supérieur libre, les oppositions faites à l'ouverture d'un

----

1. Loi 27 février 1880, art. 11, § 3.

établissement de cet ordre étant examinées par les tribunaux civils ; les seules difficultés qui pourraient présenter un caractère contentieux sont, croyons-nous, relatives aux inscriptions, mais nous pensons qu'elles n'ont jamais été réglées autrement que par la voie administrative, sous l'autorité du recteur de l'académie. Nous ne savons trop non plus quelles peuvent être les questions relatives au contentieux de l'enseignement secondaire public ; nous ne voyons guère que les difficultés relatives aux déchéances de bourses qui sont prononcées par le ministre[1], difficultés qui seront tranchées administrativement sans donner lieu à un recours contentieux devant le conseil académique. Quant aux attributions contentieuses relatives à l'enseignement secondaire libre, deux affaires ont ce caractère : le jugement des oppositions faites à l'ouverture des établissements libres de cet ordre, aux termes de la loi de 1850[2], et, aux termes de la jurisprudence du conseil supérieur, la délivrance des certificats constatant l'accomplissement de la condition de stage exigée de tous les directeurs de ces mêmes établissements[3]. Tous les jugements rendus par les conseils académiques en matière contentieuse peuvent faire l'objet d'un appel au conseil supérieur[4].

L'obligation de l'instruction primaire fut établie par la loi du 28 mars 1882, qui institua dans toutes les communes une commission scolaire chargée d'assurer l'exécution de la loi. Composée d'une façon toute spéciale, cette com-

---

1. Décret 6 août 1895, art. 16.
2. V. p. 156.
3. V. p. 171.
4. Loi 27 février 1880, art. 7, § 1.

mission possède des attributions administratives, et des attributions juridictionnelles d'un caractère tout particulier. Depuis 1886, ses décisions peuvent être portées en appel devant le conseil départemental.

Le conseil départemental dont la compétence avait été réduite aux seules affaires de l'enseignement primaire par la loi du 27 février 1880, qui avait transféré au conseil académique toutes les autres attributions de ce conseil départemental, fut réorganisé par la loi du 30 octobre 1886 sur l'organisation de l'enseignement primaire ; « Il est formé selon les règles libérales qui ont présidé à la constitution du conseil supérieur et des conseils académiques. Il restitue l'autorité à la compétence, il rend hommage au principe électif, il supprime les éléments étrangers à l'enseignement, il donne aux représentants naturels de l'instruction primaire la place qui leur revient, il assure la prépondérance aux intérêts scolaires sur les intérêts de secte ou de parti. Désormais, c'est le même mode de constitution vraiment libérale et démocratique qui règnera du haut en bas de la hiérarchie des conseils de l'instruction publique en France[1]. » Il est certain à nos yeux que, bien que la loi ne l'ait pas exprimé formellement, la compétence générale pour connaître du contentieux de l'enseignement primaire public ou privé appartient au conseil départemental. Aux termes de diverses dispositions de la loi de 1886, le conseil départemental juge, sauf appel au conseil supérieur, les oppositions à l'ouverture d'écoles privées ; il connaît aussi en premier ressort des demandes d'inscriptions sur les listes des électeurs appelés à nommer les membres du conseil départemental lui-même;

____

1. Rapport J. Steeg, Chambre, 7 juin 1886, *Doc. parl.*, p. 1891.

la loi de 1882 lui a donné la connaissance en premier et
dernier ressort des contestations relatives à l'inscription
d'un enfant à une école publique ; enfin, en appel et dernier ressort il juge les décisions des commissions scolaires.

La loi du 10 juillet 1896 relative à la constitution des
universités a transféré aux conseils des universités les
attributions contentieuses des conseils académiques relatives à l'enseignement supérieur public; d'autre part, le
conseil de l'université connaît du contentieux de ses propres élections.

En résumé, le contentieux des trois degrés de l'enseignement public ou privé est réparti entre trois juridictions
contentieuses : conseil départemental, conseil académique,
conseil de l'université ; le conseil supérieur forme la juridiction d'appel ; enfin une juridiction toute spéciale est
exercée par les commissions scolaires.

CHAPITRE II

DES COMMISSIONS MUNICIPALES SCOLAIRES [1].

I. — Généralités.

La loi du 28 mars 1882, qui a déclaré l'enseignement primaire obligatoire pour tous les enfants âgés de six à treize ans, a institué dans chaque commune une commission municipale scolaire chargée de surveiller et d'encourager la fréquentation des écoles [2].

1. Bibliographie spéciale : Code de l'enseignement primaire obligatoire et gratuit, *Commentaire de la loi du 28 mars 1882, etc., etc.*, par Amb. Rendu ; Paris, Pedone-Lauriel, 1883; in-12, 372 pages. — *Commentaire sur l'obligation de l'enseignement primaire*, etc., par J. Valabrègue ; Paris, Hachette, 1883 ; in-12, 182 pages. — Guide pratique des instituteurs, etc., *Commentaire pratique de la loi du 28 mars 1882*, par l'abbé Huguenot ; Issoudun, impr. cathol. Gaignault, 1883 ; in-16, 238 pages. — La loi du 28 mars 1882 sur l'enseignement primaire obligatoire devant la Cour de cassation, avec textes et jurisprudence, par H. Alpy ; Paris, Pedone-Lauriel, 1883 ; petit in-8, 104 pages. — La loi du 28 mars 1882 sur l'enseignement primaire obligatoire, avec textes et jurisprudence, par Ed. Detourbet ; Paris, Berger-Levrault, 1884 ; in-12, 703 pages. — *Revue critique de législation et de jurisprudence*, nouvelle série, tome XIII, 1884 ; article de M. E. Wallon, p. 449 et s. — Le code manuel de la commission scolaire municipale, etc., etc. par A. Jacquemart et A. S. Lheureux ; Paris, libr. popul. Martin, 1887 ; in-12, 252 pages. — Guide des délégations cantonales et des commissions scolaires, etc., etc., par S. A. Nonus ; Paris, G. Maurice, 1887 ; in-12, 88 pages. — L'enseignement obligatoire et les commissions scolaires, par Ed. Dreyfus-Brisac ; dans la collection des mémoires et documents scolaires publiés par le *Musée pédagogique*, 2e série, fasc. n° 3 ; et dans le *Recueil des monographies pédagogiques* publiées à l'occasion de l'exposition universelle de 1889, tome II, p. 341 et s. ; impr. nation., 1889 ; in-8, 115 pages.

2. V. loi 28 mars 1882, art. 5, § 1er.

Pour l'accomplissement de leur mission, ces commissions scolaires sont investies de plusieurs attributions administratives [1], dont la principale est la répartition de secours sur les fonds de la caisse des écoles. Elles possèdent aussi quelques attributions d'ordre disciplinaire et prennent quelques mesures contre les directeurs et directrices d'écoles primaires privées [2]. Mais les plus importantes des attributions des commissions scolaires consistent en la répression des infractions à l'obligation scolaire. A l'exemple des législations étrangères qui admettent aussi le principe de l'obligation de l'instruction primaire [3], la loi les a chargées de prendre, à l'égard des personnes qui ont la garde d'enfants en âge scolaire et qui ne leur ont pas assuré, conformément à l'obligation qui leur en est faite par la loi, l'instruction primaire, des mesures coercitives dont le dernier terme est une plainte adressée au juge de paix. Les plus vives critiques ont été adressées à ces attributions juridictionnelles des commissions scolaires, pendant la discussion même de la loi ; il faut bien reconnaître que c'en était là le point faible ; et l'on peut dire que le principe de l'obligation tel qu'il est établi par la loi de 1882, eût été plus facilement accepté par la majorité de ses adversaires, sans ce système de répression. Après le vote de la loi et lorsque vint le moment de son application, l'opposition, s'inspirant de motifs politiques et religieux que l'on a toujours invoqués quand il s'est agi des lois diverses sur l'enseignement primaire proposées dans ces dernières années, et dont nous n'avons pas

1. V. loi 1882, art. 8, 10, 15 et 17 ; V. circ. 13 juin 1882.
2. V. loi 1882, art. 11 ; ce sont l'avertissement, la censure, la suspension pour un mois et, en cas de récidive dans l'année scolaire, pour trois mois.
3. V. rapport Ribière, Sénat, 21 mai 1881 ; *Doc. parl.*, p. 363.

à parler ici, a trouvé le plus utile concours dans le mauvais vouloir de certaines municipalités. En effet, l'on peut dire que tel sera le conseil municipal, telle sera la commission scolaire ; c'est le conseil municipal qui désigne la plupart des membres de la commission, c'est le maire qui préside la commission, et qui, à ce titre, la convoque et assure l'exécution de ses décisions ; si bien que dans certaines communes, par suite de l'hostilité des conseils municipaux, les commissions scolaires n'ont pas été constituées, que dans d'autres, après s'être réunies une première fois, elles se sont séparées à jamais en déclarant la loi inapplicable dans la commune. Nous ne pouvons citer toutes les hypothèses où les commissions scolaires se sont, ouvertement ou non, opposées à l'exécution de la loi.

D'ailleurs, c'était vraiment beaucoup demander à ces commissions dans lesquelles les intérêts locaux, les considérations politiques devaient forcément pénétrer, que de les charger, dans les plus petites communes comme dans les plus grandes villes, d'une mission délicate, difficile à remplir avec l'indépendance et la compétence nécessaires à l'exercice de fonctions juridictionnelles ; alors surtout, et c'est là le plus grave reproche à adresser à la loi, que la procédure à suivre par la commission dans l'accomplissement de son mandat est d'une extrême complication.

Quoi qu'il en soit, les commissions scolaires, dès leur création par la loi de 1882, fonctionnèrent mal ou ne fonctionnèrent pas du tout ; la loi du 30 octobre 1886 apporta bien quelques réformes à leur organisation, mais le résultat que l'on pouvait attendre de ces réformes fut empêché par une nouvelle complication de la procédure, par l'ouverture de l'appel des décisions des commissions scolaires devant le conseil départemental de l'enseignement primaire. Aujourd'hui, et depuis longtemps, les commissions scolaires ont cessé d'exister en fait, sauf quelques exceptions, sinon en droit.

Bien que les commissions scolaires ne puissent prétendre au titre de conseils de l'instruction publique, soit par suite de leur composition dans laquelle les éléments faisant partie de l'administration de l'instruction publique ne sont représentés que par une infime minorité, soit par suite de leurs attributions qui sont relatives à l'enseignement privé aussi bien qu'à l'enseignement public, ce sont bien des conseils de l'enseignement. En effet, toutes leurs attributions n'ont qu'un seul but, favoriser le développement de l'instruction primaire et, à ce titre, nous avons jugé utile d'étudier leur composition, et leurs attributions contentieuses, d'autant plus que depuis la loi de 1886 leurs décisions sont portées en appel devant le conseil départemental de l'enseignement primaire. Nous croyons d'ailleurs que l'on peut tirer de cette étude, que nous ferons de manière très rapide, mais complète, des considérations intéressantes au point de vue du contentieux administratif en général.

Il est inutile d'ajouter que les règles que nous allons passer en revue ne sont guère appliquées dans la pratique, soit en partie, soit pour le tout.

II. — Composition.

La composition des commissions scolaires municipales instituées par l'article 5 de la loi du 28 mars 1882 est aujourd'hui réglée par l'article 54 de la loi du 30 octobre 1886 qui a modifié légèrement les premières règles. La commission scolaire comprend des membres de droit, un membre désigné par l'inspecteur d'académie,et des membres désignés par le conseil municipal.

Membres de droit. — Ce sont le maire et l'inspecteur primaire.

Le maire est, de droit, président de la commission scolaire. Alors que la loi de 1882 gardait le silence sur ce point [1], la loi de 1886 l'autorise à déléguer un de ses adjoints à la présidence de la commission ; c'est là l'application de l'article 82 de la loi municipale du 5 avril 1884, qui permet au maire, même présent et non empêché, mais sous sa responsabilité et sa surveillance, de déléguer une partie de ses fonctions à un ou plusieurs de ses adjoints. Mais ce même article 82 de la loi du 5 avril 1884 prévoit le cas où, en l'absence ou par suite d'empêchement des adjoints, cette délégation peut être faite à des conseillers municipaux [2]; cette disposition peut-elle s'appliquer à notre hypothèse de la présidence de la commission scolaire ? Il ne nous paraît pas possible de l'admettre. En effet, l'article 54 de la loi de 1886 a bien autorisé la délégation de la présidence à un adjoint,mais il n'a nullement prévu le cas de délégation faite à un conseiller municipal ; d'autre part, ce texte ne vise pas la loi municipale et n'y fait aucun renvoi ; enfin étant donné le caractère des commissions scolaires [3], conseils administratifs ayant certaines attributions juridictionnelles, il ne semble pas possible qu'un

1. Le Sénat avait repoussé, le 13 juin 1881, un amendement de M. Halgan tendant à admettre cette suppléance du maire par l'adjoint ; *Deb. parl.*, p. 838, et s.; V. pourtant circ. du préfet de la Seine, 30 août 1882.

2. C'est la règle générale, même pour le service de l'enseignement primaire ; V. circ. minist. intérieur, 15 mai 1884.

3. V. p. 74 et s. ; spécialement p. 82.

de leurs membres puisse se faire remplacer, en l'absence d'une disposition formelle qui l'y autorise. Il n'y a aucun argument à tirer de la règle posée par l'article 152 du décret du 18 janvier 1887, qui interdit à l'inspecteur primaire de se faire remplacer comme membre de la commission scolaire : l'inspecteur ne fait pas partie de la commission au même titre que le maire ; il ne peut, dans aucun cas, se faire remplacer ; et d'autre part, on ne voit pas quel pourrait être son représentant, tandis que les adjoints, et les conseillers municipaux à défaut d'adjoints, sont les représentants en quelque sorte naturels du maire.

S'il ne peut y avoir délégation de la présidence de la commission scolaire à un conseiller municipal, il peut y avoir certainement lieu à l'application de l'article 84 de la loi municipale qui dispose qu' « en cas d'absence, de suspension, de révocation, ou de tout autre empêchement, le maire est provisoirement remplacé dans la plénitude de ses fonctions, par un adjoint dans l'ordre des nominations, et, à défaut d'adjoints, par un conseiller municipal désigné par le conseil municipal, sinon pris dans l'ordre du tableau ». C'est alors en qualité de maire, pour ainsi dire, que l'adjoint, ou le conseiller municipal, préside la commission scolaire.

Le maire voit ses pouvoirs de président de la commission scolaire prendre fin avec sa qualité de maire. Les maires et adjoints sont nommés, aux termes de l'article 81 de la loi municipale, pour la même durée que le conseil municipal. Ils continuent leurs fonctions jusqu'à l'installation de leurs successeurs, sauf en cas d'incompatibilité, de suspension ou de révocation. « Toutefois, en cas de renouvellement intégral du conseil municipal, les fonctions de maire et d'adjoint sont, à partir de l'installation du nouveau conseil jusqu'à l'installation du maire, exercées par les conseillers municipaux dans l'ordre du tableau [1] ».

Aux termes de l'article 44 de la loi municipale : « en
cas de dissolution d'un conseil municipal ou de démission
de tous ses membres en exercice, et lorsqu'aucun conseil
municipal ne peut être constitué, une délégation spéciale
en remplit les fonctions » ; l'article 37 ajoute : « le président, et à son défaut le vice-président de la délégation
spéciale remplit les fonctions de maire ». Il est certain
que le président ou le vice-président de la délégation spéciale remplissant ainsi les fonctions de maire ont le droit
de présider la commission scolaire.

Dans le cas où le maire, l'adjoint délégué, le conseiller
municipal qui le remplace, le président ou le vice-président de la délégation spéciale, auraient à répondre devant
la commission scolaire d'une infraction à l'obligation
scolaire, il ne paraît pas y avoir lieu d'appliquer l'article 83 de la loi municipale qui porte que « dans le cas
où les intérêts du maire se trouveraient en opposition
avec ceux de la commune, le conseil municipal désigne
un autre de ses membres pour représenter la commune
soit en justice, soit dans les contrats ». L'hypothèse est
ici différente, et il ne s'agit pas des intérêts matériels de
la commune ; nous croyons que le maire inculpé d'une
infraction à la loi scolaire doit être simplement récusé,
exclu temporairement de la commission scolaire, comme
tout membre qui se trouverait dans le même cas, et que
la présidence doit être attribuée comme lorsque le maire
est absent.

1. Même art. 81, § 3.

« L'inspecteur primaire fait partie de droit de toutes les commissions scolaires instituées dans son ressort [1]. »

« L'inspecteur primaire ne peut se faire remplacer comme membre d'une commission scolaire », décide l'article 152 du décret du 18 janvier 1887. C'était déjà auparavant la règle admise, par suite de la déclaration faite le 18 mars 1882, au Sénat, par M. J. Ferry, président du conseil, ministre de l'instruction publique, en réponse à une question de M. Carné : « L'inspecteur primaire pourra-t-il se faire remplacer dans la commission scolaire par un délégué? Je réponds que non ; le droit de l'inspecteur primaire est un droit personnel qui dérive de sa qualité même et qu'il ne peut déléguer [2]. » Comme nous l'avons déjà fait remarquer, on ne voit pas en effet quel fonctionnaire l'inspecteur primaire pourrait déléguer pour le remplacer.

L'inspecteur primaire reste membre des diverses commissions scolaires de sa circonscription, tant qu'il ne perd pas sa qualité d'inspecteur primaire.

Membre désigné par l'inspecteur d'académie. — L'inspecteur d'académie désigne, pour faire partie de la commission scolaire, un des délégués cantonaux nommés par le conseil départemental aux termes de l'article 52 de la loi de 1886 [3] ; dans les villes qui comprennent plusieurs cantons, il désigne autant de délégués qu'il y a de cantons. Il se pourra que dans les cantons qui comptent

---

1. Loi 30 octobre 1886, art. 56, § 3.
2. Sénat, *Déb. parl.*, p. 234.
3. Les délégués cantonaux sont nommés par le conseil départemental de l'enseignement primaire pour surveiller les écoles publiques et privées du canton, loi 1886, art. 52.

un grand nombre de communes, le même délégué cantonal fasse partie de plusieurs commissions scolaires. « Le
mandat des membres désignés par l'inspecteur d'académie
est indépendant du renouvellement des conseils municipaux : il ne prend fin que par le décès, la démission ou la
révocation des titulaires. Le droit de révocation appartient
à l'inspecteur d'académie [1]. » Les délégués cantonaux qui
perdent cette qualité pour une cause ou pour une autre,
en particulier lorsque leurs fonctions ne sont pas renou-
velées par le conseil départemental [2], cessent aussi de faire
partie des commissions scolaires dans lesquelles ils ont
été délégués par l'inspecteur d'académie. Le droit de révocation de l'inspecteur d'académie ne porte que sur la
désignation comme membre de la commission scolaire ;
les délégués cantonaux ne sont révocables en cette qualité
que par le conseil départemental [3]. La démission donnée
par le membre désigné par l'inspecteur d'académie devra
être adressée au président de la commission, c'est-à-dire
au maire, qui en préviendra l'inspecteur d'académie et le
mettra ainsi en mesure de remplacer le membre démissionnaire.

Membres désignés par le conseil municipal. — Le conseil
municipal désigne, pour faire partie de la commission
scolaire, des membres pris dans son sein ou en dehors,
en nombre égal, au plus, au tiers de ses membres. La
délégation spéciale qui, dans les cas où il ne peut être
constitué de conseil municipal, en remplit les fonctions, a
certainement le droit de désigner ces membres. Enfin, ils

1. Décret 18 janvier 1887, art. 153.
2. Les délégués cantonaux sont nommés pour trois ans loi 1886, art. 52.
3. Loi 1886, art. 52.

sont désignés par le préfet, en cas de refus du conseil municipal[1].

Ces membres de la commission scolaire doivent être en nombre égal, au plus, au tiers du chiffre des conseillers municipaux, calculé, bien entendu, sans tenir compte des vacances, d'après le tableau de l'article 10 de la loi municipale. Si ce nombre n'est pas divisible par trois, l'on calculera le nombre des délégués d'après le nombre immédiatement inférieur divisible par trois. La loi fixe ainsi un maximum, et ses termes ne semblent pas indiquer de minimum ; l'on pourrait même en tirer cette conséquence que le conseil municipal pourrait ne nommer qu'un seul délégué ; mais nous pensons que le tiers du chiffre des conseillers municipaux forme à la fois un maximum et un minimum.

Le conseil municipal peut prendre ses délégués parmi ses propres membres ou en dehors de son sein, parmi les célibataires ou parmi les pères de famille[2]. La loi de 1882 n'avait apporté à son choix aucune limitation, sauf bien entendu les incapacités de droit commun ; mais la loi de 1886 est venue décider, par son article 57, que « les inéligibilités établies par les articles 32, 33 et 34 de la loi du 5 avril 1884 sur l'organisation municipale, sont applicables aux membres des commissions scolaires ». C'est là une innovation remarquable que cette application aux membres des commissions scolaires des incapacités, iné-

---

1. Loi 1886, art. 54, § 2 ; V. p. 42.

2. En ce sens, déclarations de M. J. Ferry, présid. du conseil, ministre de l'instr. publ., au Sénat, le 13 juin 1881 ; *Déb. parl.*, p. 838 ; — de M. Ribière, rapporteur, au Sénat, le 18 mars 1883 ; *Déb. parl.*, p. 233. Pour que les pères de famille soient seuls admis à faire partie de la commission scolaire : amendement Halgan, rejeté, Sénat, 13 juin 1881 ; *Déb. parl.*, p. 838 ; — amendement Lecointre, rejeté, Chambre des députés, 28 octobre 1886 ; *Déb. parl.*, p. 1681.

ligibilités et incompatibilités édictées pour les conseillers municipaux. Entre autres exclusions, les articles visés de la loi municipale prononcent celles des femmes qui ne possèdent pas le droit électoral ; celle des ministres des différents cultes en exercice dans la commune[1] ; celle des instituteurs publics de la commune, les instituteurs privés étant au contraire éligibles au conseil municipal et, par suite, pouvant devenir membres de la commission scolaire.

D'autre part, en présence des termes très précis de l'article 57 de la loi de 1886, il n'est pas possible de dire que l'esprit de cette loi a été de n'appeler à faire partie de la commission scolaire que ceux qui réunissent les conditions nécessaires pour être élus membres du conseil municipal. Ainsi, les incapacités édictées par des articles de la loi municipale, autres que les articles 32, 33 et 34 ne s'appliquent pas aux élections des membres des commissions scolaires. Il faut faire cependant une exception, croyons-nous, pour les militaires et employés des armées de terre et de mer en activité de services qui sont déclarés inéligibles au conseil municipal par l'article 31, *in fine*, et qui ne seront pas non plus éligibles à la commission scolaire. Mais, l'exigence de ce même article 31 qui dispose que pour être nommé conseiller municipal il faut être âgé de 25 ans accomplis, ne sera pas applicable aux membres des commissions scolaires. D'un autre côté, l'incompatibilité établie par l'article 35, § 4 de la loi du 5 avril 1884, entre les ascendants et les descendants, les frères et les alliés au même degré qui ne peuvent être simultané-

---

1. V. Rapport Ferrouillat, Sénat, 24 novembre 1885 ; *Doc. parl.*, p. 18 ; V. discuss. au Sénat, 25 février 1886 ; *Déb. parl.*, p. 274 ; V. discuss. à la Chambre, 17 mars 1884 ; *Déb. parl.*, p. 797.

ment membres du même conseil municipal, dans les communes de 501 habitants et au-dessus, ne doit pas être étendue, en l'absence de tout texte, aux membres des commissions scolaires.

Mais, à l'inverse, on ne peut dire que les conditions qui, une fois remplies, donnent le droit d'éligibilité au conseil municipal, donnent le même droit pour les élections aux commissions scolaires. Ainsi, d'après l'article 31 de la loi municipale, on peut être conseiller municipal d'une commune sans y être électeur, ni domicilié, quand on y est inscrit au rôle des contributions directes ; le citoyen qui sera ainsi éligible au conseil municipal ne nous paraît pas pouvoir être membre de la commission scolaire ; si, en l'absence de tout texte, la condition de résidence dans la commune ne semble pas devoir être exigée de façon absolue, nous croyons que la condition d'électorat dans la commune doit être remplie.

En exigeant ainsi que le membre de la commission scolaire soit électeur dans la commune, nous tranchons la question de savoir si l'on peut être en même temps membre de deux commissions scolaires ; l'on ne peut l'être en tant que membre désigné par deux conseils municipaux, mais rien ne s'oppose à ce que le délégué cantonal désigné par l'inspecteur d'académie comme membre d'une ou plusieurs commissions scolaires fasse partie d'une autre commission scolaire en qualité de membre désigné par le conseil municipal.

« Le mandat des membres de la commission scolaire désignés par le conseil municipal durera jusqu'à l'élection du nouveau conseil municipal[1]. » L'on considère que les

____
1. Loi 1886, art. 56, § 1.

délégués du conseil municipal en sont une émanation, et n'ont pas plus de pouvoirs que lui, de telle sorte que si celui-ci est renouvelé avant l'expiration des délais normaux, par suite, par exemple, d'une dissolution, ou après la démission collective de tous ses membres, les membres de la commission scolaire qui avaient été nommés par ce conseil voient leurs pouvoirs expirer en même temps. Mais dans ce cas comme dans celui, d'ailleurs, du renouvellement général de tous les conseils municipaux, les membres de la commission scolaire désignés par le conseil municipal continueront à exercer leurs fonctions, non pas seulement jusqu'à l'élection, comme le dit la loi, mais bien jusqu'à l'installation du nouveau conseil municipal.

Dans le cas de suspension du conseil municipal, les membres de la commission scolaire désignés par lui seront-ils dans l'impossibilité d'exercer leur mandat pendant le même délai de suspension ? Nous ne le croyons pas. La commission scolaire ne peut être empêchée de fonctionner par suite de la suspension du conseil municipal ; les pouvoirs des délégués du conseil ne sont pas si intimement liés à ceux du conseil municipal qu'ils doivent être suspendus pendant la même durée, par le même acte et surtout pour les mêmes motifs ; aucun texte ne permet de considérer qu'il en est ainsi.

Les mêmes règles relatives à la durée des pouvoirs des membres de la commission scolaire désignés par le conseil municipal s'appliquent à ces membres, quand ils ont été désignés par le préfet à défaut du conseil municipal [1].

Quand ils ont été désignés par la délégation spéciale remplaçant le conseil municipal qui ne peut être consti-

---

1. Rapport J. Steeg, à la Chambre, 7 juin 1886 ; *Doc. parl.*, p. 1892.

tué, ils voient leurs fonctions prendre fin dès que le conseil municipal est reconstitué.

« Lorsqu'il y a lieu de procéder à la nomination d'un ou plusieurs membres d'une commission scolaire, le préfet invite le maire à saisir de l'affaire le conseil municipal et lui fixe à cet effet un délai. Faute par le maire de se conformer à cette invitation ou sur le refus du conseil municipal, le préfet met le maire ou le conseil en demeure de faire les nominations nécessaires dans un temps qui ne peut excéder quinze jours. Si cette mise en demeure reste sans effet, il désigne lui-même les membres de la commission scolaire [1]. »

Il n'y a pas de règles déterminées pour les formes mêmes de la nomination de ces membres par le conseil municipal, mais d'une façon générale les règles prescrites pour les délibérations du conseil municipal doivent être observées [2].

Les recours contre ces élections doivent être portés devant le préfet, sauf recours au Conseil d'État, par application des articles 63 à 67 de la loi municipale [3] ; et quand les membres sont nommés par le préfet, il faut admettre que les recours seront portés directement devant le Conseil d'État.

« Le mandat des membres de la commission scolaire est toujours renouvelable [4]. »

Dispositions spéciales aux villes de Paris et de Lyon. — « A Paris et à Lyon, il y a une commission scolaire

1. Décret 18 janvier 1887, art. 151 ; V. rapport Steeg cité.
2. V. loi 5 avril 1884, art. 46 et s., particulièrement art. 51.
3. V. en ce sens, E. Laferrière, *Traité de la juridiction administrative*, 2e édit., t. II, p. 383.
4. Loi 1886, art. 56, § 2.

pour chaque arrondissement municipal ; elle est présidée
par le maire ou par un adjoint désigné par lui ; elle est
composée d'un des délégués du canton désigné par l'inspecteur d'académie, et des membres désignés par le conseil
municipal, au nombre de trois à sept par arrondissement [1] . »

Fonctionnement. — « La commission scolaire se réunit
au moins une fois tous les trois mois, sur la convocation
du président ou, à son défaut, de l'inspecteur primaire [2]. »
Si la commission est obligée de se réunir au moins une
fois tous les trois mois, rien ne l'empêche de se réunir
plus souvent, s'il est nécessaire [3].

Aucune forme n'est indiquée pour la convocation. Aucun délai à observer entre la convocation et le jour de la
réunion n'est non plus indiqué ; le maire agira sagement
en observant le délai ordinaire de trois jours francs indiqué pour la convocation du conseil municipal [4] ; d'autant
plus que le membre qui aura manqué à trois séances consécutives sans excuse admise pourra être déclaré démissionnaire.

« Quand, depuis la dernière réunion d'une commission
scolaire, trois mois se sont écoulés sans convocation nouvelle, l'inspecteur primaire avise du fait l'inspecteur d'a-
cadémie qui en réfère au préfet. Le préfet met aussitôt le
maire en demeure de réunir la commission scolaire et lui
fixe à cet effet un délai qui ne peut dépasser quinze jours.
Copie de la lettre adressée au maire est transmise par le

1. Loi 1886, art. 55.
2. Loi 1886, art. 58, § 1er.
3. V. déclaration de M. Guiffrey, au nom de la commission, au Sénat,
le 25 février 1886 ; *Déb. parl.*, p. 277.
4. V. loi municipale, 5 avril 1884, art. 48.

préfet à l'inspecteur d'académie qui la fait parvenir à l'inspecteur primaire. Si le délai accordé par le préfet expire sans que la commission ait été réunie, l'inspecteur primaire procède lui-même d'office à la convocation [1]. »

« Tout membre qui, sans motif reconnu légitime par la commission scolaire, aura manqué à trois séances consécutives, pourra, après avoir été admis à fournir ses explications devant le conseil départemental, être déclaré démissionnaire par ce conseil. Il ne pourra être réélu pendant la durée des pouvoirs de la commission [2]. »

La commission a toute liberté pour apprécier les excuses présentées ; elle peut certainement aussi excuser d'office les absences ; la non-admission des motifs invoqués devra être mentionnée au procès-verbal. Ce n'est qu'après trois absences consécutives non excusées que le maire, président de la commission scolaire, transmettra au préfet, président du conseil départemental, les expéditions des procès-verbaux nécessaires pour saisir ce conseil. Le conseil départemental peut, sur le simple examen des excuses repoussées comme insuffisantes par la commission scolaire, les admettre au contraire sans même qu'il soit nécessaire d'appeler le membre intéressé ; s'il considère que les motifs présentés ne sont pas légitimes, il doit l'entendre en ses explications, qu'il a toute liberté pour apprécier. La décision du conseil départemental est en dernier ressort.

La commission scolaire n'est constituée et ne peut va-

---

1. Décret 18 janvier 1887, art. 155 ; il eût été désirable que des questions plus délicates ou plus importantes eussent été réglementées avec ce soin.

2. Loi 1886, art. 58, § 2 et 3.

lablement délibérer qu'autant que tous les membres qui en font partie ont été désignés conformément à la loi [1].

« Les délibérations de la commission scolaire ne sont valables que si la majorité de ses membres est présente [2]. » « Dans le cas où, après deux convocations, la commission ne se trouverait pas en majorité, elle pourrait néanmoins délibérer valablement sur les affaires pour lesquelles elle a été spécialement convoquée, si le maire, ou l'adjoint qui le remplace, l'inspecteur primaire et le délégué cantonal sont présents [3]. » Il est nécessaire pour l'application de cette disposition que tous les membres aient été convoqués aux précédentes séances ; et que des procès-verbaux aient été dressés pour établir que deux fois successivement la commission ne s'est pas trouvée en nombre.

« Les séances des commissions scolaires ne sont pas publiques [4]. » Déjà sous l'empire de la loi de 1882, muette sur ce point, la jurisprudence décidait qu'en l'absence de dispositions spéciales de la loi, il n'appartenait pas aux

1. Trib. corr. Bonneville, 28 juin 1883, aff. Clerc ; D. 84.3.7, 2e esp.; — Cass. cr., 3 août 1883, aff. Cauly, et aff. Bouillet ; D. 84.1.44, S. 83.1. 481, 2e esp. ; — Cass. cr., 21 décembre 1883, aff. Formon ; D. 84.1.258, 1re esp. ; S. 85.1.43, 2e esp.

2. Loi 1886, art. 58, § 1er, *in fine* ; V. réponse de M. Ribière, rapporteur, à M. H. de Saisy, Sénat, 5 juillet 1881, *Déb. parl.*, p. 1048 ; — Trib. corr. Beaune, 17 février 1883, aff. Léger-Belair, et trib. corr. Bonneville, 28 juin 1883, aff. Clerc ; D. 84.3.7, 1re et 2e esp. ; — Cass. cr., 21 décembre 1883, aff. Formon ; D. 84.1.258, 1re esp. ; S. 85.1.43, 2e esp.

3. Loi 1886, art. 58, § 4.

4. Loi 1886, art. 60. La publicité des séances de la comm. scol. a été souvent réclamée au cours des travaux préparatoires : amend. de la Bassetière, repoussé, Chambre, 18 mars 1884, *Déb. parl.*, p. 813 ; — amend. Batbie, repoussé, Sénat, 27 février 1886, *Déb. parl.*, p. 278 ; — amend. Batbie, repoussé, Sénat, 2e délibération, 29 mars 1886, *Déb. parl.*, p. 506.

corps administratifs en général et aux commissions scolaires en particulier, d'ordonner la publicité de leurs
séances [1].

Les décisions de la commission scolaire doivent être
inscrites par ordre de date sur un registre à ce destiné ;
elles ne sont valables qu'autant qu'elles sont revêtues de
la signature de la majorité des membres qui y ont pris
part [2].

« Une expédition des délibérations de la commission
scolaire doit être adressée dans le délai de trois jours par
son président à l'inspecteur primaire [3]. »

III. — Attributions juridictionnelles.

Généralités. Economie de la loi du 28 *mars* 1882 *sur
l'obligation de l'enseignement primaire.* — « L'instruction
primaire est obligatoire pour les enfants des deux sexes
âgés de six ans révolus à treize ans révolus », tel est le
principe posé par la loi du 28 mars 1882 [4]. La plus grande
liberté est laissée dans le choix du mode d'instruction :
« elle peut être donnée soit dans les établissements d'instruction primaire ou secondaire, soit dans les écoles publiques ou libres, soit dans les familles, par le père de
famille lui-même ou par toute autre personne qu'il aura
choisie [5]. Mais l'enfant doit recevoir l'instruction primaire ;

1. Cons. d'État, 16 mars 1883, aff. commis. scol. de Lavaur ; D. 83.3.
41 ; S. 85.3.11.
2. Trib. corr. Bonneville, aff. Clerc, 28 juin 1883, D. 84.3.7, 2e esp.
3. Loi 1886, art. 58, § 5.
4 et 5. Loi 1882, art. 4, § 1er.— Le décret du 13 février 1883 a organisé l'enseignement primaire en Algérie et l'a rendu obligatoire d'après les règles
générales de la loi de 1882.

c'est là une obligation formelle dont la loi rend responsable, non pas naturellement l'enfant, mais le père, la mère, le tuteur, le patron, ou toute autre personne, parente ou étrangère qui a en fait la garde de l'enfant.

La loi a pris une série de dispositions pour assurer l'accomplissement de cette obligation.

« Chaque année le maire dresse, d'accord avec la commission scolaire, la liste de tous les enfants âgés de six à treize ans, et avise de l'époque de la rentrée des classes dans les écoles publiques de la commune les personnes qui ont charge de ces enfants [1]. »

Les personnes chargées d'assurer à l'enfant l'enseignement primaire sont tenues « de faire savoir au maire de la commune, quinze jours avant l'époque de la rentrée des classes, si elles entendent faire donner à l'enfant l'instruction dans la famille ou dans une école publique ou privée ; dans ces deux derniers cas, l'école choisie est indiquée [2] ». « En cas de non-déclaration, quinze jours avant l'époque de la rentrée, de la part des parents et autres personnes responsables, le maire inscrit d'office l'enfant à l'une des écoles publiques de la commune et en avertit la personne responsable [3]. » Il n'y a pas d'autre sanction au défaut de déclaration qui ne saurait entraîner aucune condamnation [4].

---

1. L'avis doit être donné individuellement : Cass. cr., 26 mai 1883, aff. Landeau ; D. 84.1.43 ; S. 83.1.481, 1re esp.

2. Loi 1882, art. 7, § 1er. — Aux termes de la circulaire du 7 septembre 1882, unanimement critiquée sur ce point, l'inscription au registre d'une école publique ou privée, communiquée au maire ou à la commission scolaire, tient lieu de déclaration.

3. Loi 1882, art. 8, § 2.

4. Trib. corr. Beaune, 17 févr. 1883, aff. Léger-Belair ; D. 84.3.7, 1re esp.; — Cass. cr., 14 déc. 1883, aff. Commandon ; D. 84.1.213, 1re esp. ; S. 84.1. 201, 2e esp. ; — Cass. cr., 15 déc. 1883, aff. de Martineng ; D. 84. 1. 213, 2e esp.; S. 84.1.401, 3e esp.

« Les enfants qui reçoivent l'instruction dans la famille, doivent, chaque année..., subir un examen qui porte sur les matières de l'enseignement correspondant à leur âge dans les écoles publiques... Si l'examen est jugé insuffisant et qu'aucune excuse ne soit admise par le jury, les parents sont mis en demeure d'envoyer leur enfant dans une école publique ou privée dans la huitaine de la notification et de faire savoir au maire quelle école ils ont choisie. En cas de non-déclaration l'inscription aura lieu d'office à une école publique [1]. »

Dès que le maire a été informé de l'inscription d'un enfant à une école publique ou privée, ou dès que l'enfant a été inscrit d'office à une école publique et que la personne responsable a été avisée de cette inscription [2], commence l'obligation scolaire proprement dite : la personne responsable répond au point de vue pénal de l'assiduité de l'enfant à l'école.

Le contrôle de la présence de l'enfant est assuré par les dispositions suivantes :

Chaque année, « huit jours avant la rentrée des classes, le maire remet aux directeurs d'écoles publiques ou privées la liste des enfants qui doivent suivre leurs écoles. Un double de ces listes est adressé par lui à l'inspecteur primaire [3] ». « Lorsqu'un enfant manque momentanément l'école, les parents ou les personnes responsables doivent

1. Loi 1882, art. 16, § 1er, 3 et 4.
2. Cet avis doit être donné individuellement pour mettre la personne responsable en demeure de se conformer à la loi : Trib. corr. Orléans, 21 avril 1883, aff. d'Orléans ; D. 84.1.257 ; S. 85.1.46, sous cass. ; — Cass. cr., 26 mai 1883, aff. Landeau ; D. 84.1.43 ; S. 83.1.481, 1re esp. ; — Cass. cr., 4 août 1883, aff. Moreau-Martin ; D. 84.1.44 ; S. 83.1.481, 3e esp. ; — Cass. cr., 28 déc. 1883, aff. de Girval ; D. 84.1.258, 4e esp. ; S. 85.1.44, 2e esp.
3. Loi 1882, art. 8, § 3.

faire connaître au directeur ou à la directrice les motifs
de son absence [1]. » Conformément aux listes qui leur ont
été adressées par le maire, les directeurs et directrices
doivent tenir, sous la sanction des pénalités de l'article 11[2],
un registre d'appel qui constate, pour chaque classe, l'absence des élèves inscrits. A la fin du mois, ils adressent
au maire et à l'inspecteur primaire un extrait de ce registre, avec l'indication du nombre des absences et des motifs invoqués [3].

Le rôle juridictionnel de la commission scolaire commence alors. Il peut se résumer en quelques mots : si les
motifs d'absence ne sont pas jugés suffisants par la commission scolaire, elle prononce contre la personne responsable successivement deux peines, l'avertissement d'abord,
l'affichage en cas de récidive ; puis, au cas de seconde récidive, elle peut déférer le contrevenant au juge de simple
police.

Compétence territoriale des commissions scolaires. — Il
se peut que des enfants soumis à l'obligation scolaire
soient inscrits à l'école publique de la commune voisine
de celle où est domiciliée la personne responsable [4], ainsi
que l'autorise la loi de 1882, ou soient placés dans une
école libre de toute autre commune. Dans ces deux cas,
la commission scolaire compétente pour connaître des
infractions à la loi d'obligation est celle de la commune
où réside la personne responsable. C'est elle qui est le

1. Loi 1882, art. 10, § 1er.
2. V. p. 30, note 2. Pour les instituteurs et institutrices publics les
peines applicables sont les peines disciplinaires ordinaires prononcées par
le conseil départemental. V. p. 101, note 2.
3. Loi 1882, art. 10, § 1er.
4. Loi 1882, art. 7, § 2 et 3.

C. — 4

mieux placée pour apprécier les causes d'absences. Cette commission ne peut être saisie directement des infractions commises dans ces conditions, le maire ne recevant que les extraits des registres d'appel des écoles publiques ou privées de la commune. Pour éviter qu'il n'y eût des fraudes à la loi, il a été décidé que les directeurs d'écoles publiques ou privées devront, quand il y aura lieu, dresser un état spécial des élèves étrangers à la commune ; les maires des communes où sont situées ces écoles auront à signaler, par l'entremise de la préfecture, à leurs collègues des communes dont les enfants sont originaires, les absences qui auront été relevées.

Obligation scolaire. — Les commissions scolaires sont chargées de réprimer les infractions à l'obligation scolaire.

L'obligation scolaire, c'est-à-dire l'obligation de fréquenter régulièrement l'école, est imposée en principe à tous les enfants des deux sexes, âgés de six ans révolus à treize ans révolus, qui sont inscrits à une école primaire publique ou privée.

Les enfants qui reçoivent l'enseignement domestique [1] ne sont naturellement pas soumis à cette obligation ; ils sont astreints seulement à subir l'examen annuel [2].

Les garçons, qui sont inscrits dans un établissement public ou privé d'enseignement secondaire, ne sont pas non plus tenus à l'obligation scolaire ; il en est de même

---

1. V. pour la détermination de ce qu'on entend par enseignement domestique, p. 104 et s.
2. V. p. 48.

pour les jeunes filles qui suivent les cours d'un établissement public d'enseignement secondaire [1].

D'autre part, il y a des communes où, par suite de l'insuffisance des locaux scolaires, les prescriptions de la loi ne peuvent être appliquées ; ces communes sont déterminées chaque année par arrêtés ministériels [2].

Pour les enfants inscrits à une école primaire publique ou privée, il y a quelques exceptions au principe de l'obligation. Les enfants, qui, à partir de l'âge de onze ans, auront obtenu le certificat d'études primaires, seront dispensés du temps de scolarité obligatoire qui leur reste à passer [3]. La commission scolaire peut accorder des dispenses de fréquentation scolaire, soit de trois mois au maximum aux enfants demeurant chez leurs parents, soit d'une des deux classes de la journée aux enfants employés dans l'industrie et aux enfants employés hors de leur famille dans l'agriculture [4]. Enfin lorsque les parents, ou personnes responsables s'absentent momentanément de la commune en emmenant leurs enfants, l'obligation est suspendue pendant la durée de leur absence ; il suffit d'un avis donné verbalement ou par écrit au maire ou à l'instituteur [5].

Bien entendu, il est toujours permis aux parents ou personnes responsables de retirer les enfants de l'école pour les placer dans une autre école ou pour leur faire donner l'instruction primaire de toute autre façon qu'ils jugent convenable, à condition d'en donner avis au maire

---

1. Circ. vice-recteur académie de Paris, 16 novembre 1882 ; à sa date dans le *Recueil Gréard* ; V. p. 52, note 2.
2. Loi 1882, art. 18.
3. Loi 1882, art. 6, § 2.
4. Loi 1882, art. 15, § 1, 2 et 4.
5. Loi 1882, art. 15, § 3 ; Cass. cr., 20 décembre 1883, aff. d'Orléans ; D. 84.1.357 ; S. 85.1.46.

et de lui indiquer de quelle façon l'enfant recevra l'instruction à l'avenir, sous peine de voir prononcer contre eux la peine de l'affichage que nous étudierons plus loin [1].

Sauf les exceptions que nous venons de signaler, tous les enfants en âge scolaire placés dans les écoles primaires de tout ordre sont astreints à l'obligation scolaire [2].

Procédure générale. — La commission scolaire est saisie des infractions à l'obligation scolaire par l'extrait du registre d'appel que les directeurs et directrices d'écoles primaires doivent adresser chaque mois au maire. La commission, avant toutes choses, doit examiner si les absences constatées par le registre d'appel constituent

1. Loi 1882, art. 9 et art. 13, § 2 ; Cass. cr., 14 décembre 1883, aff. Comandon, D. 84.1.213, 1re esp., S. 84.1.201, 2e esp. ; — Cass. cr., 15 déc. 1883, aff. de Martineng, D.84.1.213, 2e esp. ; S.84.1.201, 3e esp.; — Cass. cr., 22 décembre 1883, aff. Formon, D.84.1.258, 2e esp.; S. 85.1.43, 3e esp.

2. Pour la détermination des écoles primaires privées, voir p. 103. Il n'existe pas d'établissements privés d'enseignement secondaire pour les jeunes filles, mais seulement des écoles primaires soumises à toutes les obligations de la loi, voir p.107. Une question curieuse est celle des « maisons d'éducation ou cours » établis dans les grandes villes et qui donnent aux jeunes filles un enseignement général, primaire ou secondaire, quelquefois supérieur, de façon plus ou moins complète; à l'inverse des écoles ordinaires, ils ne sont pas ouverts tous les jours, mais une ou plusieurs fois par semaine seulement, à des heures déterminées. Le 21 mars 1882, au Sénat, M. Bérenger a demandé si les enfants qui suivent ces cours seraient considérées comme suivant une école, ou comme recevant l'enseignement domestique, et seraient, par suite, dispensées de l'examen institué par l'article 16 de la loi ou devraient le subir ? M. le ministre répondit : « Il est de toute évidence que les institutions dont parle M. Bérenger sont des écoles privées, des écoles libres dans toute l'acception du terme... et les jeunes filles qui suivront ces cours seront dispensées de l'examen puisqu'elles suivent une école libre » (*Déb. parl.*, p. 283). Mais il faut remarquer que, dans ces cours, où il n'y a parfois qu'un cours hebdomadaire, il sera impossible d'appliquer les dispositions de la loi qui prévoit la constatation des absences de l'enfant à chaque demi-journée, et réprime l'infraction constituée par quatre absences d'une demi-journée dans le mois.

ou non une infraction. L'infraction à l'obligation scolaire
est constituée par le fait, pour un enfant soumis à cette
obligation, de manquer l'école pendant au moins une
demi-journée, quatre fois dans le mois, c'est-à-dire dans
l'intervalle de trente jours calculé de quantième à quantième. Ces absences peuvent se répartir sur toute la durée
du mois, ou se succéder immédiatement et correspondre
ainsi à deux jours pleins. Le simple retard de l'enfant
même répété, même systématique ne peut être considéré
comme une absence ; il faut le manquement à une classe
entière, à raison de deux classes par jour, une le matin et
l'autre l'après-midi. Dès que quatre absences ont eu lieu
dans ces conditions, la commission scolaire peut être saisie, il est inutile d'attendre l'expiration du délai de trente
jours. Mais quelque prolongée qu'ait été l'absence de
l'enfant, n'eût-il même pas paru une seule fois à l'école
pendant tout le mois, il n'y a qu'une seule infraction. D'autre part, toutes les infractions qui précèdent la première
comparution ne peuvent être réprimées que par une seule
peine, l'affichage ; toutes celles qui précèdent la seconde
comparution ne comportent qu'un affichage [1].

Si la commission scolaire considère qu'il résulte des
absences constatées par le registre d'appel que l'infraction
a été réellement commise, elle doit examiner les circonstances dans lesquelles elle s'est produite ; d'office, la commission scolaire doit ainsi examiner s'il n'y a pas des
causes légitimes d'excuse. Son attention se portera principalement sur l'exécution des formalités préliminaires à
l'exécution de la loi : si, par exemple, le père a bien été

1. Cass. cr., 15 décembre 1883, aff. Lebreton ; D. 84.1.216 ; S. 84.1.408.

mis en demeure de faire connaître comment l'instruction serait assurée à l'enfant ; ou si l'avis individuel de l'inscription de l'enfant à l'école publique l'a réellement touché[1], etc. La commission peut aussi apprécier les circonstances de fait : si, par exemple, des obstacles matériels ne se sont point opposés à ce que l'enfant fréquentât l'école.

Si de l'examen de ces circonstances ou de la procédure préliminaire ne résulte pas, aux yeux de la commission scolaire, une excuse suffisante de l'infraction constatée, elle passe à l'appréciation des motifs d'excuse invoqués par les personnes responsables et mentionnés sur l'extrait du registre d'appel. De ces motifs, « les seuls réputés légitimes sont les suivants : maladie de l'enfant, décès d'un membre de la famille, empêchements résultant de la difficulté accidentelle des communications. Les autres circonstances exceptionnellement invoquées seront également appréciées par la commission[2] ».

Les motifs légitimes d'excuses sont absolus, en ce sens qu'ils justifient pleinement les absences, et la commission est obligée d'en tenir compte. Il faut naturellement que les faits soient constants, ou que la preuve en soit rapportée ; pour la maladie de l'enfant, il y aura lieu de produire un certificat d'un médecin[3]. La commission n'a pas, au moins pour les deux premiers motifs, — la maladie de l'enfant et le décès d'un membre de la famille, — d'appréciation à faire. Il en est autrement, par la force même des choses, pour l'excuse tirée de la difficulté accidentelle des

1. V. p. 48, note 2.
2. Loi 1882, art. 10, § 3.
3. V. amend. Baragnon, 18 mars 1882, Sénat ; *Déb. parl.*, p. 239.

communications ; la commission aura à apprécier si cette difficulté à elle seule, ou jointe à d'autres circonstances, comme l'âge de l'enfant, le trajet qu'il a à parcourir, peut excuser ou non les absences qu'il a faites.

Les autres circonstances invoquées exceptionnellement par les personnes responsables sont appréciées avec pleins pouvoirs par la commission scolaire qui peut les admettre ou les rejeter. L'on peut citer la maladie des parents ou des personnes chez qui l'enfant est placé [1], la longueur du trajet à parcourir et l'âge des enfants [2].

Mais la commission scolaire peut-elle accueillir toute excuse ? Le pouvoir d'appréciation qui lui confère la loi est-il illimité ? La question s'est posée à l'occasion d'excuses basées sur la violation prétendue de la neutralité de l'école publique par suite de l'emploi de certains manuels d'instruction morale et civique.

Pour soutenir que la commission scolaire peut accepter toute excuse, l'on se fondait sur les paroles prononcées par M. Ribière, rapporteur de la loi au Sénat : « Il y a pour la commission scolaire plénitude d'appréciation pour les motifs d'excuse qui peuvent être donnés. Cela résulte des termes de l'article 10 *in fine*. Nous donnons le sens le plus large à ce paragraphe dernier de l'article 10 et nous pensons que la commission scolaire a toute latitude, tout pouvoir pour recevoir les explications données par les pères de famille et les déclarer parfaitement excusables [3] ». Certes ces termes ne sont point ambigus.

1. Amend. de Saisy, rejeté, 18 mars 1882, Sénat ; *Déb. parl.*, p. 238 et suiv.

2. Amend. de Lorgeril, rejeté, 12 juillet 1882, Sénat ; *Déb. parl.*, p. 1129.

3. Sénat, 5 juillet 1881 ; *Déb. parl.*, p. 1047, 1048 ; V. aussi discussion amendement Baragnon cité, Sénat, 18 mars 1882 ; *Déb. parl.*, p. 239-244.

Pourtant la Cour de cassation[1] et le Conseil d'État[2], qui ont eu tous deux à se prononcer sur la question, ont considéré qu'il résulte de l'ensemble de la discussion de la loi que la commission scolaire ne peut, en dehors des exemples donnés par l'article 19, admettre que des circonstances de fait analogues. En particulier les méthodes d'enseignement échappent au contrôle de l'autorité judiciaire et leur appréciation relève directement et exclusivement des autorités spéciales chargées de la direction et de la surveillance de l'enseignement public ; par suite, les excuses tirées de la nature de l'enseignement, de l'emploi à l'école de livres qui violeraient la neutralité de l'enseignement au point de vue confessionnel, ne peuvent être accueillies sans excès de pouvoir par les commissions scolaires. La loi de 1886 a définitivement tranché la question en décidant que « la commission scolaire ne peut, dans aucun cas, s'immiscer dans l'appréciation des matières et des méthodes d'enseignement[3] ».

Mais il est certain que si les griefs du père de famille sont fondés, s'il est prouvé par suite d'une information faite par l'autorité académique que l'instituteur a, au mépris de la loi, violé la neutralité de l'école, c'est à tort que la commission condamnera le père de famille ou la personne responsable. Il faut considérer qu'il y a là une sorte de question préjudicielle et que, dans tous les cas où il y aura un fait personnel de l'instituteur à apprécier, la

---

1. Cass. cr., 15 décembre 1883, aff. de Martineng ; D. 84.1.213, 2ᵉ esp.; S. 84.1.401, 3ᵉ esp., et note Villey.

2. Cons. d'État, 16 mars 1883, aff. commis. scol. de Lavaur : D. 84.3. 41 ; S. 85.2.11 ; voir conclusions de Marguerie sous l'arrêt.

3. Art. 58, § 6 ; en sens opposé, amendement Th. de Poncheville, repoussé, Chambre, 26 octobre 1886 ; *Déb. parl.*, p. 1681.

commission scolaire devra surseoir à statuer sur l'infraction qui lui est déférée, jusqu'au résultat de l'information ouverte par l'autorité académique sur la plainte du père de famille.

La commission scolaire n'est pas compétente, pour le même motif, pour condamner les personnes responsables des enfants qui se sont vu fermer la porte de l'école parce qu'ils n'étaient pas munis d'un livre considéré par l'instituteur comme nécessaire [1].

La commission scolaire peut-elle admettre comme excuse le fait qu'il est de notoriété que l'enfant reçoit réellement l'instruction primaire ? Plusieurs tribunaux ont jugé qu'il y avait là un motif d'excuse que la commission pouvait accueillir ; il n'y aurait là qu'une question de fait, la notoriété est-elle suffisante ou non [2]. La Cour de cassation, au contraire, a considéré qu'invoquer comme excuse le fait que l'enfant reçoit en réalité l'enseignement primaire équivaut à faire devant la commission scolaire une déclaration tardive qu'elle n'a aucune qualité pour recevoir. La personne responsable a été avertie successivement deux fois par le maire, d'abord de la rentrée des classes et de l'obligation de déclarer comment l'enfant recevrait l'instruction, puis de l'inscription d'office de l'enfant à l'école publique ; aucune déclaration n'a été faite, l'enfant ne s'est pas présenté à l'école, l'infraction à l'obligation scolaire a été ainsi commise ; il est trop tard, lorsque les pénalités sont encourues, pour

<hr>

1. Cons. d'État, 8 août 1884, aff. Anaclet et autres ; D. 86 3.41 ; S. 86. 3.31.

2. Trib. corr. Beaune, 17 février 1883, aff. Léger-Belair ; D. 84.3.7, 1re esp.

faire la déclaration que la loi exige de toutes les personnes responsables, sans aucune distinction basée sur ce que l'enfant reçoit en fait l'instruction primaire ; la commission scolaire n'a aucune qualité pour recevoir cette déclaration qui devait être adressée au maire, en vertu soit de l'article 7 quand l'enfant a été inscrit sur la liste des enfants en âge scolaire, soit de l'article 9 quand l'enfant quitte l'école, soit de l'article 16 quand l'examen de l'enfant qui reçoit l'enseignement domestique a été jugé insuffisant ; elle ne peut l'accueillir comme une excuse aux absences de l'enfant[1].

Si la commission scolaire ne trouve ni dans les circonstances dans lesquelles les absences de l'enfant se sont produites, ni dans les excuses invoquées par les personnes responsables et mentionnées sur l'extrait mensuel du registre des présences, aucune justification suffisante des absences de l'enfant, elle doit, tout au moins pour la première infraction[2], appeler la personne responsable à comparaître devant elle ; il en sera de même quand aucune excuse n'aura été invoquée.

Dans les cas où la personne responsable est citée à comparaître devant la commission scolaire, cette citation, ou plutôt cette invitation[3], doit lui parvenir au moins trois jours avant la date fixée pour la réunion de la commission scolaire. Aucune forme n'est exigée, mais en cas de non-comparution la commission aura à rechercher si la cita-

---

1. Cass. cr., 14 décembre 1883, aff. Comandon ; D. 84.1.213, 1re esp. ; S. 84.1.401, 2e esp. ; — Cass. cr., 15 décembre 1883, aff. de Martineng ; D. 84.1.213, 2e esp. ; S. 84.1.401, 3e esp., et note Villey — Cass. cr., 22 décembre 1883, aff. Formon ; D. 84.1.258, 2e esp. ; S. 85.1.43, 3e esp.

2. V. p. 64 et 85.

3. Loi 1882, art. 12.

tion a réellement touché la personne intéressée. C'est le maire, en sa qualité de président de la commission qui doit adresser cette citation.

« Les personnes citées à comparaître devant les commissions scolaires doivent comparaître personnellement ; elles ne peuvent se faire assister, ni représenter par des mandataires. Lorsqu'elles sont empêchées de comparaître, elles peuvent présenter par écrit leurs explications, ou solliciter le renvoi de l'affaire à une autre séance [1]. » Cette règle doit recevoir certains tempéraments commandés par la force même des choses : ainsi si la personne responsable ne sait pas parler français, si elle est sourde-muette, elle pourra se faire assister devant la commission scolaire [2]. Si la personne citée est absente, malade ou empêchée, elle peut fournir des explications par écrit, elle peut aussi certainement faire donner les explications nécessaires par un mandataire. Dans ces deux derniers cas la commission scolaire doit d'abord examiner les excuses produites pour justifier l'absence de l'enfant ; si ces excuses sont considérées comme suffisantes, il n'y a plus d'affaire ; si au contraire les motifs d'excuse sont insuffisants, elle a à examiner si la non-comparution est excusable ou non ; si elle l'est, il y a lieu de renvoyer l'affaire à une séance ultérieure et d'adresser une nouvelle citation à comparaître ; si elle ne l'est pas, la commission scolaire prononcera immédiatement la peine applicable.

Si la commission scolaire n'admet aucune excuse justifiant les absences qui ont constitué une infraction à l'obli-

---

1. Décret 18 janvier 1887, art. 157.
2. V. amend. Batbie, repoussé, Sénat, 29 mars 1886 ; *Déb. parlem.*, p. 506.

gation scolaire, elle doit prononcer contre la personne responsable, suivant les cas, l'avertissement ou l'affichage ou encore adresser une plainte au juge de paix, juge de simple police.

L'avertissement. — Pour la première infraction « le père, le tuteur ou la personne responsable est invité, trois jours au moins à l'avance, à comparaître dans la salle des actes de la mairie devant la commission scolaire, qui lui rappelle le texte de la loi et lui explique son devoir[1] ». C'est la mesure qualifiée d'avertissement. La première infraction ne peut donner lieu qu'à l'avertissement, si la personne intéressée comparaît[2].

L'affichage. — Mais « en cas de non-comparution, sans justification admise, la commission scolaire applique la peine énoncée dans l'article 13 », c'est-à-dire ordonne « l'inscription pendant quinze jours ou un mois, à la porte de la mairie, des nom, prénoms et qualités de la personne responsable, avec l'indication du fait relevé contre elle[3] » ; c'est la peine de l'affichage.

L'affichage est encore prononcé *de plano*, quand le père de famille ou la personne responsable dont l'enfant a quitté l'école d'une façon qui s'annonce comme définitive, n'en a pas averti immédiatement le maire en indiquant de

1. Loi 1882, art. 12.
2. Cass. cr., 14 novembre 1884, aff. Dubouchet, D. 86.1.141, 1re esp. ; S. 85.1.329, 1re esp. Si la personne responsable, après s'être présentée devant la commission, se retire au moment où l'avertissement va lui être donné, il n'y a pas lieu de prononcer l'affichage ; trib. corr. Orléans, 21 avril 1883, aff. d'Orléans ; D. 84.1.257 ; S. 85.1.46, sous cass.
3. Loi 1882, art. 12 et 13. Cass. cr., 4 août 1883, aff. de Salaberry ; D. 84.1.41 ; S. 83.1.481, 4e esp. ; — Cass. cr., 14 novembre 1884, aff. Goubeaux ; D. 86.1.141, 2e esp. ; S. 85.1.329, 2e esp.

quelle façon l'enfant recevrait à l'avenir l'instruction primaire[1]; c'est là une infraction spéciale. Malgré le silence
de la loi, il est certain que dans cette hypothèse la commission scolaire a le pouvoir d'apprécier s'il y a de justes
causes d'excuses, et pour être à même de les faire valoir
la personne responsable devra être appelée devant la commission ; si les excuses présentées ne sont pas considérées
comme suffisantes, la commission prononce la peine de
l'affichage contre la personne responsable, que celle-ci
ait comparu ou non.

Enfin, et c'est le cas le plus ordinaire, l'affichage est prononcé « en cas de récidive dans les douze mois qui suivent
la première infraction[2] ».

Que faut-il entendre par le mot récidive ? L'on a soutenu
qu'ici ce mot ne devait pas être pris dans son sens juridique, c'est-à-dire l'état d'un individu qui a commis un délit après une première condamnation prononcée contre
lui ; il s'agirait simplement du renouvellement, de la réitération de l'infraction, même si la première n'avait pas été
suivie d'une condamnation. Cette opinion se base sur le
texte même de la loi qui ne parle, en effet, que de l'infraction et non pas de la condamnation. Mais il semble
bien qu'il n'y ait pas ici d'exception au principe général
de notre droit pénal qui veut qu'il n'y ait récidive qu'autant que le premier fait punissable a été réprimé ; ce sens
du mot récidive peut seul expliquer l'aggravation de peine
infligée à celui qui, prévenu par une première condamnation, a de nouveau violé la loi. Le législateur n'a pas exprimé qu'il entendît déroger à ce principe[3]. D'ailleurs,

1. Loi 1882, art. 9, art. 13, § 2, V. p. 52, note 1.
2. Loi 1882, art. 13, § 1er.
3. En ce sens : Trib. corr. Beaune, 17 février 1883, aff. Léger-Belair ;

étant donnée la forme de procéder devant la commission
scolaire, lorsque celle-ci n'aura pas prononcé l'avertissement après la première infraction, lorsqu'elle aura ac-
cueilli les excuses mentionnées sur l'extrait du registre
d'appel, la personne responsable ignorera la plupart du
temps qu'elle avait commis une infraction à la loi d'obligation. Est-ce donc l'esprit de la loi que l'affichage soit
prononcé contre le contrevenant sans que celui-ci ait été
prévenu des pénalités qui peuvent l'atteindre en cas de
récidive? L'esprit de la loi est manifestement contraire,
puisque tel est précisément le but de la première mesure
que prend la commission scolaire, de l'avertissement qui
est justement le rappel au contrevenant des prescriptions
de la loi. Enfin, l'on a pu dire avec quelque raison que
l'infraction à l'obligation scolaire, étant donné son caractère spécial, n'existe que lorsque la commission scolaire
a constaté que l'enfant a fait dans le mois quatre absences
non justifiées, c'est-à-dire justement lorsqu'il y a eu condamnation. Nous concluons donc que, bien que l'avertissement n'ait pas les caractères d'une peine et que, par suite,
il soit difficile de considérer son prononcé comme une
condamnation, il faut lui en attribuer toutes les conséquences juridiques, et que la récidive de l'infraction scolaire ne résultera pas de la simple réitération de l'infraction, mais qu'il sera nécessaire que l'avertissement ait été
prononcé auparavant.

Comme conséquence de notre opinion, il faut placer le

D. 84.3.7, 1ʳᵉ espèce ; — Trib. corr., Orléans, 21 avril 1883, aff. d'Orléans ;
D. 84.1.257 ; S. 85.1.46, sous cass. ; V. aussi Trib. corr. Villefranche,
rapporté dans les conclusions de M. Chantre-Grellet, sous arrêt du Cons.
d'État, 13 novembre 1885, aff. Passerat de la Chapelle ; D. 87.3.25 ; S.
87.3.29.

point de départ des douze mois dans lesquels doit être commise la seconde infraction pour donner lieu à récidive, non pas au jour de la quatrième absence constitutive de l'infraction, mais au jour de la décision de la commission scolaire. Remarquons cependant que la loi dit : « les douze mois qui suivront la première infraction », mais nous croyons notre solution plus conforme aux principes juridiques ; d'autre part, elle permet d'éviter certaines difficultés : s'il y a eu dix absences non justifiées de l'enfant, faudra-t-il placer le point de départ des douze mois au jour de la quatrième ou au jour de la dixième ? en le plaçant au jour de la décision de la commission, il n'y a pas de difficulté.

Pour qu'il y ait récidive, il faut que ce soit la même personne, qui a déjà reçu l'avertissement, qui soit responsable de la nouvelle infraction que commet l'enfant ; ainsi, si après que le père a été condamné à l'avertissement, c'est la mère qui devient responsable de l'assiduité de l'enfant à l'école, pour cause, par exemple, d'absence du père, la mère ne sera pas passible des peines de la récidive, de l'affichage, si l'enfant s'absente de nouveau de l'école sans justification.

Mais la personne responsable qui a sous sa garde plusieurs enfants, peut-elle, après avoir été admonestée à l'occasion des absences d'un premier enfant, encourir la peine de l'affichage à la suite des absences d'un autre enfant faite dans les douze mois ? y a-t-il là récidive ? Il est difficile en présence du silence de la loi d'admettre dans cette hypothèse qu'il y ait récidive, bien que cette opinion soit logique.

Enfin pour qu'il y ait récidive, il faut que ce soit la même commission scolaire qui a déjà adressé au contre-

venant l'avertissement, qui soit compétente pour connaître de la nouvelle infraction, que celle-ci ait été commise
dans la même école, ou dans l'école d'une commune voisine.

« La commission scolaire, en cas de récidive dans les
douze mois, n'ordonne l'inscription, l'affichage, que lorsqu'il lui est prouvé qu'il n'y a pas effectivement de justification possible pour le père de famille. C'est exactement
la même procédure à suivre. Donc, ce ne sont pas seulement des faits matériels à constater. La commission scolaire, la première, la seconde fois doit avant tout apprécier des causes possibles d'excuses et de justification. »
Telles sont les paroles prononcées le 14 juin 1881, au
Sénat, par M. Ribière, rapporteur de la loi[1]. Ainsi, en cas
de récidive, la même procédure doit être suivie que dans
le cas de première infraction ; il en résulte que la commission doit citer à comparaître devant elle la personne
responsable dont les motifs d'excuses mentionnés sur
l'extrait du registre d'appel ont paru à la commission insuffisants pour justifier les absences ; c'est là d'ailleurs le
principe que nul ne peut être condamné en matière pénale sans avoir été admis à présenter sa défense[2]. La Cour
de cassation a, au contraire, décidé qu'il était inutile,
dans le cas de récidive, d'appeler la personne responsable
devant la commission scolaire[3] ; la Cour considère que
les commissions scolaires ne sont pas des juridictions et
leurs décisions n'ont pas le caractère de pénalités : nous

---

1. *Déb. parl.*, p. 856.

2. En ce sens : Cour de Dijon, ch. m. en acc., 28 fév. 1883, aff. Noché
d'Aulnay ; D. 84.2.20 ; S. 85.2.14.

3. Cass. cr., 14 déc. 1883, aff. Noché d'Aulnay ; D. 84.1.214 ; S. 84.1.
401, et note Villey.

examinerons cette question après avoir terminé notre étude des attributions des commissions scolaires[1].

Nous verrons aussi la question de savoir si l'affichage prononcé par défaut par la commission scolaire doit être signifié au contrevenant.

Plainte au juge de paix. — « En cas d'une nouvelle récidive, la commission scolaire, ou, à son défaut, l'inspecteur primaire devra adresser une plainte au juge de paix[2]. »

C'est là le dernier terme des mesures que prend la commission scolaire contre les personnes responsables dont les enfants manquent l'école.

Mais que faut-il entendre par l'expression « nouvelle récidive »? Nous avons vu que, dans les deux cas de non-comparution de la personne responsable lors de la première infraction, et de violation des prescriptions de l'article 9 de la loi, la commission doit *de plano* pour une première infraction prononcer la peine de l'affichage. Dans ces deux cas, si le délinquant commet une nouvelle infraction, il n'y a pas nouvelle récidive, mais première récidive ; la commission doit-elle prononcer une seconde fois l'affichage, ou doit-elle adresser la plainte au juge de paix ?

Dans un premier système qui a l'avantage de prendre à la lettre l'expression « nouvelle récidive » et constitue d'autre part l'interprétation la plus favorable, l'article 14 de la loi suppose une nouvelle récidive, c'est-à-dire dans tous les cas une troisième infraction, une seconde récidive ; en outre, l'on peut invoquer en ce sens, les paroles de M. Jules Ferry, président du conseil, ministre de l'instruction publique, prononcées au Sénat le 15 juin

1. V. p. 85.
2. Loi 1882, art. 14, § 1.

1881 [1] : « Le père de famille, pour tomber sous le coup des peines prévues par l'article 14, doit avoir été condamné deux fois, c'est-à-dire une première fois réprimandé, une seconde fois puni de l'inscription à la porte de la mairie ; et c'est dans le cas d'une seconde récidive, c'est-à-dire d'une troisième série d'absences, c'est lorsque le père de famille aura été sourd aux deux premiers avertissements, qu'il pourra être traduit devant le juge de paix. » Enfin, l'on peut dire que si le contrevenant encourt *de plano* la peine de l'affichage dans les deux cas signalés, c'est que son absence met la commission dans l'impossibilité de lui appliquer la peine de l'avertissement qui ne peut par son caractère même être infligée qu'à une personne présente. D'ailleurs, si la loi ne prévoit pas un double affichage successif, elle prévoit un affichage qui peut être de quinze jours ou d'un mois et qui de plus doit contenir l'énonciation des faits ; les deux affichages ne seraient donc pas identiques et il y aurait une progression dans la peine, progression due à la récidive nouvelle. Le contrevenant pourra donc encourir deux fois successivement l'affichage, d'abord pour non-comparution devant la commission lors de la première infraction ou pour non-obtempération aux prescriptions de l'article 9, puis pour une deuxième infraction ou première récidive ; et ce n'est que pour la troisième infraction, pour la nouvelle récidive que la commission scolaire le déférera au juge de paix [2].

La Cour de cassation s'est prononcée pour le système contraire plus logique, plus conforme à l'esprit de la loi [3].

1. *Déb. parl.*, p. 857.

2. Trib. corr. Beaune, 17 février 1883, aff. Léger-Belair ; et trib. corr. Bonneville, 28 juin 1882, aff. Clerc ; D. 84.3.7, 1re et 2e esp. ; — Trib. police Paris, 10 et 18 juillet 1883 ; *Gaz. des trib.*, 21 juillet 1883.

3. Cass. cr., 4 août 1883, aff. de Salaberry ; D. 84.1.41 ; S. 83.1.481,

D'après la Cour, les expressions de l'article 14 de la loi
« en cas de nouvelle récidive », et les explications données
lors de la discussion de la loi par le ministre visent le cas
le plus habituel, c'est-à-dire celui où la personne responsable a eu à répondre successivement de trois infractions
et s'est vu infliger pour la première l'avertissement, pour
la seconde l'affichage ; pour la troisième, elle est passible
des peines de police. Si, au contraire, *de plano*, dès la
première infraction, le délinquant s'est vu infliger l'affichage, le premier des termes de pénalité, l'avertissement
est nécessairement supprimé par le fait même et la
volonté du contrevenant ; celui-ci est, dans ce cas, complètement assimilé à celui qui, après un premier avertissement, a de nouveau désobéi à la loi ; dès lors, dès la
deuxième infraction, il est assimilé à celui qui est en état
de nouvelle récidive et est passible des peines de police,
et non pas d'un deuxième affichage que d'ailleurs la loi
n'a nullement prévu. Le législateur a attaché la plus
grande importance à l'affichage, ainsi qu'il résulte des
paroles suivantes de M. Paul Bert, rapporteur de la loi à
la Chambre des députés : « Dans un grand nombre de cas
le père de famille sermonné n'attachera pas une grande
importance à cette remontrance, mais lorsqu'il verra son
nom affiché à la porte de la mairie, nous pouvons affirmer
que cette peine morale aura une efficacité sérieuse[1]. »
Cela ne montre-t-il pas que, dans la pensée du législateur,
après l'affichage il n'y a plus qu'une ressource, la peine
de droit commun prononcée par le juge de police ; un
second affichage resterait aussi inefficace que le premier.

4ᵉ esp.; — Cass. cr., 21 décembre 1883, aff. Goubeaux ; D. 84.1.258, 3ᵉ esp.;
S. 85.1.44, 1ʳᵉ esp.

1. Séance du 24 décembre 1880 ; *Off.* du 25, p. 12871.

On a soutenu qu'ici encore il ne fallait entendre par récidive que la réitération de l'infraction, de sorte que la personne responsable de l'enfant qui, dans l'intervalle de deux ans, aurait fait trois séries d'absences dont les deux premières ont été excusées par la commission scolaire, n'en serait pas moins passible des peines de police ; il est difficile de trouver un fondement à cette théorie irrationnelle et en désaccord complet, croyons-nous, avec l'économie de la loi.

Bien que la loi soit muette sur ce point, la seconde récidive devra se produire dans les douze mois de l'affichage ; et les autres conditions que nous avons exigées pour la première devront être réunies pour la seconde.

La commission scolaire est saisie de cette troisième infraction comme des précédentes par l'extrait du registre d'appel. Mais ici elle n'a pas à suivre la procédure ordinaire ; elle n'a qu'à constater si l'infraction est légalement constituée et si l'on se trouve bien dans le cas de nouvelle récidive mais elle n'a pas à examiner, ni à apprécier les excuses invoquées ; nous en donnerons les raisons plus loin [1] ; la principale est qu'il y aurait violation certaine du principe de la séparation des autorités administratives et judiciaires si les commissions scolaires et le juge de paix avaient à examiner successivement la même question, à savoir si l'infraction scolaire peut être excusée ou non. Les travaux préparatoires de la loi sont pourtant en sens contraire [2]. Il faut décider aussi que la commission n'a pas à citer devant elle le contrevenant [3], et n'a pas non plus à

1. V. p. 84.
2. V. Sénat, 5 juillet 1881 ; *Doc. parl.*, p. 1052.
3. V. p. 84.

lui signifier la décision par laquelle elle saisit le juge de paix. Enfin, cette décision ne peut faire l'objet d'un appel devant le conseil départemental de l'enseignement primaire [1].

Lorsque la personne responsable, après avoir été condamnée à l'avertissement et à l'affichage, a été déférée une première fois au juge de paix par la commission scolaire, qu'elle ait été condamnée, ou qu'elle ait été relaxée par suite, par exemple, de la nullité de la décision de la commission scolaire qui avait saisi le tribunal de police, toute nouvelle infraction relevée dans les douze mois la rend, *de plano*, passible d'une plainte au juge de paix sans que la commission scolaire ait à recourir aux mesures de l'avertissement et de l'affichage [2].

Pouvoirs du juge de paix. — Nous croyons devoir résumer les questions relatives aux pouvoirs du juge de paix saisi d'une infraction à l'obligation scolaire.

Le juge de paix a tous les pouvoirs qui appartiennent au juge de simple police en matière de contraventions.

Il doit avant tout vérifier sa compétence ; il examine si la décision qui l'a saisi a été régulièrement prise, si la commission scolaire était régulièrement constituée ; il examine s'il y a bien eu deux sentences antérieures et si l'infraction qui lui est soumise est bien une nouvelle récidive ; mais il n'a nullement à examiner le bien fondé de ces sentences, à les confirmer ou à les infirmer [3].

1. V. p. 84.

2. Cass. cr., 21 décembre 1883, aff. Basselet-Gateaux ; D. 84.1.258 ; S. 85.1.43, 1re esp. ; — Cass. cr., 22 décembre 1883, aff. Formon ; D. 84. 1.258, 2e esp. ; S. 85.1.43, 3e esp.

3. Cass. cr., 3 août 1883, aff. Cauly ; D. 84.1.44 ; S. 83.1.481, 1re esp. ;—

D'autre part, le juge examine l'infraction en elle-même comme toute infraction qui lui est soumise ; il en vérifie l'existence, le caractère, la gravité ; il a la libre appréciation de tous les motifs qui ont causé l'absence et peuvent la justifier ; mais, pas plus que la commission scolaire, il ne peut excuser l'absence en se basant sur les matières et méthodes d'enseignement[1], ni sur le fait que l'enfant reçoit en réalité l'instruction primaire[2].

Il résulte des textes visés par la loi de 1882 que la contravention n'est pas ici une contravention ordinaire, mais ce que l'on appelle une contravention-délit[3] ; le juge aura à apprécier l'intention du contrevenant.

Le juge n'est pas tenu de condamner, quand il a constaté l'infraction ; les travaux préparatoires de la loi sont formels en ce sens[4].

« L'infraction est considérée comme une contravention et peut entraîner condamnation aux peines de police, conformément aux articles 479, 480 et suivants du Code pénal. L'article 463 du même Code est toujours applicable[5]. » Les peines prévues par les articles visés sont une amende de onze à quinze francs, et un emprisonnement de cinq jours au plus. Mais l'article 463 est toujours applicable ; il en résulte que dans tous les cas, même en cas de

Cass. cr., 21 décembre 1883, aff. Formon ; D. 84.1.258, 1re esp. ; S. 85. 1.43, 2e esp. ; — Cass. cr., 21 décembre 1883, aff. Goubeaux ; D. 84.1. 259, 3e esp. ; S. 85.1.44, 1re esp. ;— Cass. cr., 15 novembre 1884, aff. Goubeaux ; D. 86.1.141 ; S. 85.1.329, 2e esp.

1. V. p. 55 et 56, et les arrêts cités.

2. V. p. 57 et 58, et les arrêts cités.

3. V. observations de M. Tenaille-Saligny, Sénat, 5 juillet 1881 ; *Déb. parl.*, p. 1051.

4. Chambre, 24 décembre 1880, *Off.* du 25, p. 12872 ; Sénat, 14 juin 1881, *Déb. parl.*, p. 857 ; 5 juillet 1881, *Déb. parl.*, p. 1048.

5. Loi 1882, art. 14.

récidive, l'amende peut être substituée à l'emprisonnement et être elle-même abaissée à un franc, au cas d'admission du bénéfice de circonstances atténuantes. En cas
de récidive, la peine est de cinq jours d'emprisonnement.

La récidive est ici une récidive spéciale, récidive de
contravention scolaire à contravention scolaire. Le ressort
du juge de police étant le canton et celui de la commission
scolaire étant la commune, la récidive pourra résulter
d'une première série d'infractions scolaires relevées par
une commission scolaire et ayant abouti à une condamnation par le juge de police, et d'une deuxième série d'infractions relevées par une autre commission scolaire du
même canton et aboutissant à la plainte adressée au juge
de paix, le tout dans les douze mois.

Conformément au droit commun, appel peut être formé
devant le tribunal correctionnel ; l'appel est suspensif.
Le tribunal aura les mêmes pouvoirs que le juge de
paix.

Le recours en cassation, suivant les principes du droit
commun, est toujours possible contre les jugements en
dernier ressort soit du juge de paix, soit du tribunal correctionnel.

Contrairement à sa jurisprudence habituelle, la Cour de
cassation a décidé que toutes les infractions commises
après l'affichage et avant la condamnation de simple
police doivent être comprises dans la même poursuite
et ne peuvent, quel qu'en soit le nombre, être frappées
que d'une peine unique[1]. Cette solution s'imposait, l'infraction consistant ici dans un fait négatif ; il serait inad-

1. Cass. cr., 15 décembre 1883, aff. Lebreton ; D. 84.1.216 ; S. 84.1.
408.

missible que celui dont l'enfant aurait manqué plusieurs fois l'école fût passible de plusieurs peines, tandis que celui dont l'enfant n'aurait pas paru une seule fois à l'école ne serait passible que d'une seule peine.

Appel des décisions des commissions scolaires.

Aux termes de l'article 59 de la loi du 30 octobre 1886, les décisions des commissions scolaires peuvent être frappées d'appel devant le conseil départemental de l'enseignement primaire.

Ainsi que nous le verrons, cet appel, selon nous, n'est ouvert que contre la décision qui a prononcé contre la personne responsable soit l'avertissement, soit l'affichage, mais non contre la décision à la suite de laquelle le juge de paix est saisi d'une plainte [1].

Cet appel peut être formé par l'inspecteur primaire, par les parents ou les personnes responsables.

« Il est formé par simple lettre sur papier libre. S'il émane des parents, la lettre doit être adressée au préfet, président du conseil départemental, au maire de la commune et à l'inspecteur primaire de la circonscription. Si l'appelant est l'inspecteur primaire, il adresse une lettre au président du conseil départemental, une autre au maire de la commune, une troisième aux parents, tuteurs ou autres personnes responsables de l'enfant [2]. »

L'appel doit être formé dans le délai de dix jours [3], à dater du jour de la décision si l'avertissement a été prononcé en présence de l'intéressé, à dater de la significa-

1. V. p. 84.
2. Décret 1887, art. 156.
3. Loi 1886, art. 59, § 2.

tion de l'affichage, croyons-nous, s'il a été prononcé par
défaut.

L'appel formé contre les décisions des commissions scolaires est suspensif[1] ; il faut entendre d'une façon large
cette expression et décider que non seulement l'appel est
suspensif, mais aussi le délai d'appel ; c'est le principe
admis en matière de contraventions ; l'affichage ne pourra
donc être effectué avant l'expiration du délai de dix jours.

L'appel est porté devant le conseil départemental de
l'enseignement primaire, statuant en dernier ressort[2]. Les
règles de procédure générale devant ce conseil en matière
contentieuse sont applicables ici[3] ; la présence des délégués
de l'enseignement libre n'est pas nécessaire, même quand
il s'agit d'infractions relevées dans une école privée.

Contrairement à la règle adoptée pour les commissions
scolaires, « les pères, mères, tuteurs ou tutrices peuvent se
faire représenter ou assister devant le conseil départemental »[4] ; il en est de même, bien entendu, pour les autres
personnes responsables. Faut-il conclure de cette règle que
le conseil départemental doive nécessairement appeler
devant lui la personne intéressée ? nous ne le croyons pas ;
le conseil départemental a tous les pouvoirs de la commission scolaire, il peut excuser les absences sur le seul examen du registre d'appel ; mais avant toute condamnation,
il devra citer devant lui les personnes responsables[5].

Le conseil départemental a les mêmes droits que la
commission scolaire ; il peut excuser les absences en se

---

1. Loi 1886, art. 59, § 4.
2. Loi 1886, art. 59, § 3.
3. V. p. 100.
4. Loi 1886, art. 59, § 5.
5. V. p. 64 et p. 84.

fondant sur les mêmes motifs [1] ; il peut prononcer l'avertissement et l'affichage ; il peut aussi adresser la plainte au juge de paix.

L'appel est jugé en dernier ressort par le conseil déparmental. La seule voie de recours possible est le recours pour excès de pouvoir devant le Conseil d'État.

IV. — Du caractère des commissions scolaires
et de leurs décisions.

Dès l'institution des commissions scolaires par la loi du 28 mars 1882, la question se posa de savoir quel est, au point de vue juridique, le caractère de ces nouveaux conseils et celui de leurs décisions.

L'on se trouve en présence d'une commission présidée par le maire et composée en majeure partie de délégués du conseil municipal, auxquels sont adjoints un fonctionnaire, l'inspecteur primaire, et un citoyen déjà chargé des fonctions de délégué cantonal, désigné par l'inspecteur d'académie. Cette commission a quelques attributions administratives nettement définies [2], et est chargée principalement d'assurer la répression des infractions à la loi d'obligation de l'enseignement primaire, soit à l'égard des directeurs et directrices d'écoles primaires privées, soit à l'égard des personnes responsables d'enfants soumis à cette obligation ; contre les premiers, elle prend une série de mesures disciplinaires [3] ; contre les seconds, elle prononce, en premier lieu, un avertissement officiel et un affichage public qui, par la force même des choses, sont

1. V. p. 52 à 58.
2. V. p. 30, note 1.
3. V. p. 30, note 2.

différents par leur caractère ; en second lieu, elle provoque l'action répressive du juge de paix.

Les décisions de ces commissions peuvent être portées en appel devant le conseil départemental de l'enseignement primaire, auquel le caractère de conseil et de tribunal administratif n'est nullement dénié, et dont les décisions pourront être déférées au Conseil d'État pour excès de pouvoir. D'autre part, le juge de paix saisi de la plainte de commission scolaire a le droit et le devoir d'examiner s'il est légalement saisi et si les décisions de la commission ont été régulièrement prises ; les jugements du juge de paix peuvent être, dans certains cas, portés en appel devant les tribunaux correctionnels ; les jugements en dernier ressort du juge de paix ou du tribunal peuvent être déférés à la Cour de cassation. De sorte que, sans que l'on soit obligé de faire une hypothèse bien compliquée. une même question peut être examinée successivement, par la commission scolaire, puis, d'une part, par le conseil départemental et le Conseil d'État, tribunaux de l'ordre administratif, et d'autre part, par le tribunal de simple police, le tribunal correctionnel, et la Cour de cassation, tribunaux de l'ordre judiciaire. Il y a là une complication de procédure curieuse et un ensemble de règles qui semblent bien être en désaccord complet avec un des plus importants principes de notre droit public, celui de la séparation des autorités administrative et judiciaire. Il faut noter que cette singularité n'a pas été relevée une seule fois au cours de la discussion des lois du 28 mars 1882 et du 30 octobre 1886 ; d'autre part, les arrêts divers que la Cour de cassation et le Conseil d'État ont eu à prononcer ne donnent que quelques renseignements insuffisants, et d'ailleurs contradictoires, sur le caractère des commissions scolaires et de leurs décisions. Notons enfin qu'aucun arrêt de l'une ou de l'autre juridiction n'est intervenu depuis que la loi de 1886 a ouvert l'appel des décisions des commissions scolaires devant le conseil départemental.

La commission municipale scolaire est tout d'abord une autorité au sens du droit public, c'est-à-dire tout agent individuel ou collectif qui a un droit de commandement à l'égard des citoyens.

A quel ordre appartient-elle ? A l'ordre judiciaire ou à l'ordre administratif ? Le principe de la séparation des autorités administrative et judiciaire permet de répondre sans hésitation : les autorités judiciaires ne pouvant en aucune façon exercer des attributions administratives, la commission scolaire qui possède des attributions d'ordre administratif, ne peut, par conséquent, être considérée comme une autorité judiciaire, même pour partie ; il n'y a pas de place dans notre droit pour la singulière opinion qu'on a soutenue [1], et aux termes de laquelle les commissions scolaires seraient des corps *sui generis*, ayant un caractère mixte et participant de l'ordre administratif dans l'exercice de leurs attributions administratives, faisant partie, au contraire, de l'ordre judiciaire quand elles statuent à l'égard des pères de famille et des personnes responsables sur les infractions à l'obligation scolaire ; cela est d'autant plus impossible que, depuis la loi de 1886, les décisions des commissions scolaires sont portées en appel devant le conseil départemental de l'enseignement primaire.

Les commissions scolaires sont donc des autorités de l'ordre administratif. Par suite, avant 1886, les décisions

____

1. Alpy, *op. cit.*, p. 38.

des commissions scolaires, autorités administratives prononçant en dernier ressort, pouvaient faire l'objet d'un recours pour excès de pouvoir devant le Conseil d'État[1] ; aujourd'hui ces décisions susceptibles d'appel devant le conseil départemental ne peuvent plus être l'objet d'un semblable recours, aux termes de la jurisprudence du Conseil d'État.

Mais les commissions scolaires sont-elles des juridictions prononçant des jugements, infligeant des peines ? La question n'est pas sans difficulté. Dès 1883 deux systèmes opposés ont été soutenus, et la loi de 1886 n'a fait qu'apporter un argument de plus à l'un d'eux.

L'arrêt de la Cour de cassation du 14 décembre 1883 porte que « les commissions scolaires sont de simples corps administratifs institués pour surveiller et assurer l'accomplissement du devoir scolaire prescrit par la loi et déférer, le cas échéant, les contrevenants à la justice répressive, et les mesures préalables qu'ils prennent n'ont pas le caractère de véritables pénalités ; spécialement, l'affichage, bien que qualifié peine par la loi, n'est dans l'esprit du législateur, et dans l'ordre gradué des mesures qu'il prescrit, qu'une mise en demeure plus énergique adressée au père de famille de se conformer à la loi après que l'avertissement prononcé pour une première infraction est demeuré sans effet[2] ».C'est là un premier système qui nous paraît inexact.

1. Cons. d'Etat, 16 mars 1883, aff. com. scol. de Lavaur ; D. 84.3.41 ; S. 85.3.11 ; et 8 août 1883, aff. Anaclet et autres ; D. 86.3.41 ; S. 86.3. 31 ; l'arrêt du 13 novembre 1884, aff. Passerat de la Chapelle, D. 87.3. 25 ; S. 87.3.29, ne peut être invoqué en sens contraire, le Conseil d'Etat n'ayant pas admis en cette affaire le pourvoi pour fausse application de la loi, solution conforme à sa jurisprudence ordinaire.

2. Cass. cr., 14 décembre 1883, aff. Noché d'Aulnay ; D. 84.1.214 ; S.

Le principal argument en sa faveur a disparu, ou du moins a singulièrement perdu de sa force, depuis la loi de 1886. Le législateur de 1882, avait-on dit, n'a pu considérer la commission scolaire comme une juridiction ; il n'a pas pris soin, en effet, de réglementer les formes générales de procédure, en particulier celles de la citation, mais surtout il a négligé complètement de réglementer les voies et moyens de recours, opposition ou appel, contre les décisions des commissions scolaires, alors que l'appel, l'opposition sont en principe dans notre droit ouverts contre les décisions de toutes les juridictions. La loi de 1886 a bien organisé l'appel des décisions de la commission scolaire devant le conseil départemental ; « mais, a-t-on dit [1], cette disposition prise après coup ne saurait modifier le caractère essentiel de la commission scolaire qui est un corps administratif ; peu importe d'ailleurs que cette conception soit inexacte sur certains points, ou qu'elle soit peu en harmonie avec la terminologie du texte de la loi ou des travaux préparatoires ; les conceptions mêmes erronées du législateur s'imposent à l'interprète ». Il est singulièrement difficile de souscrire à ces diverses propositions dont on ne voit guère le fondement.

Les commissions scolaires sont bien, pour nous, des corps administratifs, mais ce sont aussi des juridictions ; ce sont des corps administratifs prenant des décisions contentieuses.

A vrai dire, on ne peut considérer l'avertissement comme une peine. Il est certain aussi que la plainte adressée au juge de paix n'est pas une peine.

84.1.401, et note Villey ; *Contrà*, Dijon, aff. Noché d'Aulnay ; D. 84.2.20 ; S. 85.2.14.

1. Gobron, *Législation de l'enseignement*, cité, p. 567, n° 2530.

Mais l'affichage, d'après l'arrêt cité de la Cour de cassation, est loin d'offrir tous les caractères d'une peine légalement définie, ce n'est qu'une mise en demeure plus énergique de se conformer à la loi lorsque l'avertissement a été inutile. Est-ce vraiment là l'esprit de la loi ? Il est permis d'en douter.

La loi et les travaux préparatoires sont bien muets sur le caractère même des commissions scolaires et sur celui de leurs décisions ; pourtant l'exposé des motifs de la loi de 1882 dit : « C'est un tribunal de famille qui exhorte, réprimande, et au besoin défère à une justice plus rigoureuse les parents récalcitrants [1]. » La loi elle-même, dans son article 13, après avoir exactement défini l'affichage, dit : « La même peine sera appliquée.... » ; l'article 12 avait déjà dit : « La peine énoncée dans l'article suivant sera appliquée...

La circulaire du 13 juin 1882, énumérant les attributions des commissions scolaires, déclare que : « Les commissions prononcent certaines pénalités ou saisissent d'une plainte, dans les cas prévus, le juge de paix. »

Quant aux travaux préparatoires des lois de 1882 et de 1886, ils semblent être très loin de considérer l'affichage comme une simple mesure administrative précédant la répression du juge de paix ; loin de faire allusion à cette opinion, les orateurs s'accordent à reconnaître à l'affichage les caractères d'une peine. Nous ne pouvons rapporter toutes les expressions employées, mais nous citerons les passages suivants comme particulièrement importants : M. Paul Bert, rapporteur de la loi à la Chambre des députés, emploie par trois fois le mot « peine » en parlant de l'af-

---

1. *Off.* 15 février 1880, p. 1775.

fichage, le 24 décembre 1880[1]. Le 13 juin 1881, au Sénat,
M. Halgan qualifie l'affichage de pénalité considérable[2].
Le lendemain, M. Jules Ferry, président du conseil, ministre de l'instruction publique, s'exprime ainsi : « Le
père de famille, pour tomber sous le coup des peines de
l'article 14 (peines de police), doit avoir été déjà condamné
deux fois, c'est-à-dire une première fois réprimandé, une
seconde fois puni de l'inscription à la porte de la mairie...[3] » Le 2 juillet 1881, à la Chambre, M. Baragnon
considère l'affichage comme constituant une sanction plus
sévère que l'emprisonnement[4]. Enfin si nous prenons la
dernière délibération au Sénat nous voyons, le 18 mars
1882, M. de Carné dire : « cette commission investie du
pouvoir de juger...[5] » ; l'amendement de M. Baragnon,
qui fut d'ailleurs repoussé, être ainsi rédigé : « les parents ne seront passibles d'aucune peine...[6] ». Le mot
« récidive » de l'article 14, qui vise la nouvelle récidive
après l'affichage, n'est pas critiqué par M. de Gavardie
qui, en seconde comme en première lecture de la loi,
s'était violemment élevé contre le même mot « récidive » employé par l'article 13 qui vise le cas d'infraction
commise après l'avertissement, parce que, selon lui,
cet avertissement ne peut être considéré comme constituant une peine ; l'affichage, au contraire, est à ses yeux
une peine pouvant justifier l'emploi du mot « récidive[7] ».
M. Ronjat, s'exprime ainsi : « je ne parlerai pas des diverses

1. *Off.* du 25, p. 12871.
2. *Déb. parl.*, p. 839.
3. *Déb. parl.*, p. 857.
4. *Déb. parl.*, p. 1017.
5. *Déb. parl.*, p. 233.
6. *Déb. parl.*, p. 233, 239 et suiv.
7. *Déb. parl.*, p. 247.

pénalités qui ont été édictées par les articles 13, 12 et 11, mais uniquement de l'article 14 [1]. »

Ainsi le système de l'affichage considéré comme simple mesure administrative ne se dégage pas du tout, ni des termes de la loi, ni des travaux préparatoires.

D'ailleurs, avant son arrêt du 14 décembre 1883, la Cour de cassation, dans son arrêt du 4 août 1883 [2], avait qualifié, par quatre fois, l'affichage de peine, et avait ainsi résumé l'ensemble de la loi : « le législateur a organisé un système de pénalités graduées et d'ordres divers, l'avertissement, l'affichage, puis les peines de police. » Dans les conclusions prises pour le même arrêt, M. le procureur général Barbier s'était ainsi exprimé : « N'oublions pas que l'affichage est une peine, tout le monde l'a dit et cela est certain. » Quatre mois plus tard, le 14 décembre, la Cour de cassation décidait que l'affichage n'est pas une peine, mais une simple mesure administrative, sur le seul motif que telle est la conception du législateur, ce que nous avons reconnu inexact.

Le Conseil d'État a, au contraire, toujours considéré les commissions scolaires comme des juridictions ; c'est au moins ce que l'on peut conclure des termes employés par les commissaires du gouvernement que nous allons rapporter. Le 16 mars 1883 [3], M. Margueric s'exprime ainsi : « les commissions scolaires exercent une juridiction administrative ;... les commissions scolaires ne perdent pas leur caractère administratif lorsqu'elles exercent le pouvoir de juridiction spéciale qui leur a été confié par les articles 12 et 13 de la loi de 1882 ;... le caractère spécial de

1. *Déb. parl.*, p. 257.
2. Aff. de Salaberry ; D. 84.1.41 ; S. 83.1.481, 4ᵉ esp.
3. Aff. com. scol. de Lavaur ; D. 84.3.41 ; S. 85.3.11.

la juridiction qu'elles sont appelées à exercer ;... elles
exercent une juridiction administrative ;... le pouvoir
juridictionnel attribué aux commissions scolaires... ».
M. Chante-Grellet, commissaire du gouvernement dans
l'arrêt du 13 novembre 1885 [1], s'exprime ainsi : « Les commissions scolaires forment une juridiction spéciale comme
les conseils académiques, le conseil supérieur ;... il faut
remarquer que l'autorité qui a rendu la décision attaquée
(il s'agit d'une commission scolaire dont la décision fait
l'objet d'un recours pour fausse application de la loi), si
elle est une autorité administrative..., est aussi une autorité juridictionnelle, puisqu'elle prononce de véritables
peines ;... la commission scolaire, juridiction spéciale qui
prononce de véritables peines... » C'est là notre conclusion ; les commissions municipales scolaires sont des juridictions administratives prononçant de véritables peines ;
nous verrons quelles conséquences l'on doit en tirer.
Certes il faut reconnaître que ce sont des juridictions d'un
ordre spécial. Mais n'y a-t-il pas des juridictions administratives qui infligent des pénalités ? les conseils de préfecture, par exemple. L'exercice par les commissions scolaires de leurs attributions relatives à la répression des
infractions à l'obligation scolaire ne peut-il pas rentrer
dans la catégorie d'un contentieux administratif spécial,
le contentieux de la répression ? Sans insister sur la question, nous nous en tiendrons à cette conclusion.

L'on a voulu invoquer à l'appui du système de la Cour
de cassation une considération tirée de ce que le principe
de la séparation des autorités administrative et judiciaire
serait violé par suite de l'examen successif de trois infrac-

1. Aff. Passerat de la Chapelle ; D. 87.3.25 ; S. 87.3.29.

tions identiques, les deux premières par un tribunal administratif, la dernière par un tribunal judiciaire. Il y a là une singularité que nous avons déjà fait remarquer. Mais cette violation prétendue du principe de la séparation des autorités n'existera-t-elle pas moins, si l'on considère les commissions scolaires comme de simples autorités administratives et non comme des juridictions? et aujourd'hui que les conseils départementaux sont compétents pour statuer en appel sur les décisions des commissions scolaires, faut-il dire que le législateur a violé de façon flagrante le principe de la séparation des autorités ?

Pour notre part, nous croyons qu'il n'y a pas lieu de faire intervenir ici le principe de la séparation des autorités.

En effet, d'une part les commissions scolaires, les conseils départementaux en appel et le Conseil d'État en cassation, d'autre part les juges de paix, les tribunaux correctionnels en appel et la Cour de cassation, n'ont pas à se prononcer sur les mêmes questions. Il s'agit bien de trois infractions successives et identiques ; mais les juridictions administratives ne connaissent que des deux premières, et les tribunaux judiciaires de la troisième seulement.

Les deux premières infractions sont déférées aux commissions scolaires qui sont seules compétentes, de telle sorte que si le juge de paix était saisi d'une plainte avant que l'avertissement et l'affichage eussent été régulièrement prononcés, il devrait se déclarer incompétent et n'aurait pas le pouvoir de prononcer lui-même ces peines. Au contraire, dès que la troisième infraction a eu lieu, dès que la commission scolaire l'a constatée, cette commission est dessaisie, elle n'a plus aucune compétence juridictionnelle, elle n'a qu'à transmettre la plainte au juge de paix. Et c'est ici seulement qu'il faut faire intervenir le principe de la séparation des autorités ; et qu'il faut décider que la commission scolaire saisie de la troisième infraction n'a plus aucune attribution juridictionnelle. Ici, en effet, l'infraction à l'obligation scolaire constitue une contravention de simple police dont le juge de paix a seul à connaître. Il a tous les pouvoirs qui lui appartiennent d'ordinaire pour le jugement de toutes les contraventions ; lui seul est compétent en premier ressort et le tribunal correctionnel dans certains cas en appel. Les autorités administratives ne peuvent connaître de cette infraction. Il y aurait évidemment violation du principe de la séparation des autorités si la commission scolaire et le juge de paix, autorités d'ordres différents, avaient tous deux à examiner le fond d'une même question, d'une même infraction ; et il faut en conclure que la commission scolaire n'est pas compétente pour apprécier les causes de la troisième infraction, qu'elle n'a pas à examiner les excuses présentées par les personnes responsables, et qu'en particulier elle n'a pas à citer ces personnes à comparaître devant elle [1]. Il faut décider aussi qu'il ne peut y avoir lieu à appel devant le conseil départemental de la décision de la commission scolaire qui saisit le juge de paix ; la commission scolaire, en effet, ne prend pas ici de décision contentieuse, elle agit uniquement à titre d'autorité administrative, comme l'inspecteur primaire qui a, lui aussi, dans cette hypothèse le droit d'adresser une plainte au juge de paix et dont la décision ne peut être portée en appel devant le conseil départemental. Cette solution se comprend d'autant plus facilement que le juge de paix a les

---

1. V. Cass. cr., 14 décembre 1883, aff. Noché d'Aulnay, cité ; *Contrà*, Dijon, 28 février 1883, aff. Noché d'Aulnay, cité.

pouvoirs les plus étendus et que les droits de la défense sont entièrement sauvegardés.

Mais, lorsque la commission scolaire examine la première ou la deuxième infraction et a à prononcer l'avertissement ou l'affichage, elle exerce des attributions juridictionnelles ; d'autre part, l'affichage offre les caractères non équivoques d'une peine ; nous tirerons de ces deux observations les conclusions suivantes : la personne responsable doit être invitée à comparaître devant la commission scolaire et à lui fournir toutes les explications utiles, quand celle-ci n'a pas admis les excuses rapportées par l'extrait du registre d'appel [1], car il est de principe que nul ne peut être condamné en matière répressive sans avoir été appelé à fournir sa défense ; il doit en être ainsi car, en appel devant le conseil départemental, les personnes responsables peuvent toujours comparaître, et même, au contraire de ce qui se passe devant les commissions scolaires, se faire assister et représenter. Dans le cas où l'affichage a été prononcé par défaut, il est nécessaire qu'il en soit fait notification à la personne intéressée. La Cour de cassation s'est prononcée en sens contraire [2] ; le système de la Cour ne se comprend guère en logique, et encore moins en pratique, en présence des dispositions de la loi de 1886 qui ouvre un droit d'appel contre les décisions des commissions scolaires ; comment, en effet, la personne responsable pourra-t-elle exercer ce droit d'appel contre une décision dont rien ne lui révélera l'existence, surtout si l'on admet, comme la Cour de cassation, qu'elle n'est pas appelée à

---

1. En ce sens, Dijon, 28 février 1883, aff. Noché d'Aulnay, cité ; *Contrà*, Cass., 14 décembre 1883, aff. Noché d'Aulnay, cité.

2. Cass. cr., 15 décembre 1883, aff. Gaiffe ; D. 86.1.141, 3e esp. ; S. 85. 1.329, 3e esp.

présenter sa défense, de sorte qu'elle peut même ignorer
qu'elle a commis une infraction à l'obligation scolaire?
enfin, même en admettant avec la Cour de cassation que
l'affichage n'est qu'une mise en demeure plus énergique
de se conformer à la loi, il faut bien reconnaître que l'affichage n'atteindra pas le plus souvent son but, car il peut
rester parfaitement ignoré de la personne responsable.

CHAPITRE III

I. — Composition.

Le conseil de l'enseignement primaire, institué dans chaque département par l'article 44 de la loi du 30 octobre 1886, comprend des membres de droit, des membres désignés et des membres élus.

Membres de droit. — Ce sont : le préfet, qui préside le conseil départemental en tant que chef de l'enseignement primaire dans le département[1] ; l'inspecteur d'académie, vice-président ; le directeur de l'école normale d'instituteurs et la directrice de l'école normale d'institutrices.

Membres désignés. — Deux inspecteurs de l'instruction primaire en résidence dans le département sont désignés par arrêté ministériel pour faire partie du conseil départemental. « Les décisions ministérielles, par lesquelles

---

1. De vives critiques ont été adressées à cette présidence du conseil départemental par le préfet ; V. amend. Michou et Barodet, aux termes duquel le préfet n'avait plus que voix consultative, repoussé par la Chambre des députés, 15 mars 1884 ; *Déb. parl.*, p. 769. Les mêmes critiques peuvent être adressées à la vice-présidence du conseil par l'inspecteur d'académie. D'un autre côté, étant donnée la multiplicité des attrihutions administratives du conseil départemental, les instituteurs qui en font partie peuvent être amenés à critiquer et à discuter les actes du préfet et de l'inspecteur d'académie.

sont désignés les deux inspecteurs de l'enseignement primaire, sont transcrites sur le registre des délibérations du conseil départemental, par les soins du préfet[1]. »

Membres élus. — Le conseil départemental comprend, comme membres élus, quatre conseillers généraux, des délégués des instituteurs et des déléguées des institutrices publics, et des délégués des membres de l'enseignement primaire privé.

1° — Quatre conseillers généraux sont élus par leurs collègues ; ces élections sont faites par les conseils généraux dans la première session ordinaire qui suit leur renouvellement triennal[2]. Ces membres voient leurs pouvoirs de membres du conseil départemental prendre fin avec leur qualité de conseillers généraux, aux termes du second paragraphe de l'article 45 de la loi du 30 octobre 1886 ; mais le premier paragraphe du même article porte que : « les membres élus du conseil départemental le sont pour trois ans » ; la circulaire du 16 août 1889 en a tiré cette conséquence que l'élection des quatre conseillers généraux devait avoir lieu tous les trois ans, bien que les conseils généraux ne soient renouvelés tous les trois ans que par moitié.

2° — Deux instituteurs et deux institutrices sont élus respectivement par les instituteurs et institutrices publics du département ; il y a donc ainsi deux corps électoraux distincts : les instituteurs, qui élisent deux instituteurs, et les institutrices, qui élisent deux institutrices. Le décret du 12 novembre 1886 est venu réglementer ces élections.

Les corps électoraux sont composés, aux termes de la

1. Décr. 18 janvier 1887, art. 149, § 2.
2. Circ. 16 août 1889.

loi[1], de tous les instituteurs et institutrices titulaires publics du département ; l'article 1ᵉʳ du décret vise « les élections des membres désignés par les instituteurs et institutrices titulaires publics en exercice munis d'un brevet de capacité », et la loi elle-même dans son article 64, au titre des dispositions transitoires, dit également : « ne sont admis à prendre part aux élections que les instituteurs et institutrices publics titulaires en exercice et munis du brevet de capacité » ; ces textes doivent-ils faire exclure de la liste des électeurs tous les instituteurs et institutrices qui, quoique n'étant pas pourvus du brevet de capacité, ont été titularisés par application de l'article 4, § 3, de la loi du 16 juin 1881 ? Il ne peut y avoir, pour nous, aucun doute ; la loi, dans son article 44 qui détermine la composition du conseil départemental, ne fait, en effet, aucune distinction basée sur la possession du brevet, et accorde le droit d'électorat à tous les instituteurs et institutrices publics titulaires ; d'autre part, l'article 2 du décret qui donne la liste des électeurs ne fait non plus aucune ditinction.

Il est dressé des listes pour chacun des deux corps électoraux :

« Les deux listes d'instituteurs et d'institutrices publics appelés respectivement à prendre part à l'élection sont dressées par le préfet, assisté de l'inspecteur d'académie et des inspecteurs primaires du chef-lieu.

La première de ces listes comprend : 1° tous les instituteurs titulaires, soit qu'ils dirigent une des écoles que la loi du 30 octobre mentionne dans son article 1ᵉʳ[2], soit qu'ils

1. Loi 30 octobre 1886, art. 45, § 2.
2. V. p. 103.

exercent en qualité d'adjoints au chef-lieu de la commune ou dans une école de hameau ; 2° les directeurs des écoles primaires annexées aux écoles normales.

La seconde liste comprend : 1° toutes les institutrices titulaires exerçant dans l'une ou dans l'autre des conditions qui viennent d'être dites ; 2° les directrices d'écoles maternelles ou enfantines munies du brevet de capacité ou du certificat d'aptitude et assimilées aux institutrices par l'article 62 de ladite loi ; 3° les directrices des écoles primaires annexées aux écoles normales [1]. »

« Les listes d'électeurs sont revisées annuellement dans le mois qui suit la rentrée des classes et publiées au *Bulletin départemental de l'instruction primaire* ou, à défaut, au *Recueil des actes administratifs*. La liste des électeurs est tenue dans chaque mairie à la disposition de toute personne intéressée.

Dans les deux mois qui suivent la publication desdites listes, tout électeur non inscrit peut réclamer son inscription devant le conseil départemental et, en appel, devant le conseil supérieur de l'instruction publique [2]. »

La catégorie des éligibles est moins considérable que celle des électeurs : « Seuls sont éligibles les instituteurs ou institutrices en activité qui sont directeurs d'écoles à plusieurs classes ou d'écoles annexes à une école normale ; les instituteurs et institutrices ne remplissant pas cette condition sont inéligibles [3] » ; et par écoles à plusieurs classes, il faut entendre écoles contenant plus de deux classes [4]. Les instituteurs et institutrices en retraite, qui

1. Décret 12 novembre 1886, art. 2.
2. Décr. cité, art. 2.
3. Arr. minist., 17 janvier 1890.
4. Loi 1886, art. 23, § 4 et art. 44.

ne font pas partie du corps électoral, sont au contraire rangés parmi les éligibles.

3° — « Pour les affaires contentieuses et disciplinaires intéressant les membres de l'enseignement privé, deux membres de l'enseignement privé, l'un laïque, l'autre congréganiste, élus par leurs collègues respectifs, sont adjoints au conseil départemental [1]. »

« Pour l'élection des membres de l'enseignement privé appelés à siéger au conseil départemental, dans les cas prévus par l'article 44 de la loi, il est dressé deux listes d'électeurs, l'une pour les laïques, l'autre pour les congréganistes. Chacune de ces listes doit comprendre les directeurs et les directrices, les adjoints et les adjointes chargés de classes dans une des écoles énumérées dans l'article 1er de la loi [2] ; chacun de ces maîtres devant, d'autre part, remplir les conditions [3] exigées par l'article 4 de la même loi et par l'article 4 de la loi du 16 juin 1881 sur les titres de capacité [4]. »

Il résulte d'une décision du ministre de l'instruction publique en date du 6 mars 1887, confirmée par un arrêt du Conseil d'État du 23 décembre 1887 [5], que « les instituteurs de l'enseignement privé n'étant admis à voter que s'ils exercent en qualité de directeurs ou d'adjoints chargés de classes dans une école privée laïque ou congréganiste, et par suite n'étant électeurs qu'autant qu'ils appartiennent à une école, doivent participer nécessairement, comme électeurs, au caractère de cette école et voter avec

---

1. Loi 1886, art. 44 *in fine*.
2. V. p. 103, la liste de ces écoles.
3. Conditions de nationalité, d'âge et de capacité exigées de tout instituteur public ou privé ; V. p. 102 et les notes.
4. Décr. 12 novembre 1886, art. 5, § 1 et 2.
5. D. 89.3.15 ; S.89.3.59.

le personnel dont ils font partie » ; qu'ainsi, au lieu de s'attacher au caractère de chaque instituteur adjoint, il faut considérer la seule qualité du directeur et que, par suite, tous les instituteurs, même ceux qui sont laïques, dans une école dirigée par un congréganiste, par exemple, seront inscrits sur la liste des électeurs congréganistes.

Les instituteurs qui ne sont attachés à aucune école, c'est-à-dire qui donnent l'enseignement domestique[1], ne sont pas électeurs.

« Sont applicables aux élections des membres de l'enseignement privé toutes les dispositions relatives à la revision des listes électorales, à leur publicité et aux recours prévus[2]. »

Les délégués sont choisis parmi les électeurs. Remarquons qu'au contraire de ce qui se passe pour les élections des délégués des instituteurs et institutrices publics, les instituteurs et institutrices privés sont réunis pour former deux groupes, laïque d'une part, congréganiste d'autre part, élisant chacun un délégué qui peut être pris, soit parmi les instituteurs, soit parmi les institutrices.

Durée des pouvoirs des membres élus du conseil départemental. — « Tous les membres élus le sont pour trois ans ; ils sont rééligibles[3] » ; ceux qui ont été élus à la suite de vacances voient leur mandat prendre fin à l'expiration de la période triennale en cours[4]. Les conseillers

---

1. Pour la détermination de ce qu'on entend par enseignement domestique, voir p. 104 et s.
2. Décr. cité, art. 5, *in fine.*
3. Loi 1886, art. 45, § 1.
4. Décr. 12 novembre 1886, art. 9, § 3.

généraux voient leurs pouvoirs cesser avec leur qualité de conseillers généraux[1]. L'instituteur public qui, pour une cause ou pour une autre, cesse, au cours de son mandat, de remplir une des conditions d'éligibilité, en passant, par exemple, de la direction d'une école à trois classes à celle d'une école à une ou deux classes, et l'instituteur privé qui cesse de faire partie de l'enseignement privé dans le département, ne peuvent plus dès lors faire partie du conseil départemental et doivent être remplacés.

« Il est pourvu, dans le délai de deux mois, aux vacances qui peuvent résulter de décès, de démission ou de toute autre cause[2]. »

Opérations électorales. — Lorsqu'il y a lieu d'élire soit les délégués des instituteurs et des institutrices publics, soit les deux membres de l'enseignement privé, « le préfet fixe la date de l'élection ». L'élection ne peut avoir lieu qu'après un délai minimum de quinze jours, à partir de la publication de l'arrêté préfectoral au *Bulletin départemental de l'instruction primaire* ou au *Recueil des actes administratifs*[3].

« Le jour fixé pour l'élection, chaque électeur insère son bulletin de vote dans une enveloppe cachetée, sans signe extérieur. Il place cette enveloppe sous un second pli cacheté, portant extérieurement : sa signature, la mention *Conseil départemental, Elections*, et le cachet de la mairie. Ce pli est mis à la poste à l'adresse du préfet et recommandé[4] ». Si quelques électeurs envoient leurs bul-

---

1. Loi 1886, art. 45, § 2.
2. Décr. 12 novembre 1886, art. 9, § 1.
3. Décr. cité, art. 1, § 1, *in fine*, et § 2.
4. Décr. cité, art. 10.

letins avant le jour du vote, cette irrégularité,ne pouvant favoriser aucune fraude quand les plis cachetés contenant lesdits bulletins n'ont été ouverts qu'au moment du dépouillement, est sans influence sur le résultat du scrutin [1].

« Le lendemain de l'élection, ou le surlendemain si la difficulté des communications justifie cette remise, le préfet, dans un local accessible aux électeurs, assisté de l'inspecteur d'académie et des inspecteurs primaires en résidence au chef-lieu, ouvre les plis cachetés, émarge sur la liste des électeurs les noms des votants et dépose dans une urne les enveloppes cachetées contenant les bulletins de vote. Il procède ensuite au dépouillement [2]. »

« Les bulletins sont valables bien qu'ils portent plus ou moins de noms qu'il n'y a de délégués à élire. Les noms inscrits en trop ne sont pas comptés. Les bulletins blancs ou illisibles, ceux qui ne contiennent pas une désignation suffisante ou dans lesquels les votants se font connaître n'entrent pas en compte dans le résultat du dépouillement, mais ils sont annexés au procès-verbal [3]. »

Dans le cas où une enveloppe contient deux bulletins portant des noms différents, alors qu'il n'y a qu'un seul délégué à élire, ces bulletins ne peuvent être attribués à aucun des candidats et doivent être déduits du chiffre des suffrages exprimés [4].

1. Cons. d'État, 23 déc. 1887, précité.
2. Décr., 12 nov. 1886, art. 11.
3. Décr. cité, art. 7.
4. Cons. d'État, 23 décembre 1887, précité. C'est là la jurisprudence constante du Conseil d'État, d'après laquelle le juge de l'élection ne peut interpréter la volonté de l'électeur lorsqu'un indice matériel ne peut servir de base à cette interprétation. Dans l'espèce, les plis envoyés par quelques instituteurs libres laïques renfermaient deux bulletins portant, l'un le nom d'un candidat laïque, l'autre celui d'un candidat congréganiste ; ce

« Les délégués des instituteurs et des institutrices sont élus au scrutin de liste [1]. »

« Les élections ont lieu à la majorité absolue des suffrages exprimés. Si un second tour est nécessaire, il y est procédé huit jours après. Dans ce cas, la majorité relative suffit [2]. » « En cas d'égalité de suffrages, la préférence se détermine par l'ancienneté des services, et par l'âge si l'ancienneté est la même [3]. »

« Le procès-verbal du dépouillement est inséré sans délai au *Bulletin départemental* ou au *Recueil des actes administratifs* [4]. »

Recours contre les opérations électorales. — « Dans les quinze jours de la publication du procès-verbal du dépouillement des suffrages au *Bulletin départemental* ou au *Recueil des actes administratifs*, les opérations électorales peuvent être attaquées, soit par le préfet, soit par un membre du corps électoral que l'élu est appelé à représenter, devant le ministre, qui statuera dans le délai d'un mois. La décision du ministre pourra être déférée au Conseil d'État dans la quinzaine qui suivra sa notification. Faute par le ministre d'avoir prononcé dans le délai d'un mois, la réclamation pourra être portée directement devant le Conseil d'État [5]. »

second bulletin étant nul, parce que l'électeur de qui il émanait n'avait qualité que pour concourir à l'élection d'un laïque aux termes de l'article 44 de la loi de 1886, le ministre avait cru pouvoir compter l'autre bulletin comme valable.

1. Décr. cité, art. 3.
2. Décr. cité, art. 6.
3. Décr. cité, art. 8.
4. Décr. cité, art. 11.
5. Décret cité, article 12, modifié par l'article unique du décret du 5 février 1899, qui a ajouté les mots : et par le préfet.

Dispositions spéciales au département de la Seine. — « Dans le département de la Seine, le nombre des conseillers généraux sera de huit, celui des inspecteurs primaires sera de quinze, et celui des membres élus, moitié par les instituteurs, moitié par les institutrices, sera de quatorze à raison de deux par quatre arrondissements municipaux et de deux pour chacun des arrondissements de Sceaux et de Saint-Denis [1]. »

Modifications projetées dans la composition des conseils départementaux de l'enseignement primaire. — Nous avons vu que tous les instituteurs et institutrices titulaires sont appelés à élire des représentants au conseil départemental, mais que la catégorie des éligibles est restreinte aux seuls directeurs et directrices d'écoles à plus de deux classes, aux directeurs et directrices des écoles annexes aux écoles normales et aux instituteurs et aux institutrices en retraite. Depuis longtemps le vœu des membres de l'enseignement primaire est que tous les instituteurs et institutrices titulaires soient éligibles [2].

Le 2 juin 1892, M. Bouge déposa à la Chambre des députés une proposition de loi donnant satisfaction à ce désir [3]. Considérant que les titres des directeurs et directrices d'écoles à plusieurs classes sont les mêmes que ceux de tous les instituteurs et institutrices titulaires, que dans

---

1. Loi 1886, art. 46 et décr. 12 novembre 1886, art. 4.

2. Ces désirs se sont manifestés dans les derniers temps de singulière façon : dans certains départements des instituteurs titulaires adjoints qui ne sont pas éligibles aux termes de la loi de 1886, ont été élus et aucun membre du corps électoral n'a protesté ; cela a amené la modification de l'article 12 du décret du 12 novembre 1886 par le décret du 5 février 1899, qui a donné au préfet le droit de protester contre les élections au conseil départemental.

3. V. exposé des motifs et texte, ann. 2134, *Doc. parl.*, p. 1120.

certains départements ces écoles à plus de deux classes sont fort peu nombreuses et que le choix des électeurs doit ainsi forcément se porter sur un petit nombre de privilégiés, ce projet modifie le paragraphe 5 de l'article 44 de la loi de 1886 et accorde l'éligibilité à tous « les instituteurs et institutrices titulaires, directeurs et directrices, adjoints et adjointes » ; les instituteurs et institutrices en retraite conservent l'éligibilité que leur confère actuellement la loi.

Cette proposition de loi devint caduque à la fin de la législature et fut reproduite par son auteur exactement dans les mêmes termes le 22 novembre 1894 [1].

Le 2 avril 1896, MM. A. Lavy, Barodet, Mirman, Pédebidou, et autres déposaient à la Chambre une nouvelle proposition de loi tendant aussi à modifier dans les mêmes conditions la composition du conseil départemental [2]. Aux termes de ce projet, comme dans le projet Bouge, tous les instituteurs et institutrices titulaires sont déclarés éligibles au conseil départemental ; les instituteurs et institutrices en retraite conservent l'éligibilité. Mais tirant de la rédaction du projet Bouge une conséquence que son auteur n'avait peut-être pas prévue, ce projet fait élire les délégués par un seul corps électoral réunissant les instituteurs et institutrices sans fixation aucune du nombre respectif des instituteurs et institutrices à nommer ; d'autre part ce projet porte ce nombre de quatre à six. En outre, l'électorat est accordé à tous les instituteurs et institutrices, même aux stagiaires, sans condition de titres et grades, d'âge et d'ancienneté de services. Enfin, ce

1. V. exposé des motifs et texte, ann. 1006, p. 1996.
2. V. exposé des motifs et texte, ann. 1888, *Doc. parl.*, p. 390.

projet modifie le mode d'élection des instituteurs et institutrices membres du conseil de la Seine en faisant élire dix délégués par les instituteurs et institutrices de Paris et quatre par ceux de la banlieue.

Ces deux projets renvoyés à une commission spéciale firent l'objet d'un rapport présenté le 24 mars 1898 par M. Claude Rajon[1]. Ce rapport conclut à l'adoption des projets Bouge et Lavy en ce qui concerne l'éligibilité qui serait accordée à tous les instituteurs et institutrices titulaires, directeurs et adjoints, directrices et adjointes, sans détermination du chiffre respectif des instituteurs et des institutrices à élire. Le chiffre total des délégués est porté de quatre à six. La répartition des sièges proposée en ce qui concerne le département de la Seine est adoptée. L'électorat, enfin, est accordé, non seulement aux titulaires et non pas à tous les stagiaires, mais à tous les instituteurs et institutrices remplissant les conditions légales nécessaires pour la titularisation, c'est-à-dire ayant deux ans de stage, vingt et un ans d'âge, et possédant le certificat d'aptitude pédagogique.

La sixième législature s'est achevée sans que ces projets soient venus en discussion ; ils n'ont pas été renouvelés. Il est probable pourtant que les modifications demandées, qui résument les vœux de tous les instituteurs et institutrices, seront adoptées avant qu'un trop long délai se soit écoulé.

II. — Attributions contentieuses.

Les attributions du conseil départemental de l'enseignement primaire en matière contentieuse sont les suivantes :

1. V. texte, ann. 3155, *Doc. parl.*, p. 937.

Le conseil départemental statue en premier ressort et sauf appel au conseil supérieur sur les oppositions faites à l'ouverture d'une école primaire privée, et sur les demandes d'inscription sur les listes des électeurs appelés à nommer les membres du conseil départemental. En premier et dernier ressort, le conseil départemental prononce sur les contestations qui peuvent s'élever, dans un cas spécial, entre le maire et les parents à l'occasion de l'inscription d'un enfant à une école publique. Comme tribunal d'appel, le conseil départemental connaît des décisions des commissions scolaires. Ce sont là les seules affaires contentieuses dont la loi ait organisé le jugement par le conseil départemental.

Les affaires intéressant l'enseignement primaire privé sont les oppositions faites à l'ouverture d'écoles privées et aussi les demandes d'inscription sur les listes des instituteurs appelés à désigner les deux membres de l'enseignement privé qui doivent être adjoints au conseil départemental pour le jugement de ces mêmes affaires relatives à l'enseignement privé.

Nous avons déjà étudié les questions relatives à l'appel des décisions des commissions municipales scolaires [1], et celles relatives aux listes électorales pour la nomination du conseil départemental [2] ; nous n'y reviendrons pas.

La procédure à suivre pour le jugement de toutes ces affaires est la même.

Fonctionnement du Conseil départemental. — « Le conseil départemental se réunit de droit au moins une fois par trimestre, le préfet pouvant toujours le convoquer se-

1. V. p. 72.
2. V. p. 90.

lon les besoins du service [1]. » « Le jour de chaque réunion
est fixé par le président. L'ordre du jour est envoyé aux
membres du conseil [2]. »

« Le conseil départemental siège à la préfecture [3]. »

« Quand le préfet et l'inspecteur d'académie sont tous
les deux absents ou empêchés, la séance est présidée par
le plus âgé des membres présents. Le conseil nomme son
secrétaire [4]. »

« La présence de la moitié plus un des membres du
conseil est nécessaire pour la validité de ses délibérations [5]. »

« Les séances du conseil départemental ne sont pas publiques [6].» « A moins d'une autorisation du préfet, les procès-verbaux du conseil ne peuvent être communiqués qu'à
ses membres [7]. »

Procédure en matière contentieuse. — La procédure
pour le jugement par le conseil départemental des affaires
contentieuses relatives à l'enseignement primaire, n'a pas
été déterminée de façon précise. On ne trouve que quelques règles fixées par la loi et le décret organiques des
30 octobre 1886 et 18 janvier 1887, à propos du jugement
des oppositions faites à l'ouverture des écoles privées ;
ces règles doivent être appliquées dans le silence de la loi
au jugement des autres affaires contentieuses soumises au
conseil départemental. L'on peut aussi tirer quelques in-

1. Loi 1886, art. 48, § 1.
2. Décr. 18 janvier 1887, art. 146, § 2.
3. Décr. 1887, art. 146, § 1.
4. Décr. 1887, art. 147.
5. Loi 1886, art. 49, § 1.
6. Loi 1886, art. 60, V, p. 45, note 4.
7. Décr. 1887, art. 148.

dications utiles des règles déterminées par le décret du
4 décembre 1886, pour le jugement des affaires disciplinaires devant le conseil départemental. Enfin, la jurisprudence du conseil supérieur fournit des renseignements
précieux qui ont été en partie colligés par la circulaire du
31 mai 1889.

Un principe domine les règles de procédure devant le
conseil départemental : « Toutes les formalités qui sont
des garanties doivent être strictement accomplies ; il n'appartient pas au conseil départemental d'abréger ou de
simplifier les formalités prescrites par les règlements,
même à la demande des intéressés[1]. »

*— Jugement des oppositions faites à l'ouverture d'une
école primaire privée.*

La principale attribution contentieuse des conseils départementaux est le jugement des oppositions faites à
l'ouverture d'écoles primaires privées.

Généralités. — Si la loi du 28 juin 1833 a proclamé la
liberté de l'enseignement primaire et supprimé la nécessité de l'autorisation préalable exigée par le décret du
17 mars 1808, puis par l'ordonnance des 29 février-19 mars
1816, les écoles privées restent soumises au contrôle et à
la surveillance de l'État[2]. Notamment leurs maîtres doi-

---

1. Circ. 31 mai 1889.

2. Les écoles privées sont soumises à des conditions spéciales d'exercice : V. pour l'admission des élèves : loi 1886, art. 3, 4, 6, 28, 36 ; décret
18 janvier 1887, art. 1, 2, 28, 100, 158, 169, 177, 180 et suiv. ; décret 14 février 1891 ; décret 11 janvier 1895 ; pour les livres employés : loi 27 février 1880, art. 5 ; loi 1886, art. 35 ; décret 1887, art. 167. Les écoles privées
sont soumises à l'inspection des autorités proposées par la loi et énumérées par l'article 9 de la loi de 1886 ; cette inspection ne peut porter que

vent remplir certaines conditions de capacité [1], de nationalité [2], de moralité [3], d'âge [4] et de sexe [5] ; et les locaux où
elles sont établies ne doivent présenter pour les enfants
aucun danger au point de vue de l'hygiène ou des bonnes
mœurs.

Pour permettre la constatation de l'accomplissement de
cette dernière condition, la loi a exigé la formalité, préalable à l'ouverture, d'une déclaration faite à certaines autorités qui ont le droit de s'opposer à l'ouverture de l'école quand les conditions voulues ne leur paraissent pas
remplies. Mais l'opposition ainsi formée n'est qu'un acte
provisionnel, ce n'est pas un jugement ; elle n'a pour effet
que de suspendre provisoirement et par mesure de prudence
l'ouverture d'une école, dont le local paraît présenter des
dangers moraux ou physiques pour les élèves, jusqu'à ce
que le conseil départemental saisi de l'affaire par cet acte
même d'opposition, ait prononcé l'interdiction de l'ouver-

---

sur la moralité, l'hygiène, la salubrité et l'exécution des obligations imposées par la loi du 28 mars 1882 ; elle ne peut porter sur l'enseignement
que pour vérifier s'il n'est pas contraire à la morale, à la Constitution et
aux lois ; loi 1886, art. 9, 35, 42, 50, 52 ; décret 1887, art. 128, 129, 134,
138, 140 à 144, 168, 175 ; décret 18 mars 1888, art. 24 ; décret 17 janvier
1891, art. 1, 2 et 3. Les instituteurs privés peuvent être frappés de peines
disciplinaires infligées par le conseil départemental pour manquements
aux devoirs professionnels ; loi 28 mars 1882, art. 11, V. page 30, note 2 :
loi 1886, art. 41 ; et de peines de droit commun pour infractions aux
lois et règlements, spécialement pour ouverture d'école sans que toutes
les conditions exigées par la loi soient remplies ; loi 1886, art. 4, 7, 8, 37,
38, 40, 42, 43.

1. Loi 16 juin 1881, art. 1 à 6 ; loi 1886, art. 4, 20, 28, 36, 62 ; décret
1887, art. 31, 180, 192 ; décret 27 décembre 1887.

2. Loi 1886, art. 4 ; décret 1887, art. 181 à 186 ; circ. 29 juin 1891.

3. Loi 1886, art. 5 ; V. aussi le droit d'opposition de l'inspecteur dans
l'intérêt de l'ordre public, p. 114.

4. Loi 1886, art. 7.

5. Loi 1887, art. 6.

ture de l'école en maintenant l'opposition, ou au contraire l'ait autorisée en en donnant mainlevée.

Nous avons donc à étudier, d'abord, rapidement, quelles sont les écoles pour l'ouverture desquelles est exigée une déclaration, cette formalité en elle-même, puis l'acte d'opposition, enfin son jugement par le conseil départemental.

Des écoles primaires privées. — « L'enseignement primaire est donné : 1° dans les écoles maternelles et les classes enfantines [1] ; 2° dans les écoles primaires élémentaires; 3° dans les écoles primaires supérieures et dans les classes d'enseignement primaire supérieur annexées aux écoles élémentaires et dites « cours complémentaires » ; 4° dans les écoles manuelles d'apprentissage, telles que les définit la loi du 11 décembre 1880 [2-3] » ; et aussi, 5° « dans les classes ou cours primaires pour adultes ou pour apprentis ayant satisfait aux obligations des lois du 19 mai 1874 et du 28 mars 1882 [4] ».

« Les établissements d'enseignement primaire de tout ordre peuvent être publics, c'est-à-dire fondés et entretenus par l'État, les départements ou les communes, ou privés, c'est-à-dire fondés et entretenus par des particuliers ou des associations [5]. »

Les écoles privées sont seules soumises à des conditions d'ouverture que nous avons à étudier.

---

1. Les classes enfantines sont annexées aux écoles maternelles ou aux écoles élémentaires ; loi 1886, art. 36, § 3, décret 1887, art. 187 et 188.

2. Ces écoles donnent à la fois l'enseignement professionnel et l'enseignement primaire.

3. Loi 1886, art. 1er.

4. Loi 1886, art. 8, § 1er.

5. Loi 1886, art. 2 ; Cf. loi 15 mars 1850, art. 17.

Si la loi de 1886 définit le caractère général des écoles privées et permet de les distinguer facilement des écoles publiques, elle ne parle que des établissements d'enseignement ; or, à côté de l'enseignement donné publiquement dans les écoles primaires publiques ou privées et qui est soumis à une réglementation générale, il y a l'enseignement que l'on appelle domestique ou purement privé, et qui, complément naturel du devoir d'éducation du père de famille, échappe à toute réglementation [1]. Il faut donc distinguer soigneusement les cas où il y a tenue d'une école de ceux où il y a simplement enseignement domestique.

L'on peut « considérer comme école primaire toute réunion habituelle d'enfants de différentes familles qui a pour but l'étude de tout ou partie des objets compris dans l'enseignement primaire [2] ». Dès que l'une des conditions indiquées ne sera pas remplie il y aura enseignement domestique. Etudions-les séparément :

1° Réunion habituelle ; il n'y a pas tenue d'une école dans le fait de donner des leçons à des enfants de façon non régulière [3], à des jours et heures non fixes [4], ou acci-

---

1. Cass. cr., 27 juillet 1860, aff. Jusnel ; D. 60.1.374 ; S. 60.1.821 ; — Cass. cr., 29 juillet 1870, aff. Orsati ; D. 71.1.181 ; S. 71.1.260 ; — Cass. cr., 27 janvier 1883, aff. Fèvre ; D. 83.1.277 ; S. 84.1.140 ; *Recueil Gréard*, V, 505 ; Déclaration du ministre, Chambre, 21 octobre 1885 ; *Débats parlementaires*, p. 1575.

2. Ce sont là les termes qu'emploie dans son article 17 du titre consacré aux écoles privées, l'ordonnance du 16 juillet 1833, rendue pour l'exécution de la loi du 28 juin 1833 qui proclame la liberté de l'enseignement primaire, et c'est encore la définition exacte aujourd'hui, d'après la dernière jurisprudence de la Cour de cassation.

3. Caen, corr., 21 novembre 1883, aff. Harangt ; S.85.2.38 ; P. 85.1.218.

4. Cass. cr., 20 mars 1874, aff. de Chauveron ; D. 74.1.498 ; S. 74.1.400.

dentellement en dehors de toute réglementation d'heures de classes[1]. Il y a, au contraire, école dès que les leçons sont données pendant des réunions habituelles[2].

2º Enfants de différentes familles ; il n'y a pas tenue d'une école, mais enseignement domestique, dans le fait de celui qui donne chez lui l'instruction à des enfants qui, sans être ses propres fils, sont à titre de collatéraux, orphelins ou abandonnés, recueillis par lui et élevés sous sa garde[3] ; ni dans le fait d'enseigner, dans la maison où elles résident, la lecture, l'écriture, les notions élémentaires d'histoire et certains travaux manuels à des petites filles orphelines ou nées de parents indigents recueillies dans un but purement charitable par une même personne[4].

3º Enseignement même partiel des matières de l'enseignement primaire[5] ; « ne sont pas des écoles les garderies pour enfants de moins de six ans[6] » ; la garde dans une salle commune d'enfants en bas âge auxquels n'est donnée aucune instruction, doit être considérée comme constituant non la tenue d'une école, mais une simple garderie[7] ; il n'y a pas ouverture d'une école maternelle dans le fait pour une personne illettrée de recevoir habituellement des enfants de deux à six ans et de les garder sans leur donner aucune espèce de leçon et en se bornant à leur faire dire

---

1. Orléans, corr., 12 avril 1884, aff. Duvivier ; D.85.2.272.

2. Cass. cr., 25 février 1886, aff. Martin et Gauthier ; D. 87.1.457 ; S. 86.1.441 ; P. 86.1.1060.

3. Cass. cr., 27 janvier 1883, cité, V. p. 104, note 1.

4. Poitiers, corr., 6 mars 1885, aff. Delauzun et Leblanc ; D. 85.2.263.

5. Le programme de l'enseignement primaire est indiqué d'une façon complète par l'art. 1er de la loi du 28 mars 1882.

6. Paroles de M. Steeg, rapporteur, Chambre, 15 mars 1884 ; *Déb. parl.*, p. 767.

7. Cass. cr., 25 fév. 1886, cité, note 2.

quelques prières et à leur faire réciter, pour les distraire, quelques contes qui n'ont d'ailleurs aucun rapport avec l'histoire [1] ; ni dans le fait de recevoir habituellement des enfants de deux à six ans et de les garder sans leur donner aucune espèce de leçon, en se bornant à leur faire lire le catéchisme, à leur faire dire leurs prières, à les faire chanter et à leur faire réciter des fables [2] ; il n'y a pas non plus tenue d'une école primaire dans le fait de réunir des jeunes filles auxquelles une institutrice se borne à enseigner, d'une part le catéchisme et l'histoire sainte, d'autre part les travaux d'aiguille, l'instruction religieuse, qui comprend l'histoire sainte, ne faisant pas partie du programme officiel de l'enseignement primaire et les travaux d'aiguille qui font partie de l'enseignement pour les filles ne pouvant, à raison de leur caractère spécial, constituer à eux seuls l'élément d'enseignement nécessaire pour caractériser la tenue d'une école [3]. D'autre part, « les maîtrises sont astreintes à toutes les dispositions des lois scolaires, notamment en ce qui concerne les règles d'ouverture des écoles primaires, à moins qu'elles ne se composent que de simples classes de plain-chant [4] ».

Ces trois règles réunies caractérisent la tenue d'une école privée soumise à la nécessité d'une déclaration d'ouverture. Avant 1886, la Cour de cassation exigeait une quatrième condition : il fallait en outre que l'enseignement fût

1. Montpellier, 19 fév. 1882, aff. Caussy ; D. P. 84.2.70 ; S. 84.2.81 ; — Cass.cr., même aff., 21 mars 1884 ; D.84.1.474 ; S. 84.1.304 ; *Rec.Gréard*, V, 570.

2. Nimes, 12 mai 1887, aff. Lavie et Rieu ; S. 87.2.182 ; P. 87.1.982.

3. Douai, 15 juillet 1851 ; D. 53.2.159 ; — Cass. cr., 15 juin 1888, aff. de Juge-Montespieu ; D. 88.1.398 ; S. 88.1.394 ; P. 87.1.951 ; — Toulouse, même aff., 7 nov. 1888 ; S. 89.2.22 ; P. 89.2.206.

4. Circ. minist. justice et cultes, 4 juillet 1882 ; *Rec. Gréard*, V, 437.

donné en commun aux enfants [1] ; modifiant sa jurisprudence antérieure, la Cour par son arrêt du 26 février 1886, a décidé que le fait de réunir habituellement des enfants de différentes familles dans un but d'instruction suffisait pour constituer la tenue d'une école libre, alors même que les leçons étaient données successivement aux enfants de chaque famille dans une pièce distincte et séparée de la salle commune [2].

Peu importe que l'enseignement soit donné au domicile des parents de l'un des enfants ou au domicile de l'instituteur [3], qu'il y ait ou non rétribution [4], qu'il y ait ou non un programme d'études [5] ; peu importe l'âge des élèves, il y aura, suivant les cas, école maternelle, école enfantine, école élémentaire ou cours d'adultes ; ce sera toujours une école primaire.

Peu importe le but de l'établissement : « sont assujetties aux mêmes conditions, les écoles ouvertes dans les hospices, hôpitaux, colonies agricoles, ouvroirs, orphelinats, maisons de pénitence, de refuge, et autres établissements analogues administrés par des particuliers [6]. »

Il faut noter aussi que la loi du 21 décembre 1880, qui a organisé l'enseignement secondaire public des jeunes filles, n'a pas visé les établissements privés où se donne cet enseignement, et n'a point prévu, par suite, les forma-

1. Cass. cr., 27 juillet 1860 et Cass. cr., 29 juillet 1870, cité. V. p. 104, note 1 ; — Caen, 24 nov. 1883, cités. V. p. 104, note 3 ; — Cass., 20 mars 1874, cité, p. 104, note 4.

2. Cass., 25 févr. 1886, cité. V. p. 105, note 2.

3. Cass., 27 juillet 1860, cité. V. p. 104, note 1.

4. Cass., 20 mars 1874, cité. V. p. 104, note 4.

5. Orléans, 12 avril 1884, cité. V. p. 105, note 1.

6. Loi 1886, art. 43 ; décret 1887, art. 166 ; Cfr. loi 15 mars 1850, art. 29, § 5 et 6. — V. circ., 17 avril 1882 ; — Cass., 2 mars 1860, aff. Humbourg ; D. 60.1.364 ; S. 60.1.1011.

lités relatives à l'ouverture de ces établissements ; le ministre « a décidé que rien ne s'oppose à ce qu'on suive provisoirement [1] la procédure usitée pour l'ouverture des établissements libres d'enseignement primaire [2] ». Il en sera ainsi notamment pour les établissements d'éducation dits « cours », où des leçons, sur des objets faisant partie de l'enseignement primaire, ou secondaire, ou parfois même supérieur, sont faites à des intervalles plus ou moins éloignés mais régulièrement fixés [3].

Il faut signaler une exception à la règle que nous avons déterminée ; aux termes de l'article 66 de la loi du 15 mars 1850, toujours en vigueur, « les ministres des cultes peuvent donner l'instruction secondaire à quatre jeunes gens, au plus, destinés aux écoles ecclésiastiques, sans être soumis aux formalités de la loi, à condition d'en faire la déclaration au recteur » ; ces ecclésiastiques ont, par le fait même et implicitement, la faculté d'enseigner à ces jeunes gens les matières indiquées dans les programmes de l'enseignement primaire, alors surtout qu'il est certain en fait, qu'en raison de leur âge, ces enfants ne recevraient pas un enseignement d'un autre degré s'ils étaient placés dans des écoles ecclésiastiques ou dans des établissements universitaires [4].

Le ministre de l'instruction publique avait déclaré, lors de la discussion de la loi, en réponse à une question de M. Paris, que dans les établissements où il n'y aurait qu'un très petit nombre d'enfants soumis à l'obligation scolaire, le chef de l'établissement, les directeurs ou ad-

1. Ce provisoire dure encore.
2. Circ. vice-recteur académie de Paris ; *Rec. Gréard*, V, 402.
3. V. page 52, note 2.
4. Cass., 27 janvier 1883, cité, V. p. 104, note 1.

ministrateurs pourraient être considérés comme donnant l'enseignement de la famille et comme n'étant pas obligés par conséquent de faire la déclaration d'ouverture d'école [1] ; mais aucun texte ne permet cette interprétation libérale.

Formalités préalables à l'ouverture d'une école privée. — Ces formalités consistent en une déclaration d'ouverture, et en la production de certaines pièces.

1º Déclaration. — « Tout instituteur privé qui veut ouvrir une école privée doit préalablement déclarer son intention au maire de la commune où il veut s'établir et lui désigner le local [2]. » « Il est ouvert dans chaque mairie un registre destiné à recevoir les déclarations des instituteurs qui veulent établir des écoles privées [3]. » Chaque déclaration indiquant la nature de l'école qu'il s'agit d'ouvrir doit être signée sur le registre par le déclarant et par le maire [4]. « Le maire remet immédiatement au postulant un récépissé de sa déclaration [5]. » Le maire est tenu de recevoir toute déclaration régulière [6], c'est-à-dire faite dans les formes régulières ; si le maire refusait indûment de recevoir une déclaration et d'en délivrer récépissé, il semble que le déclarant aurait le droit de faire constater ce refus par huissier.

« Le maire fait immédiatement établir quatre copies

____

1. Sénat, 20 février 1886 ; *Déb. parl.*, p. 232.

2. Loi 1886, art. 37 ; cfr. loi 28 juin 1833, art. 4 ; loi, 15 mars 1850, art. 27.

3. Décret 1887, art. 158, § 1er ; Cfr. ordonn., 16 juillet 1833, art. 16 ; décret 7 octobre 1850, art. 1er.

4. Décret 1887, art. 158, § 2 ; Cons. supérieur, 13 janvier 1899, aff. Broquin.

5. Loi 1886, art, 37, § 2.

6. Circ. 31 mai 1889.

sur papier libre. Une de ces copies est affichée à la porte
de la mairie où elle demeure pendant un mois. L'observation de cette formalité est prouvée par un certificat d'affichage que le maire dresse, signe, et envoie directement,
dans les trois jours de la déclaration, à l'inspecteur d'académie. Les trois autres copies, ainsi que le récépissé, sont
remises gratuitement par le maire au déclarant. L'instituteur adresse une de ces copies au préfet, une autre au
procureur de la République ; il lui en est délivré récépissé.
La troisième copie est adressée par le déclarant à l'inspecteur d'académie qui la fait transcrire sur un registre spécial ouvert à cet effet dans ses bureaux [1]. »

2° Production de pièces. — L'instituteur doit adresser à
l'inspecteur d'académie, en même temps que la copie de
sa déclaration, les pièces suivantes : acte de naissance,
brevets et diplômes, extrait du casier judiciaire, relevé des
résidences des dix dernières années, indications des professions exercées dans ces dix dernières années, pièces
destinées à établir sa qualité de Français, copies des statuts de l'association dont il fait partie (sauf dans le cas où
l'inspecteur est déjà en possession de ces statuts par suite
de la déclaration faite par d'autres membres de la même
association, ou que l'association a été autorisée ou reconnue d'utilité publique) ; enfin plan du local de l'école [2] ;
récépissé de toutes ces pièces est donné à l'instituteur par
l'inspecteur d'académie [3], après qu'il en a constaté la régularité.

---

1. Décret 1887, art. 158, § 2, 3, 4, 5, 6.
2. Dans le cas d'ouverture d'un pensionnat primaire privé, le plan doit
être certifié conforme par le maire de la commune ; et il doit indiquer
avec précision la destination de chacune des pièces affectées au pensionnat, ainsi que les dimensions exactes desdites pièces (longueur, largeur et
hauteur) ; décret 1887, art. 170, § 2.
3. Loi 1886, art. 38 et décret 1887, art 158.

Ces deux formalités, déclaration et production de pièces sont exigées dans tous les cas où il y a ouverture d'une école primaire privée [1], que ce soit une école maternelle [2], une école élémentaire, une école supérieure, une école manuelle d'apprentissage, ou un cours primaire pour adultes ou apprentis [3], ou encore un pensionnat primaire privé [4]. Mais l'annexion d'une école enfantine n'est pas assujettie aux formalités prescrites pour l'ouverture d'une école privée [5] ; en effet, une classe enfantine est toujours annexée à une école soit maternelle soit élémentaire, ce n'est pas une école distincte [6].

Ces formalités sont encore exigées dans le cas où un instituteur succède à un autre dans la direction de toute école primaire privée [7].

Dans le cas où l'une de ces écoles primaires privées change de local, il y a lieu à déclaration nouvelle [8], et aussi à production du plan du nouveau local [9]. Mais, dans le cas où de simples modifications sont apportées à l'agencement intérieur de l'établissement, aucune formalité n'est exigée [10].

1. Loi 1886, art. 37.
2. V. décret 2 avril 1881, art. 38.
3. Loi 1886, art. 8, § 4 ; cfr. loi 15 mars 1850, art. 55.
4. Loi 1886, art. 37, § 4 ; décret 1887, art. 171 et 172.
5. C. S., 27 juillet 1884 ; décision minist. sur avis du comité du contentieux du ministère de l'instruction publique, 5 mars 1887 ; C. S.. 13 janv. 1899, aff. Rey.
6. Décret 1887, art. 187 et 188.
7. Décret 1887, art. 158, *in fine*.
8. Loi 1886, art. 37, § 4.
9. Ces formalités seraient exigées même pour les changements de local des établissements antérieurs à la loi du 15 mars 1850, dont l'exploitation n'a été affranchie des formalités créées par cette loi qu'en tant qu'elle continuerait dans les conditions où ils existaient alors ; Cass.,2 mars 1860, cité. V. p. 107, note 6.
10. Décision minist., sur avis du comité du contentieux, 5 mars 1887 ; Cfr. loi 15 mars 1850, art. 27 et s.

La déclaration et la production du plan sont exigées en cas d'annexion d'un pensionnat à une école déjà existante [1] et en cas d'annexion d'un nouveau dortoir à un pensionnat déjà existant [2], ou de nouveaux locaux à une école déjà existante.

Du droit d'opposition. — Le droit de faire opposition à l'ouverture d'une école primaire privée n'appartient qu'au maire de la commune et à l'inspecteur d'académie [3]. Il n'appartient plus comme sous la législation précédente au préfet [4]. Le procureur de la République n'a pas non plus le droit d'opposition, mais il peut adresser une plainte à l'inspecteur d'académie et provoquer ainsi de sa part une opposition fondée sur l'intérêt des bonnes mœurs ou de l'hygiène [5]. Le conseil départemental n'a non plus, dans aucun cas, le droit d'opposition à l'ouverture d'une école privée [6].

Motifs sur lesquels doit être basée l'opposition. — Le maire ne peut faire opposition à l'ouverture d'une école privée que si les locaux affectés à cette école ne lui paraissent pas remplir, au moment de la déclaration qui lui est faite, les conditions de convenance nécessaires au point de vue de l'hygiène et des bonnes mœurs [7]. L'inspecteur d'académie peut faire opposition pour les mêmes motifs, et aussi dans l'intérêt de l'ordre public dans le

---

1. Décret 1887, art. 170, § 1er ; Cfr. loi 15 mars 1850, art. 53.
2. C. S., 15 janv. 1898, aff. Cèbe.
3. Loi 1886, art. 37 et 38 ; circ. 31 mai 1889.
4. Loi 15 mars 1850, art. 28 ; décret 7 oct. 1850, art. 4; loi 14 juin 1854, art. 8.
5. Loi 1886, art. 38, § 2.
6. C. S., 2 juin 1888, aff. Pincemin.
7. Loi 1886, art. 37, § 3.

cas particulier où un instituteur public révoqué a l'intention d'ouvrir une école privée dans la commune où il exerçait[1].

Les termes d'hygiène et de bonnes mœurs dont se sert la loi sont trop peu précis pour que l'on puisse en donner une définition satisfaisante[2]. Ce sera toujours une question de fait de savoir si les locaux de l'école sont ou non convenables[3]. La question à résoudre peut se poser ainsi : il faut examiner en fait, si les locaux affectés par le déclarant à l'école qu'il se propose d'ouvrir ne présentent pas de dangers pour les enfants auxquels est destinée l'école en ce qui concerne la sécurité, la salubrité ou la moralité[4], soit par leur situation et leur emplacement, soit par leur état, soit par leur installation et leur disposition intérieure.

1. Loi 1886, art. 38, § 2 et 3.

2. V. Sénat, 18 février 1886, *Déb. parl.*, p. 215 ; les mots, bonnes mœurs, ont été substitués aux mots, mœurs publiques, de la loi du 15 mars 1850, art. 28.

3. Les arrêts du conseil supérieur n'indiquent le plus souvent que de façon sommaire les motifs des oppositions ; étant donné que les circonstances de fait varient avec chaque espèce, il n'est pas possible d'indiquer des solutions formant une jurisprudence certaine ; V. pour des motifs de fait curieux et nombreux : C. S., 16 janvier 1897, aff. Herbin. La proximité des auberges, cabarets, buvettes est fort souvent invoquée comme motif d'opposition : C. S., 24 mars 1887, aff. Vernéjoul ; C. S., 24 décembre 1887, aff. Lavieil ; C. S., 26 décembre 1887, aff. Salesse ; C. S., 27 décembre 1888, aff. Bruel : C S., 28 décembre 1888, aff. Jacquemart : C. S., 28 décembre 1892, aff. Aubin ; C. S., 18 janvier 1896, aff. Delfaud-Gérault ; il en est de même du voisinage des cimetières : V. p. 114, note 2 ; d'une rivière : C. S., 28 décembre 1888, aff. Hourcade et aff. Bonnefont ; d'une étable : C. S., 23 décembre 1883, aff. Clément ; C. S., 26 décembre 1887, aff. Ardassus ; C. S., 28 décembre 1892, aff. Bouquet ; C. S., 6 avril 1895, aff. Reynaud ; d'un hospice : C. S., 29 décembre 1888, aff. Lecordier ; C. S., 28 décembre 1892, aff. Carivenc ; de la contiguïté de l'école publique : C. S., 27 décembre 1888, aff. Meudre ; C. S., 22 juillet 1889, aff. Mathevet ; C. S., 14 janvier 1899, aff. Mary ; etc., etc.

4. V. C. S., 21 juillet 1888, aff. Aubert.

Il faut remarquer que, d'après la jurisprudence certaine du conseil supérieur, les prescriptions réglementaires pour la construction, le mobilier et le matériel des écoles publiques ne sont pas applicables aux écoles privées [1]; il en est de même pour les prescriptions ministérielles relatives à la distance où les bâtiments des écoles publiques doivent se trouver des cimetières [2].

L'opposition du maire n'est pas recevable lorsqu'elle est fondée sur des motifs étrangers aux questions d'hygiène et de bonnes mœurs [3] ; elle ne peut être fondée sur l'irrégularité de la déclaration [4], sur des questions relatives à la propriété ou à la jouissance du local [5].

L'inspecteur d'académie peut faire opposition à l'ouverture d'une école privée soit pour les mêmes motifs de défaut de convenance du local au point de vue de l'hygiène ou des bonnes mœurs [6], soit dans l'intérêt de l'ordre pu-

1. C. S., 24 mars 1887, aff. Bonnet ; C. S., 23 décembre 1880, aff. Savel ; C. S., 28 décembre 1888, aff. Droussent ; C. S., 27 décembre 1889, aff. Romanet ; C. S., 28 décembre 1894, aff. Thorel ; C. S., 17 janvier 1896, aff. Alessandri.

2. C. S., 28 décembre 1885, aff. Clément ; C. S., 6 janvier 1887, aff. Aly ; C. S. 29 juillet 1887, aff. Isard ; C. S., 21 juillet 1888, aff. Larroque et aff. Texier ; C. S., 26 juillet 1894, aff. Nycollin ; C. S., 17 janvier 1896, aff. Alessandri ; C. S., 14 janvier 1897, aff. Boucaud ; C. S., 8 juillet 1897, aff. Gougeard ; C. S , 14 janvier 1898, aff. Grollemund.

3. C. S., 24 mars 1887, aff. Lacaze ; C. S., 29 juillet 1887, aff. Rescanières ; C. S., 27 décembre 1890, aff. Rouyer ; C. S., 17 janvier 1895, aff. Bezacier.

4. C. S., 22 juillet 1889, aff. Dupont ; C. S., 26 décembre 1891, aff. Colmont ; C. S., 22 juillet 1895, aff. Boyenval ; C. S., 23 juillet 1896, aff. Pouzin.

5. C. S., 23 décembre 1885, aff. Juif ; C. S., 19 juillet 1887, aff. Warnet ; C. S., 27 décembre 1890, aff. Dutertre ; C. S., 17 décembre 1896, aff. Bezacier ; C. S.,18 janvier 1896, aff. Martin.

6. Loi 1886, art. 38, § 2. « L'inspecteur d'académie doit toujours consulter le conseil départemental d'hygiène sur les conditions d'installation et sur l'état de salubrité des locaux affectés aux écoles privées pour les-

blic, lorsqu'il s'agit d'un instituteur public révoqué et voulant s'établir comme instituteur privé dans la commune où il exerçait[1]. Les termes de la loi sont très clairs et se passent de commentaires. Bien qu'il semble que ce soit inutile, le conseil départemental a à examiner l'opposition fondée sur l'intérêt de l'ordre public ; il n'a qu'à rechercher si les faits sont exacts.

Formes de l'opposition. — Le maire forme toujours opposition d'office ; l'inspecteur d'académie peut faire opposition soit d'office, soit sur la plainte du procureur de la République[2].

Aucune forme n'est exigée pour l'acte même d'opposition. L'opposition, qu'elle émane du maire ou de l'inspecteur d'académie, doit être signifiée à l'instituteur qui a fait la déclaration d'ouverture ; en outre le maire doit notifier son opposition au préfet et à l'inspecteur d'académie, et l'inspecteur d'académie doit notifier la sienne au préfet[3]. Aucune forme non plus n'est exigée pour ces notifications ; celles qui sont adressées aux autorités pourront l'être par simples lettres administratives ; celle adressée à l'instituteur pourra être faite de quelque manière que ce soit pourvu qu'il soit facile de prouver qu'elle a été réellement reçue par l'intéressé. Toutes les notifications, tant celle adressée au déclarant que celles faites aux autorités, doivent indiquer les motifs sur lesquels est fondée l'opposi-

quelles il est fait une déclaration d'ouverture » ; arrêté du 18 janvier 1887, nouvel art. 271, ajouté par l'art. 3 de l'arrêté du 18 janvier 1893; circ., 24 août 1894 ; circ., 4 janvier 1897.

1. Loi 1886, art. 38, § 3.

2. Loi 1886, art. 38, § 2 ; circ., 31 mai 1889 ; Cfr. loi 15 mars 1850, art. 28, § 1er.

3. Loi 1886, art. 37, § 3; décret 1887, art. 159, 160, 161; Cfr. décret 7 octobre 1850, art. 2, 3, 4.

tion[1] ; c'est là une formalité essentielle dont l'omission serait une cause de nullité de l'opposition elle-même[2]. Mais si, en fait, l'opposition n'est que la reproduction d'une opposition antérieure déjà notifiée au déclarant, l'irrégularité résultant de ce que la notification de la deuxième opposition n'en a pas indiqué les motifs n'a pas porté préjudice à la partie et n'est pas de nature à faire déclarer non recevable l'opposition[3]. Les motifs de l'opposition doivent être rédigés en termes suffisamment précis sous peine de nullité[4]. D'autre part, les mêmes termes doivent être employés dans l'acte d'opposition signifié à l'intéressé et dans le même acte signifié aux autorités compétentes ; le fait d'avoir rédigé ces actes en termes différents est une cause de nullité de l'opposition[5].

Le maire forme opposition dans les huit jours à dater du jour de la déclaration par lui reçue[6] et dont la date est indiquée par le récépissé qu'il doit délivrer immédiatement au déclarant, ou, quand ce récépissé a été indûment refusé, par le procès-verbal que le déclarant a dû faire dresser. Ce délai de huit jours doit comprendre le jour de la déclaration ; il se compose donc d'une semaine entière après ce jour[7].

1. Décret 1887, art. 159 et 161.
2. Circ., 31 mai 1889 ; Circ., 27 mai 1895 ; Cfr. décret 7 oct. 1850, art. 2, § 3 et art. 4 ; C. S., 25 juillet 1884, aff. Gautier ; C. S., 27 déc. 1884, aff. Ledet ; C. S., 6 avril 1895, aff. Reynaud ; C. S., 13 janvier 1898, aff. Bouzat ; C.S., 15 janvier 1898, aff. Fille.
3. C. S., 28 déc. 1891, aff. Lehuédé.
4. C. S., 26 déc. 1891, aff. Malet ; C. S., 28 déc. 1894, aff. Forget.
5. Circ., 31 mai 1889 ; Circ., 27 mai 1895 ; C.S., 28 déc. 1888, aff. Hocquard ; C.S., 26 déc. 1891, aff. Malet ; C. S., 28 déc. 1894, aff. Forget et aff. Thorel ; C. S., 6 avril 1895, aff. Reynaud.
6. Loi 1886, art. 37, § 2 et 3 ; décret, 1887, art. 159 et 160 ; Circ., 31 mai 1899 ; Cfr. décret, 7 octobre 1850, art. 2 ; C. S., 26 décembre 1891, aff. Laravoire.
7. C. S., 14 janvier 1898, aff. Damien.

L'inspecteur d'académie a un mois pour faire opposition[1] ; le point de départ de ce délai est, non pas le jour de la déclaration, mais le jour où l'inspecteur a délivré récépissé des pièces qui doivent être jointes à l'envoi de la copie de la déclaration d'ouverture, et où il a ainsi constaté leur régularité[2] ; mais l'inspecteur d'académie ne peut, en retardant la délivrance du récépissé, augmenter arbitrairement le délai qui lui est accordé[3]. Au contraire, sous la législation antérieure qui donnait au préfet le droit de faire opposition dans le mois qui suivait la déclaration[4], il avait été jugé que ce délai courait du jour même de la déclaration et non du jour de la réception des pièces qui doivent l'accompagner[5]. Comment doit être calculé ce délai d'un mois accordé à l'inspecteur d'académie ? La question s'est déjà posée sous la législation antérieure à propos du droit du préfet dont nous venons de parler ; faut-il donner au préfet un mois entier après le jour de la déclaration, le jour où elle a été faite n'étant pas, bien entendu, compté[6] ? Ou bien faut-il décider que le dernier jour du mois appartient au déclarant et que l'opposition n'est pas possible ce jour-là[7] ? C'est ce dernier système qui paraît le plus conforme à l'esprit de la loi qui dit : « A défaut d'opposition, l'école est ouverte, à l'expiration du mois, sans autre formalité[8]. »

Les délais donnés au maire et à l'inspecteur d'académie

---

1. Loi 1886, art. 38, § 4 ; décret, 1887, art. 160 ; Circ., 31 mai 1889, C'r. loi 15 mars 1850, art. 28, § 1er.

2. Décret, 1887, art. 160 ; Circ., 31 mai 1889.

3. Circ., 31 mai 1889.

4. V. loi 15 mars 1850, art. 28, § 1er.

5. Riom, corr., 11 juin 1884 ; D. 85.2.213 ; S. 85.2.140 ; P. 85.1.807.

6. Cons. d'État, 28 février 1866, aff. Rousselle ; S. 67.2.92.

7. Riom, 11 juin 1874, cité.

8. Loi 1886, art. 38, § 4 ; Cfr. loi 15 mars 1850, art. 28, § 1er.

s'appliquent, sans aucun doute possible, non seulement à l'acte d'opposition lui-même, mais encore à la notification à faire à l'intéressé et aux autorités [1] ; par suite l'opposition est caduque quand elle n'est notifiée qu'après le délai de huit jours ou d'un mois [2].

Effets de l'opposition ; *compétence du conseil départemental.* — L'opposition régulièrement faite et notifiée a pour effet de rendre illégale l'ouverture de l'école ; si, malgré l'opposition, l'école est ouverte, l'instituteur est déféré au tribunal correctionnel et l'école est fermée par l'autorité [3]. Mais l'opposition n'est qu'un acte conservatoire ; ce n'est que l'acte par lequel le maire ou l'inspecteur d'académie interdisent provisoirement l'ouverture de l'école qui présente certains dangers, et saisissent en même temps le conseil départemental seul compétent pour apprécier au fond le défaut de convenance du local de l'école projetée et d'en interdire de façon définitive l'ouverture [4]. Le droit de sta-

---

1. C. S., 26 décembre 1891, aff. Laravoire ; C. S., 27 juillet 1896, aff. Grenier ; C. S., 14 janvier 1898, aff. Damien.

2. C. S., 28 décembre 1892, aff. Bougnet. « A défaut d'opposition l'école est ouverte, à l'expiration du mois, sans autre formalité » ; loi 1886, art. 38, § 4. L'instituteur qui, n'ayant reçu aucune notification, aura ouvert son école à l'expiration du mois, n'encourt aucune peine, quand bien même le conseil départemental aurait été saisi dans l'intervalle d'une opposition et même en aurait admis la validité ; Nîmes, 28 avril 1885, aff. Delbos ; D. 84.2.101 ; S. 86.2.105 ; P. 86.1.581.

3. Loi 1886, art. 40 ; les peines sont une amende de 100 à 1000 francs et en cas de récidive, de 500 à 2000 francs et un emprisonnement de 6 jours à un mois.

4. Mais les conseils départementaux sont incompétents pour connaître des questions de propriété, d'interprétation des conventions, et autres, qui se rattachent aux questions d'oppositions ; C. S., 23 décembre 1885, aff. Juif ; C. S., 29 juillet 1887, aff. Warnet ; C. S., 27 décembre 1890, aff. Constant et Caupert ; C. S., 27 juillet 1891, aff. Pessey ; C. S., 22 juillet 1893, aff. Favennec C. S., 22 juillet 1895, aff. Boyenval ; C. S., 17 janvier 1896, aff. Bezacier ; C. S., 23 juillet 1896, aff. Pouzin.

tuer sur les oppositions à l'ouverture d'une école privée étant réservé au conseil départemental, les tribunaux de première instance sont incompétents pour en apprécier la légalité [1].

Jugement de l'opposition. — Le conseil départemental est saisi par la notification au préfet de l'opposition formée soit par le maire, soit par l'inspecteur d'académie ; le dossier de l'affaire est en même temps transmis à la préfecture [2] ; c'est dès lors au préfet qu'il appartient de poursuivre l'affaire.

Délai dans lequel doit être jugée l'opposition. — L'opposition n'étant qu'un acte provisionnel, il importe, dans l'intérêt de la partie et pour que l'ouverture de l'école ne reste point trop longtemps en suspens, qu'elle soit jugée dans un bref délai [3] ; ce délai a été déterminé de façon précise par la loi de 1886 : l'opposition doit être jugée par le conseil départemental dans le délai d'un mois [4] ; « là est le principe absolu dont personne n'a le droit de se départir » [5].

« Le délai d'un mois court à dater du jour où l'opposition a été formée, et non du jour où elle a été notifiée à la partie ou portée à la connaissance du préfet ; il peut arriver que des lenteurs regrettables soient apportées à l'accomplissement de l'une ou de l'autre de ces formalités ; elles ne doivent point préjudicier à la partie. Le point de

1. Trib. corr. Moulins, 14 mars 1884 ; D. 85,2.213 ; S. 85.2.140.
2. Décret 1887, art. 159 et 161 ; Cfr. décret 29 juillet 1850, art. 25 ; Cfr. décret 4 décembre 1886, art. 1er, en matière disciplinaire.
3. Cf. loi 15 mars 1850, art. 28, § 2.
4. Loi 1886, art. 39, § 1er.
5. Circ. 31 mai 1889.

départ du délai est fixé, et ne peut être que le jour même de l'opposition[1]. » « Dans le délai doivent s'accomplir toutes les formalités relatives à l'instruction du jugement. Quelles qu'aient pu être les circonstances, le conseil supérieur considère le retard à juger dans le délai légal comme une cause absolue de nullité de la décision du conseil départemental[2]. » « Il a même estimé que si le conseil départemental demandait un supplément d'instruction et renvoyait le jugement à une séance ultérieure, cette séance ne devait pas avoir lieu au delà du délai d'un mois fixé par la loi d'une manière absolue[3]. »

L'opposition qui n'a pas été suivie, dans le mois, d'une décision au fond du conseil départemental est donc nulle et non avenue ; le conseil devant lequel une opposition vient, plus d'un mois après le jour où elle a été formée, doit se déclarer dessaisi.

Il faut insister sur cette solution, car la jurisprudence du conseil supérieur a varié dans ces dernières années. Avant 1891, le conseil supérieur semblait admettre qu'il y avait dans ce cas une sorte de péremption et en tirait plusieurs conséquences : d'abord, conformément au principe général, la péremption devait être demandée par la partie intéressée ; puis, il pouvait y avoir une sorte d'interruption, par exemple dans le cas où le conseil avait été convoqué pour tenir séance dans le délai d'un mois et que la décision n'avait pu intervenir uniquement parce que le conseil ne s'était pas trouvé en nombre[4] ; enfin, conséquence plus importante, la loi ne fixant aucun délai pour

1. Circ. citée.
2. Circ. citée
3. Circ. citée ; C. S., 28 déc. 1888, aff. Bonnefont.
4. C. S., 31 juillet 1888, aff. Decultieux.

le jugement des oppositions en appel, le conseil supérieur saisi de l'affaire, après avoir constaté que le conseil départemental s'était légalement déclaré dessaisi, ou après avoir annulé la décision du conseil départemental rendue après le délai d'un mois, retenant l'affaire qui était en état, statuait lui-même au fond sur l'opposition [1]. Une autre conséquence encore était qu'en présence des termes de l'article 40 de la loi de 1886, qui punit de peines correctionnelles « celui qui, dans le cas d'opposition formée à l'ouverture de son école, l'a ouverte avant qu'il ait été statué sur cette opposition », il fallait décider que l'école ne pouvait pas être ouverte dans l'intervalle qui séparait l'expiration du délai d'un mois de la décision tardive du conseil départemental.

Depuis 1891, le conseil supérieur semble, au contraire, considérer que, par le seul fait de l'expiration du délai d'un mois sans que le conseil départemental ait pris une décision, l'opposition est, de plein droit, caduque. Et les conséquences suivantes découlent de cette nouvelle jurisprudence : le conseil départemental se trouve dessaisi de plein droit, et ne peut plus, si l'affaire vient devant lui, que constater la nullité de l'opposition ; le conseil supérieur, en appel, ne peut plus évoquer le fond d'un litige qui a cessé d'exister, l'acte qui en faisait l'objet étant non avenu [2] ; et le déclarant rentre par cela même dans la plé-

----

1. C. S., 20 juillet 1888, aff. Mazet et aff. Chenu ; C. S., 21 juillet 1888, aff. Aubert et aff. Decultieux ; C. S., 27 déc. 1888, aff. Bruel ; C. S., 28 déc. 1888, aff. Bonnefont ; C. S., 29 déc. 1888, aff. Girardeau ; C. S., 22 juillet 1889, aff. Mathevot ; C. S., 23 juillet 1889, aff. Larrouy ; C. S., 27 déc. 1890, aff. Rouyer ; C. S., 29 déc. 1890, aff. Sauveplane.

2. C. S., 27 juillet 1891, aff. Grenier ; C. S., 29 juillet 1891, aff. Cazeneuve et aff. Sellier ; C. S., 26 déc. 1891, aff. Laravoire ; C. S., 28 déc. 1892, aff. Huguet ; C. S., 26 juillet 1894, aff. Marson.

nitude de son droit[1], et par conséquent, ne pourra encourir les peines portées par l'article 40 de la loi de 1886 lorsqu'il aura ouvert son école, avant qu'aucune décision ne soit intervenue, mais après l'expiration du délai d'un mois à dater de l'opposition.

Cette jurisprudence qui est formelle et qui a sa base dans une interprétation rigoureuse, mais parfaitement exacte, croyons-nous, de la loi, conduit à de singulières conséquences : le point de départ de ce délai d'un mois étant fixé au jour où l'opposition a été formée et non pas au jour où le conseil départemental en est saisi et qui peut être de beaucoup subséquent, le conseil peut se trouver dans l'obligation de ne pas attendre pour prononcer son jugement, tous les éléments nécessaires d'appréciation, de ne pas attendre le résultat d'une enquête commencée, l'avis du conseil d'hygiène, « les documents d'où il résulte tardivement que la prétendue insalubrité du local était chimérique[2] ». D'autre part, ce délai si court peut être préjudiciable à l'instituteur lui-même qui n'aura pas le temps, dans certains cas, de réunir les preuves qui feraient tomber l'opposition. En outre, il faut admettre, étant donné l'intérêt qu'a l'instituteur déclarant à ce que le délai d'un mois s'écoule sans que le conseil départemental ait été en mesure de prendre une décision sur la validité de l'opposition, que la procédure doit être fort rapide et que l'instituteur ne peut la retarder, soit en refusant de comparaître, soit en remettant au dernier moment des documents et mémoires. Il faut signaler enfin, la conséquence difficile à admettre que, dans le cas où par exemple le conseil a été convoqué de manière que sa décision

1. V. aff. Huguet, note précédente.
2. C. S., 26 juillet 1894, aff. Nycollin.

puisse intervenir dans le délai fixé et qu'il ne s'est pas trouvé en nombre, l'école, à l'ouverture de laquelle opposition avait été faite, puisse s'ouvrir sans qu'il ait été statué sur cette opposition fondée, peut-être, sur les conditions évidemment déplorables que présentent les locaux au point de vue de l'hygiène et des bonnes mœurs.

Formalités relatives à l'instruction et au jugement. — « La première formalité est la désignation d'un rapporteur pris parmi les membres du conseil départemental[1] » ; cette désignation est faite par arrêté préfectoral[2]. C'est là une formalité essentielle dont l'omission entraîne l'irrégularité de toute la procédure et de la décision du conseil départemental[3], et qui ne peut être couverte par le consentement de l'instituteur déclarant[4].

Les inspecteurs primaires sont chargés d'instruire les affaires relatives à l'ouverture des écoles privées[5] ; en fait, ce sont eux qui sont la plupart du temps chargés du rapport. Le rapporteur désigné par le préfet a les plus larges pouvoirs ; il procédera à toutes les mesures d'instruction nécessaires, soit d'office, soit sur les indications du conseil départemental : enquêtes, auditions de témoins et d'experts ; il entendra dans leurs explications l'institu-

---

1. Circ. 31 mai 1889.

2. Décret 1887, art. 162 ; Cfr. décret 29 juillet 1850, art. 25 ; décret 7 octobre 1850, art. 4 ; V. décret 4 décembre 1886, art. 4.

3. Circ. citée ; C. S., 25 juillet 1884, aff. Dubanton ; C. S., 27 décembre 1884, aff. Ledet ; C. S., 24 décembre 1885, aff. Liques et aff. Vibert ; 26 juillet 1886, aff. Bled ; C. S., 6 janvier 1887, aff. Viaud ; Cfr. décret 29 juillet 1850, art. 24 ; décret 7 octobre 1850, art. 4 ; décret 22 août 1854, art. 28 ; V. décret 4 décembre 1886, art. 3,

4. C. S., 6 janvier 1887, aff. Aly.

5. Décret 1887, art. 129.

teur intéressé et l'auteur de l'opposition ; il étudiera les mémoires et les pièces produites [1].

« Le rapporteur est tenu de faire un rapport écrit, et ne doit pas se borner à un rapport oral [2] » ; c'est là une formalité dont l'omission entraînerait la nullité de la décision du conseil départemental, alors même qu'elle eût été acceptée et même sollicitée par la partie intéressée [3]. En effet, le rapport est une pièce essentielle du dossier et, étant donné que l'on admet que l'intéressé a le droit de prendre communication du dossier, il faut de toute nécessité, pour qu'il puisse en prendre utilement connaissance, que le rapport soit écrit. A plus forte raison, l'absence de tout rapport serait un vice de forme manifeste [4].

Après la rédaction du rapport et son dépôt au secrétariat du conseil l'affaire est en état, en ce sens que, sauf décision du conseil départemental, elle est complètement instruite ; en effet, il n'est pas possible de permettre à l'instituteur déclarant de retarder la rédaction du rapport, et par suite la décision du conseil départemental qui doit intervenir à peine de nullité dans le délai d'un mois, par la production de nouveaux documents destinés à faire tomber l'opposition ; les arguments nouveaux seront présentés au conseil lorsqu'il examinera l'opposition, mais ils ne peuvent avoir pour résultat de retarder sa réunion.

Quand l'instruction est ainsi terminée, le rapporteur en avise le préfet, président du conseil départemental, qui

---

1. V. C. S., 24 juillet 1885, aff. Daudibertières ; V. décret 4 décembre 1886, art. 3, § 2.
2. Circ. 31 mai 1889.
3. C. S., 6 janvier 1887, aff. Aly.
4. C. S., 27 décembre 1889, aff. Doche.

porte l'affaire au rôle de la prochaine session et fixe le jour où elle sera appelée en séance [1].

« Huit jours au moins avant la séance fixée pour le jugement de l'opposition, le préfet invite le déclarant à comparaître ou à se faire représenter devant le conseil départemental [2]. » Aucune forme n'est exigée pour cette citation ; il suffira qu'elle soit faite de façon que la preuve qu'elle a réellement touché l'intéressé dans le délai voulu soit facile [3]. « L'omission de cette formalité ou son exécution dans un délai inférieur à huit jours est une cause de nullité [4]. »

Les textes sont muets sur la communication du dossier ; cependant le jugement du conseil départemental devant être rendu contradictoirement, l'on admet que l'instituteur ou son représentant pourront prendre connaissance des pièces du dossier ; cette communication se fera au secrétariat du conseil sans déplacement [5]. Le fait pour l'intéressé de n'avoir pas pris communication du dossier alors qu'il pouvait le faire ne peut l'autoriser à demander le renvoi de l'affaire à une autre séance ; il en serait autrement dans le cas où cette communication lui aurait été refusée.

La séance du conseil départemental, pendant laquelle doit être jugée l'opposition, est soumise aux mêmes règles

---

1. V. décret, 4 décembre 1886, art. 4.
2. Décret 1887, art. 162 ; Cfr. décret 7 octobre 1850, art. 4.
3. V. décret 4 décembre 1886, art. 6 et 9,
4. Circ. 31 mai 1889 ; C. S., 24 décembre 1885, aff. Liques ; C. S., 6 janvier 1887, aff. Viaud.
5. Cfr. loi 1886, art. 32, et décret 4 décembre 1886, art. 6 et 9, en matière disciplinaire.

que les autres séances du conseil ; rappelons qu'il n'y a pas de publicité.

Le conseil supérieur a décidé qu'il n'était pas nécessaire que le conseil départemental fût au complet, c'est-à-dire qu'il n'y eût aucune vacance actuelle parmi ses membres, pour juger régulièrement une opposition [1].

« Mais il est indispensable que les deux membres de l'enseignement primaire privé, qui, aux termes de la loi, doivent être adjoints au conseil départemental pour l'examen des affaires disciplinaires ou contentieuses intéressant l'enseignement privé, soient présents, ou qu'ils aient été dûment convoqués, et que la preuve en soit au dossier. Autrement la partie serait privée de l'une des garanties que la loi a voulu lui assurer [2]. » La décision du conseil départemental serait entachée de nullité si les deux membres de l'enseignement privé n'avaient pas été convoqués [3] ; mais dans le cas où les élections en vue de les nommer n'auraient donné aucun résultat, leur absence ne serait pas susceptible d'entraîner l'annulation de la décision [4].

Le jugement de l'opposition par le conseil départemental doit être contradictoire [5] ; que faut-il entendre par ce terme ? Il ne peut être ici question de parties ; le maire et l'inspecteur d'académie en faisant opposition n'ont agi qu'en qualité d'agents de l'administration ; d'autre part, il n'y a pas devant le conseil départemental de ministère

---

1. C. S., 21 juillet 1888, aff. Decultieux.
2. Circ. 31 mai 1889.
3. C. S., 21 juillet 1888, aff. Cohendet ; C. S., 29 décembre 1888, aff. Volte et aff. Communal.
4. C. S., 21 juillet 1888, aff. Decultieux.
5. Loi 1886, art. 27, § 1er ; Cfr. loi 15 mars 1850, art. 28, § 2.

public. Il y aura donc débats et jugement contradictoires dès que l'intéressé aura été mis à même de fournir devant le conseil départemental toutes les explications qu'il croira nécessaires pour faire tomber l'opposition dont l'école qu'il voulait ouvrir a été frappée. Et il faut même aller jusqu'à dire que le jugement sera rendu contradictoirement dès que la citation à comparaître aura, dans le délai légal, touché l'institution ; en effet, les termes de la loi sont très précis : « les oppositions sont jugées contradictoirement dans le délai d'un mois » : comme la procédure de cette voie de recours spéciale appelée opposition, et qui est d'ordinaire organisée contre les jugements rendus par défaut, n'est pas organisée, n'existe pas devant le conseil départemental, il faut, en présence des termes de la loi, conclure qu'il ne peut y avoir défaut devant le conseil départemental ; il n'est pas possible, en effet, qu'en ne comparaissant pas, l'instituteur déclarant mettre le conseil départemental dans l'impossibilité de rendre sa décision dans le délai légal. De deux choses l'une, ou la citation n'a pas touché l'intéressé dans le délai indiqué par la loi et alors toute la procédure postérieure est non avenue, ou bien la citation a été régulièrement faite dans le délai légal et alors l'affaire est liée, et dès lors, soit que l'intéressé comparaisse ou soit représenté, soit qu'il fasse complètement défaut, le jugement du conseil départemental sera considéré comme rendu contradictoirement.

« L'instituteur déclarant peut se faire assister ou représenter devant le conseil départemental[1]. » Le déclarant et son conseil, ou son représentant, ont le droit d'assister à toutes les phases des débats proprement dits.

____

1. Loi 1886, art. 39, § 3.

Si l'intéressé régulièrement cité ne comparaît pas ou ne se fait pas représenter, le conseil a le droit de passer outre aux débats et au jugement de l'affaire [1] ; il y a ici une raison péremptoire ; ainsi que nous l'avons vu, l'instituteur ne peut empêcher le conseil de rendre sa décision dans le délai d'un mois dont l'expiration rendrait caduque l'opposition.

L'article 163 du décret du 18 janvier 1887 indique de façon sommaire les phases des débats :

Le conseil départemental prend, en premier lieu, connaissance de l'arrêté d'opposition ; les débats sont en effet limités à l'examen de l'acte même d'opposition, à ses formes et aux motifs qu'il invoque. Le conseil départemental peut immédiatement après cet examen, comme il le peut en tout état de cause, prononcer la nullité de l'acte d'opposition pour vice de formes, ou en donner mainlevée si les motifs invoqués sont autres que ceux qu'indique la loi, ou s'ils ne sont évidemment pas fondés.

Le conseil entend ensuite la lecture du rapport et de ses conclusions ; le rapporteur peut parfaitement développer oralement certains points de son rapport.

L'intéressé et son conseil, ou son représentant, sont ensuite invités à fournir toutes les explications qu'ils ont à donner. Avant toute défense au fond, ils peuvent invoquer la nullité soit de l'acte même d'opposition, soit de la procédure devant le conseil pour inobservation des formes prescrites ; ils pourront demander au conseil, suivant les cas, ou de renvoyer l'affaire à une séance ultérieure ou de déclarer l'opposition non avenue. Au fond, ils pourront

---

1. Cfr. décret 4 déc. 1886, art. 10.

démontrer par tous moyens l'inanité des motifs sur lesquels est basée l'opposition.

Le conseil reçoit ensuite, s'il y a lieu, les dépositions des témoins.

Le maire qui a formé l'opposition a certainement le droit d'être entendu pour fournir des explications ; on peut d'autant moins lui refuser ce droit que l'inspecteur d'académie, lorsqu'il a formé opposition, prend part, non seulement aux débats, mais même à la délibération et au vote ; notons, à ce sujet, que le droit de récusation n'existe pas devant le conseil départemental [1], pas plus que devant les autres juridictions universitaires [2].

Le conseil examine enfin les différentes pièces du dossier.

Au surplus le conseil a toute liberté pour diriger la marche des débats comme il le jugera bon ; il suffit que les droits de l'instituteur déclarant ne soient pas violés par les formes de procéder [3].

« La délibération a lieu hors de la présence du déclarant [4]. » La discussion et les opinions émises peuvent être relatées au procès-verbal [5].

« Le vote a lieu par mains levées [6]. » La décision doit être prise à la pluralité des voix, c'est-à-dire à la majorité absolue. « En cas de partage des voix, celle du président est prépondérante [7]. »

1. C. S., 14 janvier 1899, aff. Peloin.
2. V. p. 259.
3. C. S., 27 décembre 1884, aff. Batut.
4. Décret 1887, art. 163.
5. V. décret 4 décembre 1886, art. 13, § 1er ; règle inverse.
6. Décret 1887, art. 150, § 1er.
7. Loi 1886, art. 49, § 2 ; Cfr. décret 29 juillet 1850, art. 9 et 23.

Pouvoirs du conseil départemental. — Le conseil départemental doit se borner à apprécier si oui ou non l'opposition était fondée au moment où elle a été formée, et par conséquent à la maintenir ou à la lever purement et simplement [1] ; « l'opposition faite par l'autorité compétente doit être jugée en elle-même, et dans les conditions où elle a été faite. Si certaines modifications aux plans produits, si certains travaux dans les locaux déclarés sont de nature à permettre l'ouverture de l'école, l'intéressé les fera exécuter et fera ensuite une nouvelle déclaration d'ouverture [2]. »

C'est là la jurisprudence constante du conseil supérieur; on l'a très fort critiquée. Il est certain qu'elle n'est pas conforme à la pratique ordinaire des tribunaux. On ne voit pas pour quelles raisons, lorsqu'il sera prouvé que les modifications apportées aux locaux depuis l'opposition les rendent propres à recevoir une école au moment où intervient la décision du conseil départemental, cette décision, ou celle du conseil supérieur rendue en appel dans les mêmes conditions, ne pourraient pas donner mainlevée de l'opposition, tout en déclarant qu'elle était fondée au moment où elle a été faite. Dans ce cas, le vœu de la loi est parfaitement rempli; l'opposition a montré son utilité puisqu'elle a amené des travaux qui permettront à l'école de s'ouvrir dans des conditions qui ne laisseront rien à désirer au point de vue de l'hygiène ou des bonnes mœurs.

On peut cependant trouver des raisons d'être à la jurisprudence du conseil supérieur. D'abord il faut remarquer

1. Circ. 31 mai 1889 ; C. S., 28 décembre 1891, aff. Lonchamp ; C. S., 7 juillet 1894, aff. Déal ; C. S., 18 janvier 1896, aff. Martin.

2. Circ. 31 mai 1889 ; C. S., 24 décembre 1887, aff. Bouillard.

que ni le conseil départemental, ni le conseil supérieur n'ont dans aucun cas le droit de faire opposition à l'ouverture d'une école privée ; et ne serait-ce pas le leur donner en une certaine mesure que de leur permettre d'apprécier si les locaux de l'école ont été rendus propres à recevoir les enfants par suite des travaux effectués depuis l'opposition du maire ou de l'inspecteur d'académie ? Ne faudrait-il pas donner au conseil départemental et au conseil supérieur le droit de, tout en déclarant insuffisants les motifs de l'opposition, la maintenir pour des motifs justifiés par les nouveaux travaux ? tandis que, d'après leur propre jurisprudence, ces conseils ne peuvent pas apprécier les motifs que l'opposition n'avait pas visés [1].

D'autre part, il serait bien difficile pour les conseils départementaux, et encore plus pour le conseil supérieur, d'examiner et d'apprécier si les travaux effectués dans une école de n'importe quelle commune de France sont suffisants pour faire disparaître les inconvénients signalés par l'opposition ; ce serait là une source de retards considérables dans le jugement de ces affaires ; et ce serait rendre accablante la charge déjà lourde qui pèse sur eux.

Enfin, pour apprécier la convenance du local de l'école projetée, il faut se placer à un moment précis ; il n'est pas possible de juger si les travaux en cours seront suffisants ; il faudra attendre leur achèvement ; et le délai si court d'un mois à dater de l'opposition dans lequel doit intervenir le jugement du conseil départemental pourra être écoulé sans que le conseil ait été mis à même de juger.

L'on peut ajouter que l'inconvénient qui résulte de la jurisprudence indiquée n'est pas bien grand ; il suffira,

1. V. p. 132, note 4.

comme l'indique la circulaire du 13 mai 1889, que l'instituteur fasse exécuter les travaux nécessaires et fasse ensuite une nouvelle déclaration d'ouverture ; il n'y aura qu'un léger retard.

Par suite, « le conseil n'a pas à maintenir l'opposition pour un temps déterminé », en en limitant les effets à un certain temps [1]. « Il n'a pas davantage à prescrire, comme condition de la levée de l'opposition, tels ou tels travaux [2]. » Il ne peut subordonner sa décision à un engagement à prendre par le déclarant [3]. Ces solutions se justifient pleinement si l'on considère que le conseil est dessaisi par le prononcé de sa décision et que, d'autre part, les délais pour faire opposition étant certainement écoulés, l'administration est entièrement désarmée.

Le conseil départemental ne peut maintenir l'opposition en visant dans sa décision un motif qui n'a pas été invoqué par son auteur et qui n'a été rélevé que par le rapporteur [4].

D'autre part, le conseil ne peut admettre une cause d'opposition autre que celles visées par les articles 37 et 38 de la loi [5].

Le conseil peut certainement renvoyer le prononcé de son jugement à une séance ultérieure, notamment pour avoir des éléments d'appréciation plus complets, pourvu, bien entendu, que le jugement intervienne dans le délai

---

1. Circ. 31 mai 1889 ; C. S., 28 décembre 1888, aff. Exartier.
2. Circ. citée ; C. S., 24 décembre 1887, aff. Rescanières.
3. C. S., 28 décembre 1892, aff. Lafage.
4. C. S., 21 décembre 1888, aff. Decultieux ; C. S., 28 décembre 1894, aff. Forget ; C. S., 8 juillet 1897, aff. Gougeard.
5. C. S., 22 juillet 1895, aff. Boyenval ; C. S., 23 juillet 1896, aff. Pouzin.

d'un mois ; il y a lieu de citer de nouveau l'intéressé pour cette séance ultérieure.

Libellé du jugement. — Le jugement doit comprendre plusieurs mentions.

Il doit indiquer le nombre et donner les noms des membres présents à la séance [1], indiquer que la moitié plus un des membres du conseil ont pris part aux débats et à la délibération [2], mentionner la présence des deux membres de l'enseignement privé ou indiquer qu'ils ont été régulièrement convoqués [3].

Le jugement doit aussi viser les pièces constatant l'accomplissement des formalités légales [4], c'est-à-dire l'acte de déclaration d'ouverture, l'acte d'opposition et sa notification à l'intéressé et aux autorités et la date de ces divers actes, la désignation du rapporteur ou tout au moins la lecture du rapport, la citation adressée à l'instituteur, et la convocation des membres du conseil ; il doit indiquer la comparution ou le défaut de l'instituteur.

Le jugement du conseil départemental doit être motivé à peine de nullité [5].

1. C. S., 21 juillet 1888, aff. Drouin.
2. Circ., 31 mai 1889 ; C. S., 24 décembre 1885, aff. Vibert, et aff. Liques ; C. S., 29 décembre 1888, aff. Volte.
3. Circ. citée ; V. espèces citées à la note précédente ; C. S., 6 janvier 1887, aff. Viaud ; Cfr. décret 4 décembre 1886, art. 13, § 2.
4. C. S., 21 juillet 1888, aff. Drouin ; Cfr. décret 4 décembre 1886, art. 13, § 2.
5. C. S., 10 juillet 1897, aff. Fourgères ; C. S., 13 janvier 1898, aff. Andrieu ; C. S., 14 janvier 1898, aff. Roques ; le conseil supérieur applique ici, ainsi que l'indiquent les décisions rapportées, l'article 7 de la loi du 20 avril 1810, sur l'organisation de l'ordre judiciaire et l'administration de la justice ; le renvoi est au moins singulier, l'article 7 visant les arrêts des cours impériales qui peuvent être cassés ou annulés.

Enfin la décision doit être datée, et signée du président, du rapporteur et du secrétaire [1].

« La décision du conseil départemental est notifiée dans les huit jours par les soins du préfet tant au déclarant qu'à l'auteur de l'opposition [2]. » L'omission de cette formalité entraîne la nullité de la décision [3]. « Le préfet est tenu d'avertir les parties qu'elles ont le droit de se pourvoir devant le conseil supérieur dans les dix jours, à partir du jour où la décision du conseil départemental leur a été notifiée [4]. »

Appel des décisions du conseil départemental en matière d'oppositions. — Sous l'empire de la loi du 15 mars 1850 [5], le conseil académique, alors départemental, statuait en premier et dernier ressort sur l'opposition faite à l'ouverture d'une école primaire libre ; l'appel au conseil supérieur n'existait pas, d'une façon générale, pour les affaires contentieuses relatives à l'enseignement primaire. La loi du 14 juin 1854, qui, transformant les conseils académiques en conseils départementaux proprement dits, leur conféra les attributions relatives à l'enseignement primaire que possédaient les conseils académiques de la loi du 15 mars 1850, ne modifia pas la législation antérieure.

La loi du 10 avril 1867 dispose, dans son article 19, que : « les décisions du conseil départemental rendues dans les

---

1. V. décret 4 décembre 1886, art. 14.

2. Décret 1887, art. 164 ; Cfr. décret 7 octobre 1850 art. 4 ; décret 29 juillet 1850, art. 27.

3. Circ., 31 mai 1889 ; C. S , 24 juillet 1885, aff. Bagot ; C. S., 26 juillet 1886, aff. Bled ; C. S., 28 décembre 1892, aff. Bougnet.

4. V. note 2.

5. Art. 28, § 2.

cas prévus par l'article 28 de la loi de 1850 (c'est-à-dire en matière d'opposition faite à l'ouverture d'une école libre) peuvent être déférées par voie d'appel au conseil impérial de l'instruction publique [1]. »

La loi du 27 février 1880 indique dans son article 7 les cas où le conseil supérieur connaît en appel des jugements des conseils académiques et des conseils départementaux ; ce texte est muet sur les décisions rendues en matière contentieuse relative à l'ouverture des écoles libres ; d'autre part, aucune des lois nouvelles assez nombreuses relatives à l'instruction publique n'avait abrogé la loi de 1867. De là naquit une question délicate sur laquelle la jurisprudence universitaire était en désaccord avec la jurisprudence du Conseil d'État. Le conseil supérieur se déclarait incompétent pour connaître des appels formés contre les décisions des conseils départementaux en matière d'ouverture d'écoles primaires privées, par le motif que la loi du 27 février 1880 qui énumère les attributions du conseil supérieur est muette sur ce point [2]. Le Conseil d'État, au contraire, considérant que la loi du 10 avril 1867 n'a été abrogée expressément, ni implicitement par aucune loi, déclarait que le conseil supérieur n'a pas cessé d'être compétent pour statuer sur les recours formés contre les décisions des conseils départementaux dans les cas prévus par l'article 28 de la loi du 15 mars 1850 [3]. Le conseil supérieur se rangea à cette jurisprudence [4]. Il sem-

---

1. V. circ. minist. 12 mai 1867.

2. C. S., 6 janv. 1881, et 23 déc. 1882.

3. Cons. d'Etat, 3 août 1883, aff. Raveneau ; V. concl. Le Vavasseur de Précourt ; D. 85.3.30 ; S. 85.3.48 ; — C. d'Etat, 20 juin 1884, aff. Poux-Berthe ; et 19 déc. 1884, aff. Cochet ; D. 85.5.227.

4. C. S., 29 déc. 1883, aff. Millard ; C. S., 25 juillet 1884, aff. Gauthier, etc.

ble bien, en effet, que, lors des travaux préparatoires de la loi de 1880, alors que l'article 7 de cette loi était destiné à remplacer les dispositions des lois antérieures relatives aux attributions du conseil supérieur, il y a eu oubli complet, et difficilement explicable, de la loi de 1867.

La loi du 30 octobre 1886, dans son article 39, § 2, met fin à la controverse et consacre la jurisprudence du Conseil d'État ; il est à noter que le principe même de l'appel au conseil supérieur des jugements des conseils départementaux en matière d'oppositions à l'ouverture d'une école privée, n'a fait, dans la discussion de la loi, l'objet d'aucune observation.

Le postulant, d'une part, le maire et l'inspecteur d'académie, d'autre part, peuvent interjeter appel de la décision du conseil départemental. Il faut admettre que le maire et l'inspecteur ne peuvent respectivement exercer ce droit que dans le cas où l'un ou l'autre d'entre eux a formé l'opposition primitive [1] ; autrement ce serait leur donner un nouveau droit d'opposition.

« Le recours de l'instituteur ou du maire contre la décision du conseil départemental est reçu au bureau de l'inspecteur d'académie ; il en est donné récépissé. Le recours de l'inspecteur d'académie est formé par une décision qu'il notifie à la partie intéressée [2]. » Il faut admettre aussi que l'appel du maire doit être notifié à l'intéressé, par les soins de l'inspecteur d'académie.

« L'inspecteur d'académie fait parvenir au préfet, dans le plus bref délai, la déclaration d'appel qu'il a reçue ou

1. V. amend. Drumel, Chambre, 15 mars 1884 ; *Déb. parl.*, p. 766 ; amend. Peaudecerf, Sénat, 18 février 1886 ; *Déb. parl.*, p. 218 et s.
2. Décret 1887, art. 165, § 1 et 2.

la décision qu'il a prise lui-même. Le préfet adresse ces pièces, avec le dossier de l'affaire [1], au ministre de l'instruction publique, qui en saisit le conseil supérieur [2]. »

L'appel doit être formé dans le délai de dix jours, à dater du jour où la décision du conseil départemental a été notifiée [3]. « En aucun cas, l'ouverture de l'école ne pourra avoir lieu avant la décision d'appel [4]. » L'appel est donc suspensif ; le délai d'appel est-il, lui aussi, suspensif ? Non pas, cette conséquence ne résulte aucunement des termes de l'article 39 de la loi, ni des termes de l'article 40 qui frappe de peines correctionnelles celui qui aura ouvert son école avant la décision d'appel ; l'instituteur peut donc ouvrir son école dès que le conseil départemental a donné mainlevée de l'opposition ; mais il doit la fermer dès qu'il a reçu notification de l'appel formé contre cette décision [5].

— *Jugement des contestations relatives à l'inscription d'un enfant à une école publique.*

Aux termes de l'article 7, § 3, de la loi du 28 mars 1882

1. Les pièces essentielles des dossiers à transmettre au conseil supérieur sont les suivantes : la déclaration d'ouverture ; le plan du local ; l'opposition du maire ou de l'inspecteur d'académie ; la copie de la notification de l'opposition à l'intéressé ; l'arrêté préfectoral désignant le rapporteur de l'affaire ; copie de la citation à comparaître devant le conseil départemental ; copie de la convocation des deux membres de l'enseignement libre ; les mémoires et certificats produits devant le conseil départemental ; le rapport du conseil d'hygiène ; le rapport présenté au conseil départemental ; la délibération du conseil départemental, avec la mention des membres présents à la séance ; l'appel au conseil supérieur ; les mémoires et certificats produits à l'appui de l'appel s'il y a lieu. Circ. 31 mai 1889, en note.

2. Décret 1887, art. 165, § 7.

3. Loi 1886, art. 39, § 4 ; C. S., 25 juillet 1885, aff. Delisle.

4. Loi 1886, art. 39, § 4.

5. Orléans, 21 février 1888, aff. Gendron ; D. 89.2.63 ; S. 88.2.88.

sur l'obligation de l'enseignement primaire, le conseil départemental statue en premier lieu et en dernier ressort sur les contestations relatives à l'inscription d'un enfant, soit à l'une des écoles publiques de la commune où il réside, soit à l'une des écoles publiques de l'une des communes voisines.

En effet, les parents et personnes responsables d'un enfant soumis à l'obligation scolaire, domiciliés à proximité de plusieurs écoles publiques, ont la faculté de faire inscrire l'enfant à l'une ou à l'autre de ces écoles, qu'elle soit ou non sur le territoire de leur commune, à moins qu'elle ne compte déjà le nombre maximum d'élèves autorisé par les règlements[1]. « En cas de contestation, et sur la demande soit du maire, soit des parents, le conseil départemental statue en dernier ressort[2]. »

Ainsi la loi a prévu des difficultés relatives à l'inscription d'un enfant à une école publique ; dans quelle hypothèse ces contestations pourront-elles s'élever ? Il ne s'agit pas de rivalités prenant naissance entre des communes voisines, l'un des maires alléguant que l'école est entretenue avec les ressources de sa commune et refusant d'admettre à l'école de sa commune les enfants domiciliés sur un territoire voisin[3] ; le maire n'a nullement le droit de s'opposer à ce qu'un enfant, domicilié ou non dans la commune, soit inscrit à une école publique, alors même que celle-ci n'offrirait pas les locaux nécessaires pour recevoir tous les enfants de la commune. Mais si le maire n'a pas ce droit, il a, à l'inverse, le droit d'inscrire un

---

1. Loi 28 mars 1882, art. 7, § 2.

2. Loi 28 mars 1882, art. 7, § 3.

3. V. cependant la discussion, Chambre, 24 mars 1880 ; *Déb. parl.*, p. 12868 ; V. Detourbet, *op. cit.*, p. 204.

enfant à une école publique dans divers cas prévus par
la loi sur l'obligation de l'enseignement primaire [1], et
c'est dans ces hypothèses que se produiront les contestations visées par la loi. En effet, le maire, dans les cas où
il y a lieu à l'inscription d'office d'un enfant à une école
publique, ignorera ou ne tiendra pas compte des préférences et des commodités de la famille de l'enfant ; il
inscrira l'enfant à l'une des écoles de la commune sans
se préoccuper de savoir si une école de la même commune,
ou si l'école de la commune voisine n'est pas plus proche.
En tout cas, il ne peut inscrire l'enfant à cette école de la
commune voisine ; mais, à la demande des parents ou de
la personne responsable il pourrait inscrire l'enfant à une
autre école de sa commune, ou rayer l'inscription, à la
condition que la preuve lui fût rapportée de l'inscription
de l'enfant à l'école d'une commune voisine ; s'il refuse,
les parents ou personnes responsables pourront s'adresser
au conseil départemental qui décidera définitivement et
désignera l'école à laquelle l'enfant devra être envoyé.
Mais on ne voit pas quel peut être le cas où la réclamation
sera faite par le maire.

Il est inutile d'insister sur cette attribution du conseil
départemental ; elle ne doit être jamais exercée, si tant est
qu'elle l'a été lorsque la loi de 1882 était appliquée à peu
près régulièrement. En tout cas, la loi étant muette, il y
aurait lieu de suivre la procédure ordinaire devant le
conseil départemental.

1. V. p. 47 et 48.

CHAPITRE IV

DU CONSEIL ACADÉMIQUE.

I. — Composition.

Le conseil académique institué au chef-lieu de chaque académie par l'article 9 de la loi du 27 février 1880 comprend des membres de droit, des membres désignés et des membres élus.

Membres de droit. — Ce sont des fonctionnaires de l'instruction publique désignés par leurs fonctions mêmes :

Le recteur de l'académie ;

Les inspecteurs d'académie du ressort académique ;

Les doyens des facultés de théologie catholique [1] ou protestante, de droit, de médecine, des sciences et des lettres, les directeurs des écoles de plein exercice et préparatoires de médecine et de pharmacie, et les directeurs des écoles préparatoires à l'enseignement supérieur des sciences et des lettres du ressort.

Le droit pour ces fonctionnaires de faire partie du conseil académique est un droit personnel qui ne peut se déléguer ; il n'appartient pas, par suite, en cas d'empêchement du doyen d'une faculté, à l'assesseur qui, d'ordinaire, remplace et supplée le doyen empêché.

1. Les facultés de théologie catholique ont été supprimées par application de la loi de finances du 21 mars 1885.

Dès que ces fonctionnaires, pour une cause ou pour une autre, perdent leur qualité, ils cessent de faire partie du conseil académique où leurs successeurs les remplacent de plein droit.

Membres désignés. — Ce sont :

Un proviseur et un principal d'un des lycées et collèges communaux de plein exercice du ressort ;

Deux membres des conseils généraux, et deux membres des conseils municipaux qui concourent aux dépenses de l'enseignement supérieur ou secondaire du ressort.

Ces désignations sont faites par arrêté ministériel[1], pour quatre ans[2] ; ces membres peuvent voir leurs pouvoirs renouvelés[3] ; « les pouvoirs des conseillers généraux et des conseillers municipaux cessent avec leur qualité de conseillers généraux et de conseillers municipaux[4] » ; il en est évidemment de même pour le proviseur et pour le principal dès qu'ils cessent leurs fonctions dans le ressort.

Il faut ajouter que « pour les affaires contentieuses ou disciplinaires intéressant les membres de l'enseignement libre, supérieur ou secondaire, deux membres de l'enseignement libre nommés par le ministre, sont adjoints au conseil académique[5] ». Cette désignation n'est faite que pour une seule session et seulement s'il y a lieu, c'est-à-dire si des affaires disciplinaires ou contentieuses intéressant l'enseignement libre doivent être soumises au conseil dans sa plus prochaine session.

1. Loi, 27 février 1880, art. 9, 7° et 11°.
2. Loi citée, art. 10.
3. Loi citée, art. 10.
4. Loi citée, art. 10.
5. Loi citée, art. 11, § 6.

Membres élus. — La loi du 27 février 1880 détermine dans son titre Ier la composition du conseil supérieur de l'instruction publique, et dans son titre II celle des conseils académiques. La caractéristique de la réorganisation opérée dans la constitution de ces conseils, supérieur ou académiques, par la loi de 1880 consiste dans la prépondérance donnée numériquement aux délégués des membres de l'enseignement public sur les délégués des grands corps scientifiques ou politiques, et dans leur mode de nomination directe, par élection, par les diverses catégories des membres de l'enseignement qu'ils sont chargés de représenter. Sauf les différences tenant à ce que les conseils académiques sont des conseils régionaux et que, par suite de leurs attributions relatives seulement à l'enseignement supérieur et à l'enseignement secondaire, ils ne comprennent pas de membres de l'enseignement primaire, sauf aussi quelques différences dans la composition des divers corps électoraux, différences qui s'expliquent mal parfois et dont la plupart ne semblent pas avoir été voulues par le législateur, les mêmes règles générales s'appliquent à la détermination des membres de l'enseignement qui sont électeurs ou éligibles au conseil supérieur ou aux conseils académiques. Le même décret du 16 mars 1880 réglemente les élections de façon identique. D'autre part, c'est à propos du conseil supérieur que sont intervenues la plupart des circulaires et décisions ministérielles qui règlent certains points de détail sur lesquels s'étaient élevées des difficultés, et dont les dispositions s'appliquent presque toutes aux conseils académiques comme au conseil supérieur [1]. Enfin, les principaux projets de modifica-

____

1. V. p. 194, note 1.

tions dans la composition de ces divers conseils, et les plus nombreux, s'adressent plus directement au conseil supérieur. Pour toutes ces raisons nous nous bornerons à étudier ici, seulement les règles spéciales concernant la composition des conseils académiques et à indiquer de façon sommaire les règles générales les plus importantes, et nous renvoyons l'étude d'ensemble au chapitre où nous étudierons la composition du conseil supérieur [1].

Les membres élus du conseil académique sont tous des membres de l'enseignement supérieur ou de l'enseignement secondaire publics.

Aux termes de la circulaire du 18 mars 1880 l'application de la lettre de la loi est le principe, mais, dans les cas où il y a doute sur le sens de la loi, l'interprétation la plus libérale doit être choisie [2].

« Le droit de vote est attaché à la fonction sous des conditions de grades précises : par suite, quand un électeur appartient à plusieurs corps électoraux, il vote plusieurs fois. Ainsi, …le même électeur peut voter à la fois dans l'enseignement supérieur et dans l'enseignement secondaire : par exemple, un docteur maître de conférences dans une faculté, s'il est en même temps professeur agrégé dans un lycée vote deux fois [3]. » Mais, l'électorat appartient-il à un même électeur dans deux groupes électoraux du même ordre d'enseignement? Nous étudierons cette question pour l'enseignement supérieur et pour l'enseignement secondaire après avoir examiné la composition des divers corps électoraux de ces deux ordres d'enseignement [4].

1. V. pp. 196 et s.
2. Cfr. p. 196.
3. Circ., 18 mars 1880.
4. V. p. 147 et p. 149.

Le fait pour un électeur de faire partie du conseil académique soit en qualité de membre de droit[1], soit en qualité de membre désigné comme conseiller général ou municipal ou comme principal d'un collège[2], ne le prive certainement pas du droit de prendre part au vote dans la catégorie spéciale où il est placé.

Enseignement supérieur. — Les délégués au conseil académique sont :

Pour chacune des facultés de théologie (catholique ou) protestante, de droit, de médecine, mixte de médecine et de pharmacie, des sciences, et des lettres, et des écoles supérieures de pharmacie du ressort, un professeur titulaire, élu respectivement par les professeurs, les suppléants, les agrégés en exercice, les chargés de cours et les maîtres de conférences de chacune de ces facultés ou écoles ; aucune condition de grade n'est exigée ;

Pour toutes les écoles de plein exercice[3] ou préparatoires de médecine et de pharmacie du ressort, un professeur titulaire, élu par l'ensemble des professeurs, suppléants et chargés de cours de ces écoles, pourvus du grade de docteur ou de pharmacien de première classe ;

Pour toutes les écoles préparatoires à l'enseignement supérieur des sciences et des lettres du ressort, un professeur titulaire, élu par l'ensemble des professeurs et chargés de cours de ces écoles ; aucune condition de grade n'est exigée.

---

1. V. la question pour les doyens, p. 146.
2. V. la question pour les principaux, p. 150.
3. Remarquer que la loi, dans son texte même, par une omission singulière, ne vise pas les écoles de plein exercice ; mais malgré ce silence, il est évident que les règles édictées pour les écoles préparatoires s'appliquent aux écoles de plein exercice.

Ainsi, chacune des facultés et écoles supérieures de pharmacie du ressort forme un groupe électoral particulier ; au contraire, les écoles de médecine et de pharmacie, les écoles des sciences et des lettres du ressort sont respectivement réunies pour ne former qu'un seul corps électoral [1].

Les conditions exigées des électeurs sont des conditions de fonctions et des conditions de grades.

Nous renvoyons à notre étude sur la composition du conseil supérieur pour les questions relatives aux membres de l'enseignement rétribués sur les fonds des universités [2], aux personnes autorisées à faire des cours libres [3], aux professeurs adjoints [4], aux agrégés en exercice [5], aux délégués dans les fonctions ou chargés des fonctions d'agrégés ou de maîtres de conférences [6], aux chargés de cours annexes ou complémentaires et aux chargés de cours remplaçant d'autres chargés de cours éloignés momentanément de la faculté ou école [7]. Il faut remarquer que le titre de professeur suppléant supprimé dans les facultés et écoles supérieures de pharmacie par le décret du 28 décembre 1885, subsiste dans les écoles préparatoires et de plein exercice de médecine et de pharmacie. Les maîtres de conférences

1. En fait, il n'y a pas d'académie dans le ressort de laquelle il y ait plus d'une école préparatoire à l'enseignement supérieur des sciences et des lettres, sauf l'académie d'Alger, mais le conseil académique d'Alger est composé suivant des règles spéciales. V. p. 152.
2. V. p. 201.
3. V. p. 201.
4. V. p. 202.
5. V. p. 202.
6. V. p. 203.
7. V. p. 202.

sont électeurs dans toutes les facultés, même dans celles de droit [1].

Les doyens des facultés et les directeurs des diverses écoles d'enseignement supérieur, qui sont tous membres de droit du conseil académique, concourent-ils à la nomination des professeurs titulaires élus par les établissements à la tête desquels ils sont placés? L'on a soutenu la négative [2], en se basant sur l'argument d'analogie tiré de ce que, dans l'enseignement secondaire les proviseurs et principaux, qui sont représentés au conseil académique par deux d'entre eux désignés par le ministre, ne prennent pas part à l'élection des délégués des professeurs des lycées et des collèges ; mais, il y a, pour que ces fonctionnaires de l'enseignement secondaire n'aient pas le droit de vote, une raison qui n'existe pas pour les doyens et directeurs, c'est que dans l'enseignement secondaire comme dans l'enseignement supérieur les professeurs seuls sont électeurs, et que les proviseurs et principaux ne sont pas professeurs (sauf exception dans certains cas pour les principaux qui peuvent être chargés d'une classe, auxquels cas ils prennent part au vote [3]) ; or, les doyens et directeurs d'écoles d'enseignement supérieur sont toujours professeurs et il n'y a aucun motif pour leur refuser le droit de vote qui appartient à tous les professeurs.

Comme pour les élections au conseil supérieur, les électeurs ne perdent pas leur droit de vote tant qu'ils restent attachés à la faculté ou école [4].

La question des conditions de grades ne se pose que

1. Cfr. p. 203.
2. V. Gobron, *op. cit.*, p. 116, n° 411.
3. V. p. 150.
4. V. p. 203.

pour les professeurs, les suppléants et les chargés de
cours des écoles de plein exercice et préparatoires de médecine et de pharmacie, qui doivent être docteurs ou pharmaciens de première classe. Il faut remarquer que ce diplôme de docteur ainsi exigé peut être celui de docteur
ès-sciences comme celui de docteur en médecine ; en effet,
les décrets du 1er août 1883 exigent des suppléants et des
chargés de cours des écoles de médecine et de pharmacie
les diplômes de docteur en médecine, ou de pharmacien
de première classe, ou encore de licencié ès-sciences,
suivant l'enseignement et les fonctions [1] ; les chargés de
cours et suppléants qui ne posséderont que le diplôme de
licencié ès-sciences n'auront pas le droit de vote que posséderont ceux qui seront docteurs en médecine, sans que
l'on puisse, d'ailleurs, donner une raison satisfaisante de
cette différence ; mais il est bien certain que ceux qui seront pourvus du diplôme de docteur ès-sciences, alors
que celui de licencié suffirait pour leur donner le titre de
suppléant ou de chargé de cours, auront le droit d'électorat.

Pour les questions relatives aux électeurs en congé ou
éloignés momentanément de la faculté ou école voir la
même question que pour le conseil supérieur [2].

La question de l'électorat multiple pour un même membre de l'enseignement chargé d'enseignements dans deux
ou plusieurs établissements d'enseignement supérieur
formant des groupes électoraux différents, se pose exactement dans les mêmes termes que pour le conseil supérieur [3] ; nous la tranchons de la même façon en donnant

1. V. art. 7 et 8 du décret relatif aux écoles préparatoires et art. 1 et 2
du décret relatif aux écoles de plein exercice.
2. V. p. 203.
3. V. p. 208.

le droit de vote dans plusieurs corps électoraux au maître qui remplirait les conditions de grades et de fonctions exigées des électeurs de ces divers groupes. Il faut remarquer que les facultés mixtes de médecine et de pharmacie ne forment, pour les élections au conseil académique, qu'un seul groupe et non pas deux comme pour les élections au conseil supérieur, et que, par suite, le fait d'être chargé dans ces facultés d'enseignements distincts l'un, relatif à la médecine et s'adressant aux étudiants en médecine, l'autre relatif aux sciences pharmaceutiques et s'adressant aux étudiants en pharmacie ne peut donner plusieurs suffrages [1].

Les conditions exigées des délégués élus aux conseils académiques sont les mêmes que celles que doivent remplir les membres élus au conseil supérieur [2].

Enseignement secondaire. — Les représentants de l'enseignement secondaire sont :

Deux professeurs de l'ordre des sciences, agrégés ou docteurs, élus au scrutin de liste par les professeurs du même ordre, agrégés ou docteurs, en exercice dans les lycées du ressort ;

Deux professeurs de l'ordre des lettres, agrégés ou docteurs, élus dans les mêmes conditions ;

Deux professeurs des collèges communaux du ressort, pourvus du grade de licencié, l'un pour l'ordre des lettres, l'autre pour l'ordre des sciences, élus par l'ensemble des professeurs de ces établissements, pourvus des mêmes grades et appartenant au même ordre.

1. Cfr. p. 199 et p. 209.
2. V. p. 210.

Pour les élections aux conseils académiques comme pour les élections au conseil supérieur les agrégées et licenciées des lycées et collèges de jeunes filles ne sont pas comprises au nombre des électeurs [1] ; de même les répétiteurs des lycées et collèges de garçons n'ont pas de représentants dans les conseils académiques [2].

Il y a, pour l'enseignement secondaire, entre les règles relatives aux élections aux conseils académiques et les règles relatives aux élections au conseil supérieur, des différences assez difficiles à expliquer, d'autant plus qu'elles ne paraissent pas avoir été voulues, ni même prévues par le législateur, mais qui n'en résultent pas moins formellement de la différence de rédaction des articles 1 et 9 de la loi.

Ainsi, pour les élections au conseil supérieur, le droit de vote est plutôt attaché au grade d'agrégé ou de licencié qu'à la fonction exercée par l'électeur ; pour les élections aux conseils académiques, au contraire, l'électorat est donné aux professeurs sous la condition de possession du grade d'agrégé ou de licencié ; il en résulte que les électeurs sont répartis dans les deux groupes des scientifiques et des littéraires non pas d'après l'ordre d'agrégation ou de licence dont ils sont pourvus, mais bien d'après l'enseignement dont ils sont chargés ; il en résulte aussi que le fait de posséder deux agrégations ou licences différentes ne peut suffire pour donner l'électorat dans chacune des deux catégories, mais qu'il faut y joindre des fonctions effectives dans les deux ordres d'enseignement, littéraire et scientifique [3].

1. V. p. 211.
2. V. p. 211.
3. Cf. p. 214.

D'autre part, pour les élections aux conseils académiques, « le corps électoral des lycées et collèges ne comprend que les professeurs ; la loi est précise ; par suite, les membres de l'administration qui ne sont pas en même temps professeurs ne votent pas. Dans les collèges, les principaux chargés d'une classe et licenciés ont droit de vote comme les professeurs ordinaires pourvus du même grade [1] » ; la question ne peut se poser que pour eux.

Pour les questions relatives à l'électorat des professeurs suppléants [2], des chargés de cours et des délégués dans les fonctions de professeurs [3], les solutions sont les mêmes que pour les élections au conseil supérieur. Il en est de même pour les questions relatives aux membres de l'enseignement mis à la disposition des administrations des collèges Stanislas et Sainte-Barbe et de l'école Alsacienne [4] ; aux professeurs en congé ou qui n'appartiennent pas à la nationalité française [5].

Dans les lycées, « les professeurs de l'enseignement spécial votent dans leur ordre d'agrégation, soit avec les professeurs des sciences, soit avec les professeurs des lettres [6] ; les agrégés (et licenciés) des langues vivantes prennent part aux élections avec les professeurs de l'ordre littéraire [7] ».

Il résulte du texte même de la loi que les docteurs font, dans les lycées, partie du corps électoral au même titre

---

1. Circ. 3 mai 1880.
2. V. p. 212.
3. V. p. 213.
4. V. p. 213.
5. V. p. 213.
6. Circ. 3 mai 1880. L'agrégation de l'enseignement secondaire spécial supprimée par le décret du 4 juin 1898, art. 4, était divisée en deux ordres : littéraire et économique, et scientifique.
7. Circ. 3 mai 1880.

que les agrégés [1] ; « les agrégés de l'enseignement classique et de l'enseignement spécial attachés aux collèges communaux votent avec les professeurs licenciés de ces collèges [2] ».

Pour les conditions d'éligibilité que doivent remplir les représentants des professeurs de l'enseignement secondaire, il n'y a aucune difficulté. C'est parmi ses membres que chaque corps choisit ses délégués. Les docteurs, professeurs dans les lycées sont éligibles aux termes mêmes de la loi [3] ; mais, dans le silence de la loi, il faut décider que les agrégés en exercice dans les collèges ne sont pas éligibles. Malgré le silence de la loi, il faut d'autre part décider que les délégués doivent remplir la condition d'exercice exigée des représentants de l'enseignement secondaire au conseil supérieur [4].

Durée des pouvoirs des membres du conseil académique. — « Les membres du conseil académique, nommés par le ministre ou élus, le sont pour quatre ans. Leurs pouvoirs peuvent être renouvelés [5]. »

Les cas de vacances sont les mêmes que pour les membres du conseil supérieur [6] : démission, décès, acceptation d'une fonction qui ne conserve pas au membre élu l'éligibilité dans la catégorie spéciale où il est placé.

Opérations électorales. — Les élections aux conseils académiques sont réglementées par le décret du 16 mars

---

1. Cfr. p. 212.
2. Décret 16 mars 1880, art. 10 ; V. p. 212.
3. Cfr. p. 215.
4. V. p. 215.
5. Loi 27 février 1880, art. 10.
6. V. p. 221.

1880, qui leur applique les mesures édictées pour les élections au conseil supérieur [1-2].

Les conseils académiques étant des conseils régionaux, les votes sont centralisés au chef-lieu de chaque académie ; « le recteur en fait le dépouillement assisté d'une commission de deux inspecteurs d'académie au moins, dans un local accessible aux électeurs [3] ».

Les recours prévus pour les élections au conseil supérieur sont applicables aux opérations électorales des conseils académiques [4]. Mais, en fait, la publication des procès-verbaux des opérations du dépouillement n'est pas faite au *Journal officiel* ; le *Bulletin officiel* du ministère de l'instruction publique donne seulement, lorsque toutes les élections sont terminées, la liste de tous les membres des divers conseils académiques élus après les élections générales, ou les noms des élus après une élection partielle, sans autre indication ; dans ces conditions, il semble bien que le délai de cinq jours à dater de la publication des opérations électorales au *Journal officiel* fixé par l'article 12, § 3 du décret, pour la recevabilité des recours contre les élections au conseil supérieur ne puisse s'appliquer aux recours contre les élections aux conseils académiques et ne soit remplacé par aucun délai préfixe [5].

Dispositions spéciales au conseil académique d'Alger. — Le décret du 6 juillet 1880 a constitué le conseil académique d'Alger d'après des règles un peu différentes de celles

1. Art. 13.
2. V. p. 221 et s.
3. Art. 13.
4. V. p. 228.
5. Art. 3.

qui régissent la composition des conseils académiques de la métropole.

Les membres de droit et les membres désignés sont exactement les mêmes que ceux que nous avons vu figurer dans les conseils académiques de la France continentale.

Pour les membres élus :

Dans l'enseignement supérieur, chacune des écoles préparatoires à l'enseignement supérieur du droit, de la médecine et pharmacie, des sciences, et des lettres, délègue un de ses membres, professeur titulaire ou chargé de cours, élu par tous les professeurs, chargés de cours, suppléants et maîtres de conférences de l'école ; aucune condition de grade n'est exigée des électeurs, mais les délégués doivent être pourvus du diplôme de docteur pour l'école de droit, du diplôme de docteur ou du titre d'agrégé de l'enseignement secondaire des lettres ou des sciences pour les écoles des lettres et des sciences.

Dans l'enseignement secondaire, un professeur de l'ordre des sciences et un professeur de l'ordre des lettres sont élus dans les lycées, d'une part, et dans les collèges d'autre part, exactement dans les mêmes conditions que sont délégués aux conseils académiques de la métropole les représentants des professeurs des lycées et des collèges. En outre, un professeur ou chargé de cours de l'enseignement secondaire spécial, pourvu d'une licence ou du brevet de capacité de l'enseignement secondaire spécial, est élu par les professeurs et chargés de cours de l'enseignement secondaire spécial des lycées et collèges, pourvus des mêmes grades.

« Le gouverneur général est membre de droit du conseil académique d'Alger et préside les séances auxquelles il assiste. »

Les élections ont lieu dans les mêmes formes que les élections des conseils académiques de la métropole.

II. — Attributions contentieuses.

Le conseil académique connaît de tout le contentieux relatif à l'enseignement supérieur libre, et à l'enseignement secondaire public ou privé[1].

Le jugement des oppositions faites à l'ouverture d'établissements libres appartient au conseil académique ; d'autre part la délivrance des certificats de stage exigés de tout directeur de ces établissements libres est considérée par le conseil supérieur comme une affaire contentieuse. Ce sont là les deux affaires contentieuses soumises au conseil académique qui ont été réglementées.

Fonctionnement du conseil académique. — « Le conseil académique se réunit deux fois par an, en session ordinaire, avant les vacances et après la rentrée. Le recteur, avec l'autorisation du ministre, convoque le conseil en session extraordinaire. La durée de chaque session est fixée par les lettres de convocation[2]. »

« Le conseil académique est présidé par le recteur. En cas d'empêchement, le recteur délègue, avec l'autorisation du ministre, ou à condition de lui en référer, un vice-président pour le remplacer. Le secrétaire de l'académie remplit les fonctions de secrétaire du conseil sans voix délibérative[3]. »

« A l'ouverture de chaque session, le recteur fait dis-

----

1. V. p. 246.
2. Décret 26 juin 1880, art. 2 ; V. loi 27 février 1880, art. 12 ; Cfr. décret 22 août 1854, art. 14.
3. Décret 26 juin 1880, art. 1er.

tribuer au conseil la liste des affaires qui seront traitées dans la session [1]. »

« Sur la proposition du recteur, le conseil se divise en commissions. Le conseil nomme, quand il y a lieu, au scrutin secret, une commission des affaires disciplinaires et contentieuses. Le recteur est membre de droit de toutes les commissions ; il les préside quand il y assiste ; elles nomment leurs rapporteurs ; en l'absence du recteur, elles nomment leur président [2]. »

« La présence de la moitié plus un des membres est nécessaire pour la validité des délibérations [3]. » Les séances du conseil académique ne sont pas publiques.

Rappelons que « pour les affaires contentieuses et disciplinaires intéressant les membres de l'enseignement libre supérieur ou secondaire deux membres de l'enseignement libre, nommés par le ministre, sont adjoints au conseil académique [4] ».

« A la suite de chaque session, une copie des procès-verbaux est adressée au ministre [5]. » « Les procès-verbaux ne peuvent être rendus publics à moins de décision spéciale du ministre. En matière disciplinaire ou contentieuse, les intéressés ont toujours le droit d'obtenir une copie certifiée de la décision qui les concerne [6] ».

Procédure en matière contentieuse. — « La loi du 27 février 1880 se borne à indiquer l'adjonction au conseil des deux membres de l'enseignement libre. Le décret du 26 juin

1. Décret cité, art. 3.
2. Décret cité, art. 5.
3. Décret cité, art. 9, § 1er.
4. Loi 27 février 1880, art. 11, § 6.
5. Décret cité, art. 10.
6. Décret cité, art. 11.

1880 dispose simplement qu'il est nommé une commission des affaires contentieuses ; il fixe la procédure à suivre en matière disciplinaire et décide particulièrement que l'inculpé et son conseil peuvent être entendus ; mais il est muet sur la façon de procéder en matière contentieuse. Dans ces conditions, la procédure suivie en cette matière antérieurement au décret du 26 juin 1880 doit être maintenue[1]. »

Pourtant l'on peut trouver dans les règlements de 1880 quelques règles relatives au jugement des affaires contentieuses, mais il faut les combiner avec des dispositions de divers règlements qui datent de 1850, et dans lesquels se trouvent de nombreuses lacunes. Nous ne donnerons pas l'exposé de ces règles de procédure ; nous les examinerons en étudiant la principale attribution contentieuse des conseils académiques, le jugement des oppositions faites à l'ouverture des établissements libres d'enseignement secondaire.

Jugement des oppositions faites à l'ouverture d'établissements libres d'enseignement secondaire.

Généralités. — De l'enseignement secondaire libre. — La loi du 15 mars 1850 qui a « organisé » la liberté de l'enseignement secondaire dans le chapitre 1er de son titre III, a soumis les établissements libres d'instruction secondaire à un régime spécial. Notamment[2], leurs maîtres doivent

1. Circ. 11 juin 1885.

2. Un régime disciplinaire spécial est applicable aux membres de l'enseignement secondaire privé ; les peines sont prononcées par le conseil académique ; V. loi 15 mars 1850, art. 67 et 68 ; Décret 20 déc. 1850, art.3 ; Circ. 4 janv. et 15 févr. 1851 ; loi 27 févr. 1880. — Les établissements secondaires libres peuvent obtenir de l'État, des départements et des communes un local et une subvention ; loi 1850, art. 69.

remplir certaines conditions de nationalité[1] et de moralité[2] ; leurs directeurs doivent, en outre, remplir des conditions déterminées d'âge[3], de capacité[4], et de stage[5] ; les locaux qui leur sont affectés doivent ne présenter aucun danger pour les enfants qu'ils reçoivent[6]. Pour permettre la constatation de l'accomplissement de ces conditions, la loi a soumis ces établissements libres à l'inspection de certaines autorités qu'elle désigne[7] ; d'autre part, leur ouverture doit être précédée de formalités dont le but est de provoquer, s'il y a lieu, de la part de certains fonctionnaires, l'exercice du droit de s'opposer à cette ouverture[8].

Seuls les établissements libres d'enseignement secondaire sont soumis à ce régime ; d'une part, il faut les distinguer des établissements d'enseignement primaire

---

1. V. loi 1850, art. 60 et 78 ; décret 5 déc. 1850, art. 1 à 6 ; circ. 29 juin 1891 ; V. aussi Code civ., art. 13 modifié par la loi du 26 juin 1889.

2. Loi 15 mars 1850, art. 26, 60 et 65 ; loi 22 févr. 1880, art. 7.

3. Loi 1850, art. 60.

4. Loi 1850, art. 60, 62 (modifié par la loi 14 juin 1854, art. 9) et 65 ; décret 5 déc. 1850, art. 2, 3 et 4 ; loi 21 juin 1865, art. 6 ; décret 12 août 1867 ; décret 14 oct. 1867, art. 2 ; décret 30 janv. 1877 ; décret 10 avril 1877, art. 1 et 2.

5. V. p. 171.

6. V. p. 164 et note suivante.

7. Loi 15 mars 1850, art. 18 ; l'inspection ne peut être faite que par les inspecteurs généraux de l'enseignement secondaire, les recteurs et les inspecteurs d'académie, et les membres du conseil académique délégués par le recteur : décret 29 juillet 1850, art. 42 ; L'inspection porte sur la moralité, l'hygiène et la salubrité, et sur l'enseignement pour constater seulement s'il n'est pas contraire à la morale à la constitution et aux lois ; loi 1850, art. 21 et 22 ; circ. 10 mai 1857.

8. V. p. 162. — Les tribunaux correctionnels prononcent contre les membres de l'enseignement privé une amende de 100 à 1000 fr., pour contravention aux règles de stage, capacité, moralité, etc. ; l'établissement est fermé ; en cas de récidive, et dans le cas d'ouverture d'un établissement au mépris d'une opposition les peines sont un emprisonnement de 15 jours à un mois, et une amende de 1000 à 3000 fr. ; loi 1850, art. 66 et 80 ; décret 20 déc. 1850, art. 4.

ou d'enseignement supérieur, qui sont soumis à des régimes spéciaux ; d'autre part, il faut les distinguer des écoles spéciales qui ne donnent pas l'enseignement secondaire et qui ne sont soumises à aucune surveillance des autorités universitaires, de même que l'enseignement secondaire domestique s'exerce avec la plus grande liberté. Nous examinerons rapidement ces deux questions.

Aucun règlement n'a pris soin de définir ce qu'il faut entendre par enseignement secondaire ; aucun texte n'a donné de façon précise l'indication des matières dont l'enseignement et l'étude constituent l'instruction secondaire. Il est assez difficile de reconnaître et de déterminer les caractères généraux de cet enseignement. Le critérium le plus sûr paraît être la préparation aux divers baccalauréats et aux grandes écoles du gouvernement ; d'autres faits peuvent donner des indications utiles, mais assez peu certaines : l'âge des enfants, bien que de nombreuses écoles spéciales où n'est donné qu'un enseignement professionnel reçoivent des élèves du même âge que ceux des établissements d'enseignement secondaire ; les programmes analogues à ceux des établissements publics d'enseignement secondaire, bien que les matières de l'enseignement primaire supérieur et de l'enseignement secondaire moderne donné, dans les établissements publics eux-mêmes, aient de très nombreux points de ressemblance ; que, d'autre part, l'enseignement primaire proprement dit soit donné dans les classes inférieures des établissements d'enseignement secondaire, et que les matières enseignées dans les classes supérieures qui préparent aux écoles du gouvernement présentent, au contraire, la plus grande similitude avec les matières de l'enseignement supérieur.

« La loi reconnaît deux espèces d'écoles seconodaires :
les écoles fondées ou entretenues par les communes, les
départements ou l'État, et qui prennent le nom d'écoles
publiques ; et les écoles fondées ou entretenues par des
particuliers ou des associations, et qui prennent le nom
d'écoles libres [1]. »

Mais, la même loi du 15 mars 1850 reconnaît une troisième catégorie d'établissements d'enseignement secondaire, spéciale aux petits séminaires. Cela résulte formellement des termes de la loi qui, après avoir réglementé la
condition des écoles libres, ajoute : « les écoles secondaires
ecclésiastiques actuellement existantes sont maintenues,
sous la seule condition de rester soumises à la surveillance de l'État. Il ne pourra en être établi de nouvelles
sans l'autorisation du gouvernement [2] » ; cela résulte de
la déclaration de M. le comte Beugnot, le rapporteur de
la loi, qui après avoir déduit les raisons qui, dans la pensée des auteurs de la loi s'opposaient à ce que les petits
séminaires fussent soumis au droit commun des établissements d'instruction, ajoutait : « les petits séminaires
continueront donc d'exister comme écoles spéciales. Dans
chaque département, l'évêque diocésain pourra former et
diriger un établissement d'instruction secondaire en dehors des conditions exigées par l'article 60 [3]. » « Les
petits séminaires ne rentrent ni dans l'une ni dans l'autre
des deux catégories prévues par la loi. Ils ne sont pas des
établissements d'enseignement secondaire au sens légal
du mot, mais des écoles spéciales destinées à assurer le

---

1. Art. 17, d'ailleurs abrogé par la loi du 30 octobre 1886.
2. Art. 70.
3. Rapport à l'Ass. législative, 6 octobre 1848 ; *Moniteur*, p. 3263 ;
Compte rendu, t. 2, p. 258. V. Circ. 10 mai 1851.

recrutement du corps ecclésiastique, soumises, comme telles, à une législation qui leur est propre, se formant et vivant en dehors des prescriptions et, par suite, en dehors des prévisions de la loi de 1850 [1]. » Aux deux points de vue qui nous intéressent, ils sont, d'une part, affranchis des prescriptions relatives à l'ouverture des écoles libres ; d'autre part, ils ne sont point au nombre des établissements dans lesquels peut être effectué le stage exigé de tous ceux qui veulent ouvrir ou diriger une école secondaire libre.

D'autre part, la loi de 1850 consacre une faveur, une *immunité*, antérieurement accordée déjà aux ministres des cultes [2] : « Les ministres des différents cultes reconnus peuvent donner l'instruction secondaire à quatre jeunes gens au plus, destinés aux écoles ecclésiastiques, sans être soumis aux prescriptions de la loi, à condition d'en faire la déclaration à l'inspecteur d'académie [3]. » La réunion de quatre jeunes gens par un ecclésiastique qui leur donne l'enseignement secondaire n'est donc pas considérée comme constituant la tenue d'une école libre. « Les ministres des cultes qui auraient été interdits ou révoqués ne peuvent profiter de cette faculté [4] » ; c'est à l'inspecteur d'académie

1. Cons. sup., 24 juillet 1885 ; aff. Magne et aff. Dupont.

2. Cfr. ordonn. 5 octobre 1824 ; ord. 25 février 1821, art. 28 ; ord. 16 juin 1828.

3. Art. 66, § 3. La loi du 14 juin 1854 supprima les académies départementales créées par la loi de 1850 et rétablit les académies régionales ; l'inspecteur d'académie exerce, en ce qui concerne l'enseignement secondaire libre, les attributions déférées au recteur par la loi de 1850 (art. 9) ; spécialement dans le cas de la déclaration des ministres des cultes, l'on peut se demander si elle doit être faite au recteur ou à l'inspecteur d'académie ; en fait, il n'y a pas de difficulté, si elle est faite à l'inspecteur elle sera transmise au recteur ; si elle est faite au recteur elle sera communiquée à l'inspecteur.

4. Décret 20 décembre 1850, art. 5.

auquel est fait la déclaration qu'il appartient de vérifier si le ministre n'a pas subi cette déchéance[1]. Ces ecclésiastiques conservent le droit de donner l'enseignement domestique à un ou plusieurs de leurs parents en dehors des quatre élèves que la loi les autorise à réunir[2].

La seule question sur laquelle les tribunaux ont eu à se prononcer est celle des externats de lycéens. Aux termes de la jurisprudence, ces institutions sont comprises au nombre des établissements d'enseignement secondaire ; il en est ainsi de l'institution dont les élèves ne reçoivent l'instruction qu'au collège, au cours duquel ils sont conduits par le directeur en qualité d'externes, alors même que le chef qui la dirige se borne à loger, nourrir, conduire au collège et surveiller dans la confection de leurs devoirs les élèves qui lui sont confiés[3] ; de même, il a été jugé qu'une maison dans laquelle une dame ou demoiselle nourrit et loge des enfants qui, suivant les cours d'une école libre, ne reçoivent chez elle aucune instruction quelconque, n'en est pas moins, quel que soit le nom qu'on lui donne, comprise dans les établissements d'enseignement secondaire[4].

Ces solutions sont certainement conformes aux termes de l'article 9 de la constitution du 10 novembre 1848 : « L'enseignement est libre ; la liberté d'enseignement s'exerce selon les conditions de capacité et de moralité déterminées par les lois, et sous la surveillance de l'État.

---

1. Circ. 4 janvier 1851.

2. Cass. cr., 27 janvier 1883, aff. Fèvre ; D. 83.1.277 ; S. 84.1.140.

3. Cass. cr., 17 mars 1859, aff. Finot ; D. 59.1.141 ; S. 59.1.277 ; Cass., ch. réunies, 22 décembre 1859, même aff. ; D. 60.1.52 ; S. 60.1. 90 ; *Contrà* : Dijon, 21 avril 1859 ; D. 60.1.52.

4. Cass. cr., 29 mars 1866, aff. Coulon ; D. 66.1.192 ; S. 66.1.179 ; Cass., ch. r., 10 janvier 1867, même aff. ; D. 67.1.41 ; S. 67.1. 309.

Cette surveillance s'étend à tous les établissements d'éducation et d'enseignement sans aucune exception. » La loi du 15 mars 1850, qui fut faite justement pour organiser cette liberté de l'enseignement, n'a certainement pas un autre esprit ; d'ailleurs elle emploie aussi le terme très général de *maison d'éducation* [1].

Le but de la loi est de soumettre les établissements d'enseignement secondaire libres à la surveillance de l'État non pas tant pour que l'enseignement n'y soit pas contraire à la constitution et aux lois que pour que la moralité des maîtres, l'hygiène et la salubrité des élèves ne laissent rien à désirer [2]. Et il est évident que cette surveillance est aussi nécessaire pour les maisons d'éducation que pour les établissements d'instruction.

Enfin nous avons déjà vu qu'il n'existe pas légalement d'enseignement secondaire libre pour les jeunes filles [3].

Formalités préalables à l'ouverture d'un établissement libre d'enseignement secondaire. — Ces formalités consistent en une déclaration d'ouverture et en la production de certaines pièces.

—Déclaration. Toute personne qui veut ouvrir un établissement libre d'enseignement secondaire doit déclarer son intention à l'inspecteur d'académie du département où elle veut s'établir, lui désigner le local, et lui donner l'indication des lieux où elle a résidé et des professions qu'elle a exercées pendant les dix années précédentes [4].

1. Art. 28.
2. V. art. 21.
3. V. p. 107.
4. Loi 15 mars 1850, art. 60, § 1er, et art. 36 ; « l'inspecteur d'académie

— Production de pièces. En outre, la personne qui veut ouvrir un établissement libre d'enseignement secondaire doit déposer entre les mains de l'inspecteur d'académie les pièces suivantes : 1° un certificat constatant qu'elle a rempli, pendant cinq ans au moins, les fonctions de professeur ou de surveillant dans un établissement d'instruction secondaire public ou libre [1] ; 2° le diplôme de bachelier ou le brevet de capacité [2] ; 3° le plan du local et l'indication de l'objet de l'enseignement. Il lui en est donné récépissé. L'inspecteur d'académie à qui le dépôt des pièces a été fait en donne avis au préfet du département et au procureur de la République de l'arrondissement dans lequel l'établissement doit être fondé [3].

Les deux formalités, déclaration et production de pièces, sont exigées dans tous les cas de création d'un établissement libre d'enseignement secondaire [4], que ce soit un externat ou un pensionnat, qu'il s'agisse d'une véritable institution, ou simplement de cours publics sur les matières de l'enseignement secondaire [5] ; elles sont exigées dans le cas de changement de directeur [6]. La déclaration et la production du plan sont exigées dans le cas de changement de local [7], et dans le cas d'annexion de nouveaux locaux à un établissement déjà existant ; mais aucune formalité

exerce en ce qui concerne l'enseignement secondaire libre les attributions déférées au recteur par la loi de 1850 » ; loi 14 juin 1854, art. 9 ; circ. 15 septembre 1854.

1. V. p. 171 et 179.

2. Il s'agit d'un brevet de capacité spécial ; V. loi 1850, art. 62 et 63 ; V. p. 157, note 4.

3. Loi 1850, art. 60 ; loi 14 juin 1854, art. 9.

4. Loi 1850, art. 60.

5. Loi 1850, art. 77; sauf dispenses accordées par le conseil académique.

6. Circ. 24 décembre 1850.

7. Cass. cr., 2 mars 1860 ; D. 60.1.354.

n'est exigée dans le cas de modifications apportées à l'installation ou à la disposition intérieures [1].

Du droit d'opposition. — « Pendant le mois qui suit le dépôt des pièces requises...., l'inspecteur d'académie, le préfet et le procureur de la République peuvent.... s'opposer à l'ouverture de l'établissement, dans l'intérêt des mœurs publiques ou de la santé des élèves [2]. »

Aux termes, très peu nets, de la circulaire du 15 septembre 1854, l'inspecteur d'académie doit, avant de faire opposition, prendre les ordres du recteur : « il est d'ailleurs à remarquer que l'opposition est faite au nom du recteur, et qu'il suffit que sa responsabilité soit engagée pour que l'inspecteur d'académie sollicite, avant toute démarche, son autorisation. »

Le droit de faire opposition pour le préfet et pour le procureur de la République est un droit propre qu'ils exercent d'office.

Motifs de l'opposition. — Les faits les plus divers peuvent donner lieu à opposition, mais sous la condition générale qu'elle soit faite dans l'intérêt des mœurs publiques ou de la santé des élèves. Il n'y a pas lieu d'insister sur ce deuxième motif d'opposition ; toutes les fois que l'hygiène, la salubrité du local laisseront à désirer, opposition pourra être formée. Mais l'expression « mœurs publiques » est des plus vagues et des plus larges ; il ne s'agit pas seulement du local et des dangers que sa situation, son emplacement, peuvent présenter au point de vue des bonnes mœurs ; il ne s'agit pas de la moralité du

1. V. p. 111.
2. Loi 1850, art. 64, § 1er ; loi 1854, art. 9.

directeur de l'établissement, au cas où « des renseignements douteux [1] » auraient été recueillis ; mais l'opposition pourra être fondée sur ce que le déclarant a été révoqué des fonctions d'instituteur public [2] ; sur ce que le
déclarant a donné sur l'emploi de son temps dans les dix
dernières années des indications inexactes, incomplètes,
et contradictoires, qu'il a ainsi manqué de sens moral et
de probité professionnelle [3] ; sur ce que le déclarant a
subi trois condamnations correctionnelles, dont les deux
premières ont fait l'objet d'une réhabilitation prononcée
par décret, mais dont la troisième, pour ouverture illégale
d'une école libre, subsiste tout entière [4] ; sur ce que le déclarant a été pendant dix ans curé dans la commune où il
veut ouvrir un établissement d'enseignement secondaire,
et qu'il s'est trouvé, surtout pendant les quatre dernières
années, engagé dans des luttes très vives avec une partie
de la population, que cette situation ne lui permettrait
pas d'administrer dans cette commune l'établissement
qu'il se propose de diriger avec le calme, la dignité et
l'impartialité nécessaires [5].

1. Circ. 4 janvier 1851.
2. Les oppositions à l'ouverture d'un établissement libre d'enseignement secondaire sont fort rares ; elles sont encore plus rarement portées
en appel devant le conseil supérieur (quatre fois seulement de 1880 à
1899) ; d'autre part les décisions des conseils académiques ne sont pas publiées, et celles du conseil supérieur ne le sont que depuis 1880 ; il est
donc difficile de citer des décisions pouvant former une jurisprudence ;
mais, jusqu'à la loi du 30 octobre 1886 (V. p. 113) les oppositions à l'ouverture d'écoles primaires pouvaient être basées comme celles formées à
l'ouverture d'écoles secondaires, sur l'intérêt des mœurs publiques (loi
1850, art. 28) ; il est donc possible de citer les motifs des décisions intervenues sur ces oppositions à l'ouverture d'écoles primaires privées.— Cons.
sup., 19 juillet 1880, aff. Bonnet ; ouverture d'une école primaire.
3. C. S., 24 décembre 1885, aff. Liques ; ouverture d'école primaire.
4. C. S., 24 mars 1887, aff. Chou ; ouverture d'une école primaire.
5. C. S., 14 janvier 1898, aff. Solassol.

Formes de l'opposition. — « L'opposition doit être motivée, signée de son auteur et écrite sur papier libre. Elle est déposée au secrétariat de l'inspection académique et notifiée à la personne ou au domicile de la partie intéressée, à la diligence de l'inspecteur d'académie, en la forme administrative[1]. » Il en est donné récépissé[2].

L'opposition ne peut être valablement formée que dans le mois qui suit le dépôt des pièces requises[3] ; ce délai s'applique aussi bien à l'acte même d'opposition qu'à sa notification à l'intéressé[4]. Le point de départ du délai accordé au préfet ou au procureur de la République commence à courir du jour où avis de la déclaration a été reçu à la préfecture ou au parquet[5].

Effets de l'opposition ; compétence du conseil académique. — Toute opposition régulièrement formée rend illégale l'ouverture de l'établissement avant qu'une décision du conseil académique soit intervenue sur cette opposition[6].

Formalités relatives à l'instruction et au jugement. — Le conseil académique est saisi par la transmission de l'opposition au secrétariat de l'académie[7] ; il en est donné récépissé.

---

1. Décret 20 déc. 1850, art. 1er ; loi 14 juin 1854, art. 9 ; circ. 4 janv. 1851.

2. Décret 29 juillet 1850, art. 25.

3. Loi 1850, art. 60 et 64.

4. Circ. 4 janv. 1851.

5. Riom, 11 juin 1884 : D. 85.2.213 ; S. 85.2.140 ; — C. d'Etat, 28 février 1886 ; S. 67.2.92.

6. Loi 1850, art. 64, § 3 ; V. p. 157, note. 8

7. Décret 29 juillet 1850, art. 25, § 1 et 2 ; décret 25 déc. 1850, art. 1er, § 2 ; loi 14 juin 1854, art. 9.

« Dans la quinzaine qui suivra la notification de l'opposition, il y sera statué par le conseil académique [1] » ; cette disposition n'a été abrogée par aucun texte. Mais il ne sera guère possible de l'appliquer en fait ; en effet, sous le régime de la loi de 1850, les conseils académiques départementaux se réunissaient régulièrement deux fois par mois [2] ; il en était de même pour les conseils départementaux substitués aux conseils académiques par la loi du 14 juin 1854, pour le jugement des oppositions faites à l'ouverture des établissements libres d'enseignement secondaire [3]. Mais, depuis que la loi du 27 février 1880 a restitué cette attribution aux conseils académiques régionaux qui ne se réunissent que deux fois par an, étant donné que pour leur réunion extraordinaire il faut l'autorisation du ministre, il serait fort difficile, en fait, de réunir le conseil académique et d'en obtenir une délibération valable, dans le fort court délai de quinzaine ; si l'on considère, d'autre part, que l'expiration de ce délai sans qu'une décision ait été prise, annule l'opposition, et rend au déclarant la plénitude de son droit [4], il faut conclure qu'il y a là une disposition inapplicable et qui devrait faire l'objet d'une modification.

D'autre part, c'est le conseil qui doit, aux termes de l'article 25, § 3, du décret du 29 juillet 1850, désigner le rapporteur chargé d'instruire l'affaire ; c'est encore là une disposition inapplicable aujourd'hui. En fait, c'est le recteur qui instruit administrativement l'affaire, ou la fait

___

1. Décret 20 déc. 1850, art. 2, § 1er ; circ. 4 janv. 1851 ; loi 27 févr. 1880, art. 11.
2. Loi 1850, art. 21.
3. Décret 22 août 1854, art. 27.
4. V. pour les oppositions à l'ouverture d'écoles primaires, p. 121.

instruire par un inspecteur d'académie, ou par tout autre
membre du conseil.

L'affaire est soumise à la commission des affaires disciplinaires et contentieuses. Cette commission délibère, et
désigne son rapporteur ; elle n'a qu'à étudier le dossier
qui lui est remis par l'administration académique, mais
elle pourrait certainement appeler devant elle l'intéressé,
et l'entendre en ses explications.

« En matière disciplinaire, le rapport et le dossier des
pièces à l'appui, sont mis à la disposition de l'intéressé, au
secrétariat de l'académie, un jour franc avant la délibération du conseil [1] » ; nous croyons que, malgré le silence des
textes, cette disposition doit être appliquée aux affaires
contentieuses [2].

« Trois jours avant la séance fixée pour le jugement de
l'opposition, la partie intéressée est citée à comparaître
devant le conseil académique, à la diligence du recteur de
l'académie [3]. » « Au jour fixé pour la délibération, la commission donne lecture de son rapport ; l'intéressé et, s'il
en fait la demande, son conseil, sont ensuite introduits et
entendus dans leurs observations. Après qu'ils se sont
retirés, le président met l'affaire en délibéré et le conseil
statue [4]. »

« La présence de la moitié plus un des membres du
conseil est nécessaire pour la validité des délibérations.
En cas de partage, ...si la matière est contentieuse, il en
est délibéré à nouveau et les membres qui n'ont pas assisté
à la première délibération sont spécialement convoqués.

1. Décret 26 juin 1880, art. 8, § 1er.
2. V. p. 240.
3. Loi 15 mars 1850, art. 64, § 3 ; décret 25 déc. 1850, art. 2, § 1er.
4. Décret 26 juin 1880, art. 8, § 2, en matière disciplinaire.

S'il y a de nouveau partage dans la deuxième délibération, la voix du président est prépondérante [1]. »

Les pouvoirs du conseil sont limités à la confirmation ou à l'annulation de l'opposition ; l'opposition doit être appréciée en elle-même et dans les conditions où elle a été faite, sans qu'il puisse être tenu compte des promesses de l'intéressé [2].

« Le jugement est notifié dans le délai d'un mois par le recteur à la partie intéressée, et au procureur de la République ou au préfet, s'ils ont fait opposition [3]. » « Le recteur est tenu d'avertir les parties, s'il y a lieu, qu'elles ont le droit de se pourvoir devant le conseil supérieur dans le délai prescrit par la loi [4]. »

« Les intéressés ont toujours le droit d'obtenir une copie de la décision qui les concernent [5]. »

Appel des décisions du conseil académique sur les oppositions. — L'appel au conseil supérieur en ce qui concerne les oppositions à l'ouverture d'établissements libres d'enseignement secondaire, peut être formé soit par la partie intéressée, soit par l'inspecteur d'académie agissant au nom du recteur [6] ; mais le préfet et le procureur de la République n'ont pas ce droit, même quand ce sont eux qui ont fait l'opposition [7].

1. Décret 26 juin 1880, art. 9 ; Cfr. décret 29 juillet 1850, art. 23 et art. 9.

2. C. S., 25 juillet 1881, aff. Deshayes ; ouverture d'une école primaire.

3. Décret, 25 décembre 1850, art. 2, § 2 ; Cfr. décret, 29 juillet 1850, art. 27, § 1er.

4. Décret 29 juillet 1850, art. 27, § 2.

5. Décret 26 juin 1880, art. 11.

6. Décret 20 décembre 1850, art. 2, § 3.

7. Décret 20 décembre 1850, art. 2, § 3.

« L'appel au conseil supérieur d'une décision du conseil académique doit être formé dans le délai de quinze jours à partir de la notification qui en est donnée en la forme administrative[1]. » « Dans ce délai, dans tous les cas, le recteur doit adresser au ministre un rapport spécial relatif au jugement de l'opposition par le conseil académique... Si la loi a réservé au recteur (aujourd'hui à l'inspecteur d'académie[2]) le droit d'appel, elle attribue la direction générale à donner, pour l'exercice de ce droit, dans les cas difficiles, au ministre de l'instruction publique, dont les recteurs (et les inspecteurs d'académie) ne sont que les agents, et qui pourrait, de son chef même, interjeter appel dans un cas extrême[3]. » L'on peut faire toutes ses réserves sur cette interprétation : si le ministre peut donner au recteur ou à l'inspecteur d'académie l'ordre de former appel contre une décision du conseil académique, ni le texte, ni l'esprit de la loi ne lui donnent le droit de former cet appel de sa propre autorité.

« L'appel est suspensif[4]. » Le délai d'appel est lui-même suspensif, c'est ce qui résulte de la disposition suivante : « Si, dans la quinzaine, à dater du jour de la notification, il n'est interjeté appel ni par l'inspecteur d'académie, ni par la partie intéressée, le jugement sera réputé définitif[5]. » L'établissement ne pourra donc être ouvert qu'après l'expiration du délai de quinze jours après la notification[6].

« Le recours de la partie contre la décision du conseil

---

1. Loi 27 février 1880, art. 7, § 1er, et art. 11, § 3 ; Cfr. loi 1850, art. 64.
2. Loi 14 juin 1854, art. 9.
3. Circ. 4 janvier 1851. V. avis du comité du contentieux, 16 février 1894.
4. Loi 27 février 1880, art. 11, § 4.
5. Décret 20 décembre 1850, art. 2.
6. V. pour les écoles primaires, règle inverse, p. 137.

académique est reçu au secrétariat de l'inspection académique ; il en est donné récépissé. Le recours de l'inspecteur d'académie est formé par un arrêté qu'il notifie à la
partie intéressée. Ampliation de cet arrêté est adressée,
avec les pièces de l'affaire [1], au ministre de l'instruction
publique qui en saisit le conseil supérieur [2]. »

Délivrance des certificats de stage.

L'accomplissement de la condition de stage exigée du
directeur de tout établissement libre d'enseignement secondaire classique [3] est constaté par un certificat délivré
par les conseils académiques [4].

Cette attribution des conseils académiques rentre-t-elle
dans la catégorie de leurs attributions administratives ou
doit-elle être rangée, au contraire, parmi leurs attributions
contentieuses ? Le conseil supérieur, après avoir refusé
pendant de longues années de considérer la délivrance des
certificats de stage par les conseils académiques comme

1. Les pièces à transmettre sont : les pièces déposées par le réclamant
à l'appui de sa déclaration, avec la date du dépôt ; une expédition de
l'opposition formée par le recteur, le préfet ou le procureur de la République, à l'ouverture de l'établissement ; l'extrait du procès-verbal de la
séance du conseil académique dans laquelle l'opposition aura été admise
ou rejetée ; cet extrait contiendra toujours l'indication des membres qui
ont pris part au jugement, car le conseil supérieur doit pouvoir s'assurer
de la validité de la séance (présence de la moitié plus un des membres ;
décret 26 juin 1880, art. 9, § 1er; Cfr. loi 1850, art. 10, § 13) ; copie de la
notification du jugement du conseil académique, appel interjeté contre le
jugement du conseil, rapport du recteur ; Circ., 14 mai 1851.
2. Décret 29 juillet 1850, art. 28.
3. Aucun stage n'est exigé de la part de celui qui veut ouvrir ou diriger
un établissement libre d'enseignement secondaire spécial ; loi 21 juin 1865,
art. 6 ; l'enseignement secondaire spécial a fait place à l'enseignement
secondaire moderne (décret 4 juin 1891), mais les mêmes règles restent
applicables.
4. Loi 1850, art. 61 , décret 20 déc. 1850, § 1er.

une affaire contentieuse [1], a décidé, par deux arrêts en date du 27 décembre 1885, que « si la dispense de stage qui est une faveur, relève, comme telle, du pouvoir gracieux, il en est autrement du certificat de stage, auquel a droit quiconque justifie en la forme régulière d'un stage accompli dans les conditions de la loi, et qui relève, dès lors, du pouvoir contentieux [2] », et a tiré de cette conclusion les conséquences suivantes : la procédure à suivre par les conseils académiques pour la délivrance de ces certificats est la procédure déterminée pour le jugement des affaires contentieuses, en particulier les deux membres de l'enseignement libre désignés par le ministre doivent être adjoints au conseil, et l'affaire peut être portée en appel devant le conseil supérieur, soit par le recteur, soit par l'intéressé [3].

Il nous semble, au contraire, que le conseil supérieur a fait une fausse application des principes de notre droit administratif, et que la délivrance des certificats de stage par les conseils académiques n'est pas l'exercice d'une juridiction contentieuse, mais une attribution purement administrative. En effet, pour qu'il y ait contentieux il faut qu'il y ait conflit, qu'il y ait deux droits en présence ; pour qu'il y ait contentieux administratif, il faut qu'un acte de l'administration ait violé le droit d'un particulier, il faut que l'exercice d'un droit reconnu à un particulier soit empêché, méconnu par un acte administratif ; dès lors, il y a contestation, litige, et l'intervention de la juridiction contentieuse administrative est nécessaire pour trancher la difficulté. C'est ce que nous avons vu dans l'hypothèse de l'opposition faite à l'ouverture d'une école

1. V. C. S., 26 juillet 1884, aff. Arnaud.
2. C. S., 17 janv. 1886, aff. Dupont et aff. Laherrère.
3. V. note précédente.

où la situation est très nette : toute personne remplissant
les conditions exigées par la loi a le droit d'ouvrir une
école dans n'importe quel local n'offrant aucun des dangers prévus par la loi ; c'est un droit absolu pour elle ;
elle n'a pas d'autorisation administrative à demander
comme sous la législation de la première partie du siècle ;
en faisant la déclaration d'ouverture prescrite elle met
uniquement l'autorité administrative à même de vérifier
si les conditions légales sont remplies ; dès lors, si l'administration exerce son droit d'opposition, il y a conflit,
le droit de l'instituteur est méconnu, il y a litige, et la
juridiction administrative représentée par les conseils
départementaux ou les conseils académiques est appelée à
prononcer.

Mais dans le cas de délivrance du certificat de stage, que
voyons-nous ? une demande déposée par une personne qui
veut faire constater officiellement et par la procédure organisée par la loi, qu'elle a réellement accompli, dans les
conditions légales, le stage exigé ; cette demande saisit
directement le conseil académique sans qu'il soit besoin
d'un acte administratif quelconque ; où est donc le litige,
le conflit ? où est l'acte administratif qui doit servir de
base à la contestation, qui doit créer le contentieux ? il
n'y a pas d'acte de l'autorité administrative, il n'y a pas
contentieux. Et quel est le rôle du conseil académique ?
il est des plus simples : le conseil examine les attestations
produites à l'appui de la demande ; il en vérifie la régularité, l'authenticité et l'exactitude ; et il apprécie s'il résulte
bien de leurs assertions que les conditions légales du
stage ont été remplies ; il n'a même pas à appeler l'intéressé à lui fournir des explications, les attestations doivent se suffire à elles-mêmes ; et suivant les cas, suivant

qu'il lui paraît que ces conditions ont été remplies ou non, il délivre ou refuse le certificat. Où est donc la contestation que le conseil a à trancher? où sont les deux droits en conflit? Il n'y a pas contestation, il n'y a pas contentieux ; le conseil académique n'exerce pas une juridiction, il ne fait qu'œuvre administrative ; il remplit le rôle que pourrait remplir le recteur. Et il faut remarquer qu'aux termes mêmes de la loi de 1850 qui organisa la procédure de délivrance du certificat du stage, le conseil académique avait les pouvoirs administratifs les plus étendus ; conformément aux idées de l'époque qui admettaient la pluralité d'administrateurs, idée non conforme au principe de la loi du 28 pluviôse an VIII qu' « agir est le fait d'un seul, le conseil académique concourait avec le recteur à l'administration de l'académie [1] ; la loi du 14 juin 1854 restitua au recteur l'administration entière de l'académie [2], mais la délivrance des certificats resta une attribution des conseils départementaux substitués aux conseils académiques, et fut transférée aux conseils académiques régionaux par la loi de 1880 [3]. Mais ce n'est là qu'une attribution administrative ordinaire et non pas l'exercice d'une juridiction contentieuse.

Ce qui est vrai, et c'est ce qui a dû faire commettre au conseil supérieur l'erreur que nous venons de relever, c'est que la décision du conseil académique peut elle-même, dans certains cas, créer le contentieux. En effet, comme le dit le conseil supérieur, toute personne justifiant dans les formes régulières du stage accompli dans les conditions légales a droit au certificat, c'est pour elle

---

1. Art. 8.
2. Art. 2.
3. Loi 1854, art. 7 ; loi 27 février 1880, art. 1 .

un droit absolu ; or si, dans cette hypothèse, le conseil
académique refuse le certificat, il viole le droit du postulant ; il y a, dès lors, contentieux administratif puisque
la décision du conseil est un véritable acte administratif.
Un recours contentieux proprement dit, et non pas seulement un recours pour excès de pouvoir, est donc possible
contre cette décision. Mais ce recours n'est pas organisé ;
la juridiction compétente pour en connaître n'est pas dé-
signée ; la loi de 1850 dit bien, dans son article 14, que
« le conseil académique prononce sauf recours au conseil
supérieur sur les affaires contentieuses relatives aux
droits des maîtres particuliers », rubrique sous laquelle
l'on pourrait faire rentrer la délivrance des certificats de
stage ; mais le conseil académique ne peut connaître
comme juridiction contentieuse d'un de ses actes administratifs ; d'autre part l'article 14 a été abrogé par la loi
du 30 octobre 1886. Le conseil supérieur n'est pas compétent pour connaître des recours directs contre les décisions administratives des conseils académiques ; il n'est
qu'un tribunal d'appel[1]. Ce serait donc au juge de droit
commun en matière administrative que devrait être déférée la décision d'un conseil académique portant refus
de délivrance d'un certificat de stage ; ce serait le Conseil
d'État qui connaîtrait de ce pourvoi, à moins que l'on ne
considère (à tort, selon nous, et d'après une théorie d'ailleurs contraire à la jurisprudence du Conseil d'État et
presque complètement abandonnée aujourd'hui dans la
doctrine, mais qui semble jouir d'une certaine créance
auprès de l'administration de l'instruction publique), que
le ministre est le juge ordinaire et de droit commun pour

---

1. Loi 27 février 1880, art. 7.

toutes les affaires contentieuses de son département. C'est
ce déplacement de compétence que le conseil supérieur a
sans doute voulu éviter et, considérant qu'il s'agissait
d'une affaire contentieuse relative à l'enseignement secondaire public, il s'est déclaré compétent pour connaître en
appel des délivrances des certificats de stage, affaire contentieuse, selon lui, attribuée en premier ressort au conseil
académique. Il serait désirable que le Conseil d'État eût
à se prononcer sur la question, mais nous sommes per-
suadés qu'il déciderait dans le sens que nous indiquons
et qui est conforme aux principes généraux de notre droit.
Ajoutons que la décision du conseil académique portant
refus de délivrance d'un certificat de stage étant un acte
administratif ordinaire pourrait faire l'objet d'un recours
gracieux devant le ministre, qui, d'ailleurs, peut accorder
des dispenses de stage [1].

En présence de la jurisprudence du conseil supérieur
qui considère la délivrance des certificats de stage par les
conseils académiques comme une affaire contentieuse, et
bien que nous ayons essayé de démontrer que ce n'est là
pour ces conseils qu'une attribution purement administrative qui ne présente rien de contentieux, nous croyons
utile d'exposer quelle est la procédure de la délivrance de
ces certificats aux termes de la législation et de la jurisprudence du conseil supérieur. Dans notre opinion, l'affaire n'étant nullement contentieuse il faut décider qu'au
contraire des règles que nous allons examiner la procédure à suivre n'est pas celle qui est fixée pour le jugement
des affaires contentieuses et que nous avons déjà étudiée à

---

1. Loi 1850, art. 60, *in fine* ; décret 20 décembre 1850, art. 5 ; circ.
14 mai 1851.

propos du jugement des oppositions faites à l'ouverture des établissements libres d'enseignement secondaire, que particulièrement la demande en délivrance du certificat de stage ne sera pas renvoyée à la commission des affaires disciplinaires et contentieuses, que les deux membres de l'enseignement libre désignés par le ministre n'ont pas entrée au conseil pour l'examen de l'affaire, que, dans tous les cas, l'intéressé ne doit pas être appelé à fournir des explications, qu'il n'y a pas lieu à notification de la décision, et, conséquence plus importante, qu'il n'y a pas d'appel possible ni devant le conseil supérieur, ni devant aucune autre juridiction, de la part ni du recteur ni de l'intéressé, mais qu'un recours contentieux ordinaire peut être porté par l'intéressé devant le Conseil d'État.

Compétence du conseil académique. — Le conseil académique compétent pour délivrer le certificat de stage est celui dans le ressort duquel se trouve l'établissement que le postulant a l'intention d'ouvrir ou de diriger[1] ; il est donc nécessaire que la désignation de la localité où est situé cet établissement soit faite au moment où la demande en délivrance du certificat est introduite ; sinon, l'affaire ne serait pas en état et le conseil devrait ajourner sa décision, attendu que sa compétence ne serait pas légalement établie ; d'autre part, si la localité indiquée comme le siège de l'établissement se trouvait située en dehors du ressort académique, le dossier devrait être transmis au conseil académique du ressort compétent[2].

La demande en délivrance d'un certificat de stage est

---

1. Décret 20 décembre 1850, art. 4 ; circ. 4-15 juillet 1898.
2. Circ. 4-15 juillet 1898.

déposée au secrétariat de l'académie[1] avec les pièces à l'appui[2]. Ces pièces sont les attestations des chefs des établissements où le stage a été effectué[3]. « Les attestations sont écrites sur papier timbré et les signatures en sont légalisées[4] » ; « l'omission de cette formalité est une cause de nullité[5]. » Ces attestations indiquent l'époque où le stage a commencé, la nature des fonctions remplies et la durée du stage[6]. » « Toute fausse attestation sera punie des peines portées en l'article 160 du code pénal[7]. » « Lorsque le chef de l'établissement est décédé, absent ou empêché, son attestation peut être suppléée par un acte de notoriété publique[8]. »

Le recteur saisit le conseil académique de la demande qui lui a été adressée ; en fait, il ne saisira le conseil que lorsque la demande aura été régulièrement faite, devant le conseil compétent et que les attestations produites seront matériellement régulières. Il est certain aussi que le recteur instruira la demande avant la réunion du conseil académique. Il vérifiera notamment l'authenticité et l'exactitude des attestations produites ; il le fera par la voie administrative, par l'intermédiaire des recteurs des autres académies, ou des fonctionnaires placés directement sous ses ordres, suivant les cas[9] ; il y aura particulièrement lieu

1. Décret 29 juillet 1850, art. 25.
2. Décret 29 juillet 1850, art. 25.
3. Loi 1850, art. 61, § 2.
4. Décret 20 décembre 1850, art. 2.
5. Circ. 31 décembre 1850.
6. Décret 20 décembre 1850, art. 1er, § 2.
7. Loi 1850, art. 61, § 2 ; l'art. 160 C. pén. vise les faux certificats délivrés par les médecins ; les peines prononcées sont l'emprisonnement d'un à trois ans, et la perte des droits civiques pendant cinq à dix ans.
8. Décret 20 décembre 1850, art. 1er, § 3 ; V. C. S. 28 décembre 1892, aff. Huc.
9. Circ. 31 décembre 1850, art. 6.

d'examiner les registres du personnel que doivent tenir les directeurs des établissements libres [1].

Le dossier de l'affaire est soumis au conseil académique auquel sont adjoints les deux membres de l'enseignement libre désignés par le ministre [2] ; l'affaire est renvoyée à la commission des affaires disciplinaires et contentieuses qui en fait un rapport [3]. Il est parfaitement inutile de communiquer le dossier de l'affaire à l'intéressé, et de l'appeler à fournir des explications devant le conseil académique ; aucun texte ne vise ces deux formalités ; et, il résulte des termes mêmes de la loi que le conseil n'a qu'à examiner et à apprécier, dans leur forme et au fond, les attestations produites qui doivent se suffire à elles-mêmes.

Le conseil constate, tout d'abord, la régularité matérielle des attestations. Il examine ensuite leurs assertions ; il en contrôle l'exactitude et la véracité soit à l'aide des informations recueillies par le recteur, soit par tous autres moyens d'enquête. Il examine ensuite s'il en résulte bien que le stage a été accompli dans les conditions légales.

Le stage exigé consiste dans l'exercice, pendant cinq années au moins, des fonctions de professeur ou de surveillant dans un établissement d'enseignement secondaire public ou libre [4]. Reprenons les différents termes de cette règle.

Le stage doit avoir été accompli dans un établissement d'enseignement secondaire ; nous avons déjà vu ce qu'il

1. Aux termes du décret du 20 décembre 1850, art. 6.
2. Loi 27 février 1880, art. 11, § 6.
3. Décret 26 juin 1880, art. 5 ; circ. 11 juin 1885.
4. Loi 1850, art. 60, § 2.

faut entendre par cette expression [1]. Mais le conseil académique a un certain pouvoir d'appréciation ; il pourra considérer telle école spéciale comme constituant en réalité un
établissement d'enseignement secondaire, alors même que
l'autorité académique, chargée de surveiller les écoles secondaires libres et particulièrement d'assurer l'exécution
des formalités légales relatives à leur ouverture, n'aurait
pas considéré cette école comme un établissement d'enseignement secondaire [2]. Le stage ne peut être effectué dans
un petit séminaire [3] ; ces établissements sont pourtant
bien des écoles secondaires ; mais, aux termes mêmes
de la loi, ils ne sont ni des écoles publiques ni des écoles
privées, mais des écoles d'une catégorie spéciale ; d'autre
part, « les conseils académiques n'auraient pas les moyens
de s'enquérir de la réalité du stage accompli et de l'exactitude des justifications produites ; en effet, si l'article 70
de la loi du 15 mars 1850 soumet les petits séminaires à
la nécessité d'une autorisation du gouvernement et à la
surveillance générale de l'État, il ne les soumet pas au
contrôle des autorités instituées par cette loi ; ils sont
affranchis des prescriptions relatives à l'ouverture et au
régime des écoles libres ; notamment ils ne sont soumis
ni à l'article 60 qui exige la déclaration d'ouverture et la
production de certains titres, ni au décret du 20 décembre
1850, spécialement à l'article 6 qui prescrit, dans les écoles libres, la tenue d'un registre du personnel ; et cependant l'assimilation quant aux prérogatives impliquerait

1. V. p. 158.
2. Il peut y avoir conflit ainsi entre l'autorité académique et le conseil académique, conflit qui sera tranché le plus souvent, chose remarquable, par les tribunaux correctionnels chargés de réprimer les ouver-
tures illégales d'écoles secondaires libres ; V. p. 157 et la note 8.
3. V. p. 160.

l'identité du régime quant au contrôle et à la surveillance.
Dans ces conditions, l'autorité académique n'a connaissance ni de l'ouverture des petits séminaires, ni de leur
fermeture, ni des mouvements de leur personnel, soit di-
rigeant, soit enseignant ; d'où il résulte que les conseils
académiques ne sauraient être appelés à délivrer des certificats, à moins que l'on ne prétende, ce qui serait insou-
tenable, que leur intervention se borne à un simple enre-
gistrement, sans investigation préalable. Même en la
forme, les prescriptions de la loi de 1850, quant à la délivrance des certificats, ne pourraient être observées ; en
effet, aux termes de l'article 61, les certificats de stage
sont délivrés sur les attestations des chefs d'établissement,
c'est-à-dire de personnes responsables, qui sont soumises
à la surveillance des autorités préposées à l'enseignement,
qui sont, en outre, le cas échéant, justiciables de la juridiction universitaire ; alors que, à l'inverse des écoles libres, les petits séminaires n'ont pas un directeur responsable, mais un supérieur nommé et révocable sans contrôle
par l'évêque diocésain qui est seul, dès lors, le directeur
effectif ; si bien que les attestations exercées dans des petits séminaires sont délivrées, non pas par le directeur de
l'établissement, comme le veut l'article 60, mais par l'é-
vêque, qui n'a cependant reçu d'aucune loi qualité pour
délivrer des attestations de nature à être soumises aux
conseils académiques et à être contrôlées par eux [1]. »

Le stage, pour être valable, doit avoir été accompli en
France [2] ; « autrement la sanction pénale établie par l'article 61 de la loi de 1850 deviendrait quelquefois illusoire,

---

1. C. S. 24 janvier 1885, aff. Magne et aff. Dupont.
2. Décret 20 décembre 1850, art. 3.

les tribunaux français n'ayant aucune action sur les chefs d'établissements étrangers qui seraient atteints et convaincus d'avoir délivré de fausses attestations [1] ». Le stage accompli dans les établissements d'enseignement secondaire public existant dans les colonies, dans les pays de protectorat et dans les pays étrangers ne peut donner lieu à de semblables appréhensions.

Le stage consiste dans l'exercice des fonctions de professeur ou de surveillant, ou, à plus forte raison, de directeur. Le conseil académique doit apprécier si la nature des fonctions remplies dans tel ou tel établissement déterminé suffit à justifier la délivrance du certificat.

Ces fonctions doivent avoir été exercées pendant cinq années au moins. Il ne s'agit pas, bien entendu, de cinq années consécutives; les plus grandes interruptions sont possibles; d'un autre côté, le temps passé en congé extraordinaire [2], en dehors des vacances habituelles, ne peut entrer en ligne de compte. Enfin, il ne s'agit certainement que d'années scolaires; ainsi l'exercice des fonctions requises pendant cinq périodes s'écoulant du mois d'octobre au mois d'août suffiraient à constituer le stage. Le conseil académique aura à faire le calcul de la durée totale des fonctions exercées et à apprécier si elle correspond à cinq années.

Si le conseil académique considère que les attestations produites sont régulières et véridiques, et s'il constate qu'il en résulte que le stage a été réellement effectué dans les conditions légales, il délivre le certificat; sinon, il le refuse.

1. Circ. 31 décembre 1850.
2. C. S. 27 décembre 1890, aff. Pujol.

« Le certificat doit énoncer : 1° les nom, prénoms, âge
et lieu de naissance du postulant ; 2° l'époque où le stage
a commencé, la nature des fonctions remplies et la durée
du stage, attestées par le chef de l'établissement où le
stage a été accompli [1]. »

La décision du conseil académique est notifiée dans les
huit jours, par les soins du recteur, qui doit avertir l'intéressé du droit qu'il a de se pourvoir devant le conseil
supérieur [2].

L'appel est ouvert au recteur et à l'intéressé [3]. Le délai
d'appel est le délai de quinze jours à dater de la notification [4].

1. Décret 20 décembre 1850, art. 1er.
2. Décret 29 juillet 1850, art. 27.
3. Décret 29 juillet 1850, art. 28, § 1er.
4. Loi 27 février 1880, art. 11, § 4.

CHAPITRE V

Les conseils de l'enseignement supérieur public sont au nombre de trois : le conseil de l'université, dans chaque université régionale ; le conseil, et l'assemblée de la faculté ou école, pour chacun des établissements publics d'enseignement supérieur [1].

Le conseil de l'université est le seul de ces conseils qui possède des attributions contentieuses. Le conseil de la faculté ou école n'a que des attributions administratives, et pas d'attributions contentieuses ; l'on ne peut donner, en effet, ce caractère à la délibération par laquelle il juge valables ou non les motifs d'excuse présentés par les étudiants dont les inscriptions sont dans le cas d'être périmées : les inscriptions se périment en effet de plein droit, sauf excuses admises par la faculté ou école [2]. L'assemblée de la faculté ou école n'a que des attributions relatives à l'enseignement même ; nous étudierons cependant sa composition parce qu'elle forme le corps électoral chargé de nommer les délégués au conseil de l'université.

Assemblée de la faculté ou école. — Aux termes de l'article 19 du décret du 28 décembre 1885, il y a, dans chaque

---

1. Décret 28 décembre 1885, art. 16 à 22.
2. Décret 21 juillet 1897, art. 19.

faculté ou école d'enseignement supérieur, une assemblée de la faculté ou école.

L'assemblée de chaque faculté ou école comprend, d'après la circulaire du 31 décembre 1885, tous les maîtres de cet établissement, qui « justifient du grade requis pour le titulariat et donnent un enseignement rétribué sur les fonds du budget, qu'il s'agisse du budget normal alimenté par l'État ou les villes et les départements, ou bien du budget sur fonds de concours de la faculté ou école. Dans tout établissement l'assemblée comprend donc tout d'abord les professeurs titulaires en exercice et en congé et les professeurs adjoints ; puis, dans les facultés de droit les agrégés et les docteurs chargés d'un enseignement ; dans les facultés de médecine et dans les écoles supérieures de pharmacie, les agrégés chargés soit d'un enseignement, soit d'une direction de travaux pratiques ; dans les facultés des sciences et dans les facultés des lettres, les chargés de cours et les maîtres de conférences pourvus du grade de docteur ; dans les écoles supérieures de pharmacie et dans les facultés mixtes de médecine et de pharmacie, les chargés de cours, non agrégés, pourvus soit du doctorat en médecine, soit du doctorat ès-sciences, soit du diplôme supérieur de pharmacien ; dans les écoles de plein exercice et préparatoires de médecine et de pharmacie, les professeurs suppléants qui prennent part à l'enseignement et sont pourvus des grades exigés par l'article 8 du décret du 1er août 1883. » D'autre part, les professeurs honoraires « peuvent assister aux séances de l'assemblée et ont voix délibérative sauf pour l'élection des délégués au conseil général et la présentation du doyen[1] ».

____

1. Décret 1885, art. 41, 3.

Les termes de la circulaire sont très précis ; mais il faut cependant présenter quelques observations. Les maîtres de conférences sont membres de l'assemblée s'ils possèdent le grade requis pour le titulariat ; mais il ne s'agit que des maîtres de conférences qui sont nommés par le ministre ou par le recteur sur délégation, et non pas des docteurs agréés par les facultés de droit pour diriger des conférences aux termes de l'article 3 de l'arrêté du 30 avril 1895. Les membres de l'enseignement rétribués par le budget propre de chaque université font, sans aucun doute à nos yeux, partie de l'assemblée comme les maîtres rétribués sur les fonds du budget général ou sur les fonds de concours de la faculté ou école. Mais la circulaire nous paraît aller plus loin que le décret en exigeant des membres de l'assemblée le grade requis pour le titulariat dans la faculté ou école [1] ; le décret n'exige que la possession du doctorat (auquel il faut assimiler le diplôme supérieur de pharmacien de première classe) mais n'indique nullement que les membres de l'assemblée doivent posséder le doctorat correspondant à l'ordre d'enseignement donné par la faculté ou école ; il ne faut pas perdre de vue que l'assemblée c'est l'ensemble des maîtres qui donnent l'enseignement ; dès lors, si un docteur, remplissant ainsi la condition de grade nécessaire pour le titulariat dans une faculté, est chargé d'un enseignement dans une faculté d'un

---

1. Ce grade est le doctorat de l'ordre de la faculté ou école (décret 22 août 1854, art. 6) ; les membres de l'enseignement de la pharmacie, soit dans les écoles supérieures de pharmacie, soit dans les facultés mixtes, soit dans les écoles de plein exercice de médecine et de pharmacie, soit dans les écoles préparatoires, peuvent être soit docteurs en médecine, soit docteurs ès-sciences pourvus du diplôme de pharmacien de première classe, soit pharmaciens pourvus du diplôme supérieur ; statut 16 novembre 1874, art. 65 ; décret 12 juillet 1878, art. 5 ; décret 1er août 1883, art. 7 ; 2e décret même date, art. 1er ; arr. 17 juillet 1885.

autre ordre que celle qui lui a délivré son diplôme, si, par
exemple, un docteur en droit est chargé d'un cours dans
une faculté des lettres, s'il a été jugé digne de remplir ces
fonctions, on ne voit pas quelles raisons donner pour lui
refuser le droit de faire partie de l'assemblée de cette faculté ; d'ailleurs, l'interprétation de la circulaire conduit
à des conséquences singulières dans certaines hypothèses :
ainsi, si de deux professeurs d'une faculté mixte, tous
deux chargés, en outre, de cours dans une faculté des
sciences, l'un est docteur en médecine, et l'autre docteur
ès-sciences, celui-ci fera à la fois partie des assemblées
des deux facultés puisqu'il remplit dans chacune d'elles
les conditions de grade exigées des titulaires, tandis que
le second, docteur en médecine, ne fera partie que de l'assemblée de la faculté mixte ; nous n'insistons pas davantage sur cette question [1] ; nous croyons que, s'il est assez
difficile, en présence de l'esprit du décret manifesté par la
circulaire, d'admettre à faire partie de l'assemblée d'une
faculté ou école un membre de l'enseignement qui possé-
derait seulement un diplôme de docteur d'un autre ordre
que celui de la faculté ou école où il enseigne, le fait pour
un membre de l'enseignement de faire partie de l'assemblée d'une faculté ou école devrait lui donner le droit de
faire partie de l'assemblée d'une autre faculté ou école
dans laquelle il remplirait aussi les conditions de fonctions nécessaires ; ainsi, par exemple, un professeur titulaire d'une faculté des sciences chargé d'un cours dans
une faculté des lettres devrait faire partie de l'assemblée
de cette dernière faculté bien qu'il ne possédât pas le doctorat ès-lettres ; au contraire, nous refuserions le droit de

____

1. V. question analogue pour le conseil supérieur, p. 206.

faire partie de l'assemblée de cette faculté des lettres au docteur en droit qui ne serait chargé d'enseignement que dans cette seule faculté ; nous croyons que les termes mêmes du décret du 28 décembre ne s'opposent pas à une semblable interprétation.

Notons enfin deux erreurs formelles de la circulaire du 31 décembre, erreurs qui la mettent en contradiction avec la règle générale qu'elle pose et que nous venons de critiquer. Si l'on exige de tous les membres de l'assemblée de toute faculté ou école les grades que doivent posséder les titulaires, l'on ne peut accorder le droit de faire partie de l'assemblée des écoles supérieures de pharmacie et des facultés mixtes de médecine et de pharmacie, aux chargés de cours, non agrégés, pourvus seulement du doctorat ès-sciences ; en effet, dans ces écoles supérieures et facultés, les titulaires doivent, aux termes de l'article 65 du statut du 16 novembre 1874 et de l'arrêté du 17 juillet 1885, être pourvus non seulement du doctorat ès-sciences, mais en outre du diplôme de pharmacien de première classe. D'autre part, les grades exigés des titulaires par l'article 1er du décret du 1er août 1883 dans les écoles de plein exercice de médecine et de pharmacie et par l'article 7 d'un second décret du même jour pour les écoles préparatoires ne sont pas les mêmes que les grades exigés des suppléants dans les mêmes écoles par les articles 2 et 8 des mêmes décrets ; c'est donc par erreur que la circulaire donne le droit de faire partie de l'assemblée aux suppléants qui possèdent les grades requis par l'article 8 ; ce droit ne peut être accordé qu'aux suppléants qui possèdent les grades exigés des titulaires par l'article 7 [1].

---

1. Les écoles préparatoires à l'enseignement supérieur des sciences et des lettres ne sont pas soumises à la réglementation du décret du 28 dé-

Conseil de l'Université.

Composition. — La loi du 10 juillet 1896 relative à la
constitution des universités a transformé le conseil général des facultés en conseil de l'université, en en changeant
simplement le titre sans en modifier la composition telle
qu'elle avait été réglée par le décret du 28 décembre 1885
retouché légèrement par le décret du 10 août 1893 [1] ; le
décret du 21 juillet 1897 n'a fait que reproduire ces dispositions [2].

Le conseil de l'université est présidé par le recteur de
l'académie ; c'est l'application de la règle générale d'après
laquelle la présidence des divers conseils de l'instruction
publique est donnée aux administrateurs. Au cours d'une
enquête faite avant la publication des règlements relatifs
au fonctionnement des universités, certaines universités
avaient demandé que le conseil fût présidé par un de ses
membres choisi par lui ; ce vœu ne fut pas admis, parce
que, en dehors des titres que le recteur a à cette présidence, des conflits regrettables auraient pu se produire
entre le président du conseil représentant les professeurs

cembre 1885 ; les écoles d'Alger y ont été soumises par le décret du
30 juillet 1886 ; l'assemblée des diverses écoles d'Alger comprend tous les
professeurs, chargés de cours et maîtres de conférences sans conditions
de grades.

1. Aux termes du décret du 10 août 1893, art. 1er, le nombre des délégués élus par l'école supérieure de pharmacie du ressort est porté de un à
deux, et le droit de prendre séance, pour le directeur et le délégué de
l'école de plein exercice ou préparatoire de médecine et de pharmacie du
département où siège l'académie, est restreint aux affaires d'ordre scientifique, scolaire et disciplinaire.

2. Il faut remarquer que tandis que ce sont des lois qui déterminent la
composition du conseil supérieur, des conseils académiques et des conseils départementaux, la composition des conseils des universités est fixée
par un décret.

de l'université et le recteur représentant de l'État et chef hiérarchique de ces professeurs.

Chaque faculté, ou école supérieure de pharmacie, est représentée au conseil de l'université par son doyen, ou directeur, et par deux délégués élus par l'assemblée de la faculté, ou école, et choisis parmi les professeurs titulaires ; c'est là la règle du décret de 1885 (art. 1er), or ce même décret (art. 40) assimile les professeurs adjoints aux professeurs titulaires ; il faut donc déclarer les professeurs adjoints éligibles au conseil de l'université[1]. Les facultés mixtes de médecine et de pharmacie, qui ne forment qu'une seule faculté bien que l'on puisse les considérer comme la juxtaposition dans un même établissement d'une faculté de médecine et d'une école de pharmacie, ne sont représentées au conseil de l'université que par trois délégués (le doyen et deux professeurs), tandis que dans les universités où la faculté de médecine et l'école de pharmacie sont distinctes chacun de ces deux établissements est représenté par trois délégués ; le vœu des membres des facultés mixtes, souvent exprimé[2], est que ces facultés envoient au conseil de l'université, en outre du doyen, quatre délégués, deux représentant la médecine et deux représentant la pharmacie. L'administration supérieure n'a pas admis cette proposition, étant donné que dans les universités chaque établissement distinct est considéré comme une unité et entre ainsi dans le conseil de l'université au même titre, à égalité et non d'après des proportions diverses.

1. V. circ. 31 décembre 1885, sous l'art. 1er.
2. Particulièrement au conseil supérieur par MM. Pitres et Brouardel ; V. compte-rendu de la session de janvier 1897. V. l'exposé des motifs des règlements de 1897.

L'école de plein exercice ou préparatoire de médecine et de pharmacie du département où siège l'académie est représentée au conseil de l'université par son directeur et par un délégué élu dans les mêmes conditions que les délégués des facultés ; ces membres n'ont séance que dans les affaires d'ordre scientifique, scolaire ou disciplinaire, et aussi, croyons-nous bien, contentieux [1].

Pour les élections au conseil de l'université, il faut signaler une règle générale spéciale ; c'est le conseil de l'université lui-même qui est juge du contentieux de ses élections [2] ; c'est là une anomalie en matière d'élections aux divers conseils de l'instruction publique, dont le contentieux est soumis d'ordinaire au ministre de l'instruction publique. Bien que les textes soient muets, il est évident que le Conseil d'État est compétent pour recevoir les recours contre les décisions du conseil de l'université qui sont en dernier ressort en cette matière.

Les règles de détail des élections peuvent être fixées par les conseils eux-mêmes ; les règles relatives aux élections aux conseils académiques et au conseil supérieur peuvent fournir les indications les plus importantes [3]. « La liste des électeurs de chaque établissement est dressée en double par le doyen ou directeur. Elle n'est pas soumise au recteur, le conseil étant seul juge des contestations relatives aux élections par lesquelles il doit être constitué. L'heure et la durée du scrutin sont fixées par le recteur, de concert avec les doyens et directeurs. Les opérations de vote sont présidées par le doyen ou directeur, assisté

---

1. Et non financier ; Décret 21 juillet 1897, art. 1er, *in fine*.
2. Décret cité, art. 2, § 3.
3. Circ. 31 déc. 1885, sous l'art. 2.

de l'électeur le plus âgé et de l'électeur le plus jeune ; en cas d'absence, le doyen ou directeur est remplacé par le titulaire le plus ancien….. Le scrutin est dépouillé et le résultat proclamé immédiatement après la clôture, en présence au moins de trois électeurs. Le procès-verbal des opérations et du dépouillement du scrutin est dressé, séance tenante, en double expédition, l'une destinée aux archives de l'établissement, l'autre au conseil de l'université. Le procès-verbal est signé du président et de ses deux assistants. Dans le cas où un nouveau tour de scrutin serait nécessaire, il y serait procédé le même jour. L'exemplaire du procès-verbal destiné au conseil de l'université est immédiatement transmis par le doyen ou directeur, sous pli cacheté, avec une des deux listes d'émargement. Toute contestation relative aux élections doit être portée devant le conseil, qui en juge sans appel. Les protestations peuvent être mentionnées au procès-verbal du scrutin, et être adressées au recteur pendant les trois jours qui suivent le vote. Elles doivent être signées de leurs auteurs. Ce délai écoulé, le recteur convoque le conseil et le constitue [1]. »

« L'élection des délégués a lieu au scrutin secret, à la majorité absolue des suffrages exprimés ; si les deux premiers tours de scrutin ne donnent pas de résultat, la majorité relative suffit au troisième. En cas de partage des voix, est élu au troisième tour le professeur le plus ancien dans la faculté ou école [2]. » « L'ancienneté, dans ce cas, est déterminée par la date de la nomination comme titulaire ou comme adjoint. Si les deux candidats en présence

1. Circ. citée.
2. Décret cité, art. 2, § 1 et 2.

avaient été nommés à la même date, serait élu le plus âgé des deux [1]. »

Attributions contentieuses. — Les attributions contentieuses sur lesquelles le conseil de l'université est appelé à prononcer sont, d'une façon générale, toutes les affaires relatives à l'enseignement supérieur public qui offrent le caractère de recours contentieux et qui étaient, aux termes de la loi de 1880, déférées au conseil académique ; il ne faut pas se dissimuler que la plupart de ces affaires seront tranchées administrativement soit par les doyens et directeurs, soit par le recteur.

L'administration centrale de l'instruction publique considère que les recours formés contre les examens subis devant les facultés pourraient rentrer dans la catégorie des affaires contentieuses soumises au conseil de l'université ; nous étudierons plus loin le caractère de ces pourvois, qui ne sont, à nos yeux, que de simples recours hiérarchiques [2].

1. Circ. citée.
2. V. p. 255.

CHAPITRE VI

I. — Composition.

Le conseil supérieur de l'instruction publique tel qu'il est composé par l'article 1er de la loi du 27 février 1880, comprend, indépendamment du ministre qui le préside de droit, des membres désignés et des membres élus[1].

Membres désignés. — Ce sont : « Neuf conseillers, nommés par décret du Président de la République en conseil des ministres, sur la présentation du ministre de l'instruction publique, et choisis parmi les directeurs et anciens directeurs du ministère de l'instruction publique, les inspecteurs généraux, les recteurs et les anciens recteurs, les inspecteurs et anciens inspecteurs d'académie, les professeurs et anciens professeurs de l'enseignement pu-

---

1. Les textes relatifs à la composition et aux élections du conseil supérieur de l'instruction publique sont : la loi du 27 février 1880, titre I, art. 1 à 4 ; le décret du 16 mars 1880 ; les circul. minist. des 18 mars et 5 avril 1880, 22 février 1884, 22 février 1888, 15 mars 1892 et 25 mars 1896. La circulaire du 3 mai 1880 qui porte par erreur le titre de : Instructions supplémentaires pour les élections au conseil supérieur, n'a en vue que le titre II de la loi, c'est-à-dire la composition et les élections des conseils académiques. Lorsque plusieurs circulaires successives ont visé la même question de détail, nous ne citerons que la première et la dernière en date. En outre, certaines décisions ministérielles contentieuses et des arrêts du Conseil d'Etat sont venus trancher des difficultés qui s'étaient élevées.

blic » ; « et quatre membres de l'enseignement libre, nommés par le Président de la République sur la proposition du ministre ».

Rien ne s'oppose à ce que des femmes, membres de l'enseignement public ou de l'enseignement privé soient, à l'un ou à l'autre de ces titres, désignées pour faire partie du conseil supérieur. Les membres de l'enseignement public comme ceux de l'enseignement privé peuvent être choisis dans les trois ordres de l'enseignement. Il faut remarquer que les membres de l'enseignement libre sont nommés pour la durée ordinaire des pouvoirs du conseil et prennent part à tous ses travaux.

Tous ces membres sont nommés pour quatre ans. Leurs pouvoirs peuvent être indéfiniment renouvelés[1]. En cas de vacance par décès ou démission, il est pourvu à la vacance dans le délai de trois mois[2]. Les membres de l'enseignement libre qui quittent cet enseignement cessent aussitôt de faire partie du conseil supérieur. Il semblerait que les fonctionnaires de l'enseignement public nommés membres du conseil supérieur doivent voir leurs pouvoirs expirer au moment où ils quittent le service actif ; il résulte pourtant de la discussion de la loi au Sénat[3], que ces fonctionnaires restent membres du conseil par la raison que ces conseillers peuvent être choisis parmi les anciens fonctionnaires ; il serait cependant étrange de les voir siéger au conseil dans le cas où, par exemple, ils auraient été révoqués de leurs fonctions.

---

1. Loi 27 févr. 1880, art. 2 ; V. p. 221.

2. Cfr. décret 16 mars 1880, art. 4, § 7.

3. Sur une question de M. J. Simon, réponse de M. Jules Ferry, ministre de l'instruction publique, Sénat, 2 février 1880 ; *J. off.* du 3, p. 1199.

Membres élus. — Il y a deux grandes catégories de membres élus au conseil supérieur : d'une part, des délégués de grands corps scientifiques qui ont des rapports étroits avec l'instruction publique, et de grandes écoles d'enseignement supérieur qui ne font pas partie de l'enseignement public proprement dit ; d'autre part, des délégués des trois ordres de l'enseignement public.

La circulaire du 18 mars 1880, sur les élections au conseil supérieur, pose en principe que l'on doit se conformer à la lettre même de la loi du 27 février et du décret du 16 mars qui réglemente les élections, mais ajoute que, dans les cas où il peut y avoir doute sur le sens d'une disposition quelconque, l'interprétation la plus libérale doit toujours être préférée.

Une seule règle générale s'applique à toutes les élections : « le droit de vote est attaché à la fonction sous des conditions de grades précises ; par suite, quand un électeur appartient à plusieurs corps électoraux, il vote plusieurs fois. Ainsi, le même électeur peut voter comme membre de l'Institut, comme professeur de faculté et comme professeur dans un autre établissement ; il peut voter à la fois dans l'enseignement supérieur et dans l'enseignement secondaire : par exemple, un docteur maître de conférences près d'une faculté, s'il est en même temps professeur agrégé dans un lycée, vote deux fois[1]. » Malgré les termes si précis de cette règle, la question s'est posée de savoir si un professeur peut posséder l'électorat dans plusieurs groupes électoraux du même ordre d'enseignement, si, par exemple, remplissant d'autre part toutes les conditions de grades, il peut être électeur dans deux facultés

____
1. Circ. 18 mars 1880.

dans lesquelles il exerce des fonctions qui, si elles étaient remplies par deux personnes différentes, donneraient à chacune d'elles l'électorat ; nous examinerons la question, et pour l'enseignement supérieur et pour l'enseignement secondaire, après avoir étudié la composition des divers corps électoraux [1]. D'autre part, il est certain que le fait de faire déjà partie du conseil supérieur, soit comme membre désigné, soit comme membre élu, ne peut priver un électeur de son droit de vote dans la ou les catégories auxquelles il appartient.

1° — Les délégués de la premières catégorie sont :

« Cinq membres de l'Institut, élus par l'Institut en assemblée générale et choisis dans chacune des cinq classes ;

deux professeurs du Collège de France, élus par leurs collègues ;

un professeur du Muséum, élu par ses collègues ;

deux délégués de l'école normale supérieure, un pour les lettres, l'autre pour les sciences, élus par le directeur, le sous-directeur et les maîtres de conférences de l'école et choisis parmi eux ;

un délégué de l'école normale d'enseignement spécial, élu par le directeur, le sous-directeur, et les professeurs de l'école et choisi parmi eux [2] ;

un délégué de l'école nationale des chartes, élu par les membres du conseil de perfectionnement et les professeurs de l'école et choisi parmi eux ;

un professeur titulaire de l'école des langues orientales vivantes, élu par ses collègues ;

---

1. V. p. 208 et p. 214.

2. L'école normale d'enseignement secondaire spécial, établie à Cluny, a été supprimée par application de la loi de finances du 26 décembre 1890.

un délégué de l'école polytechnique, élu par le commandant, le commandant en second, les membres du conseil de perfectionnement, le directeur des études, les examinateurs, professeurs et répétiteurs de l'école et choisi parmi eux ;

un délégué de l'école des beaux-arts élu par le directeur et les professeurs de l'école et choisi parmi eux ;

un délégué du conservatoire des arts et métiers, élu par le directeur, le sous-directeur et les professeurs et choisi parmi eux ;

un délégué de l'école centrale des arts et manufactures, élu par le directeur et les professeurs de l'école et choisi parmi eux ;

un délégué de l'institut agronomique, élu par le directeur et les professeurs de cet établissement et choisi parmi eux. »

Aucune difficulté ne s'élève pour la composition de ces différents corps électoraux ; pour l'éligibilité la seule condition est d'être électeur[1].

2° — Les membres des trois ordres de l'enseignement public envoient des délégués au conseil supérieur.

Pour l'enseignement supérieur et pour l'enseignement secondaire, il y a de nombreux groupes électoraux élisant chacun un ou deux délégués respectifs ; tous ces groupes sont formés suivant des règles déterminées, mais variables, surtout pour l'enseignement supérieur. Pour l'enseignement primaire, qui est lui aussi appelé à concourir à la composition du conseil supérieur, il n'y a qu'un seul corps électoral nommant six délégués.

Enseignement supérieur. — Les délégués sont :

1. V. pour les opérations électorales p. 221 et p. 222.

« Un professeur titulaire des facultés de théologie catholique, élu par l'ensemble des professeurs, des suppléants et des chargés de cours desdites facultés[1] ;

un professeur des facultés de théologie protestante, élu par les professeurs, les chargés de cours et les maîtres de conférences ;

deux professeurs titulaires des facultés de droit, élus au scrutin de liste par les professeurs, les agrégés et les chargés de cours ;

deux professeurs titulaires des facultés de médecine ou des facultés mixtes, élus au scrutin de liste par les professeurs, les agrégés en exercice, les chargés de cours et maîtres de conférences pourvus du grade de docteur ;

un professeur titulaire des écoles supérieures de pharmacie ou des facultés mixtes, élu dans les mêmes conditions ;

dans les facultés mixtes, les professeurs de l'enseignement médical votent pour les deux professeurs de médecine et les professeurs de l'enseignement de la pharmacie votent pour le professeur de pharmacie[2] ;

deux professeurs titulaires des facultés des sciences, élus au scrutin de liste par les professeurs, les suppléants, les chargés de cours et les maîtres de conférences pourvus du grade de docteur ;

deux professeurs titulaires des facultés des lettres, élus dans les mêmes conditions. »

Telle est la liste des représentants de l'enseignement supérieur. Il faut remarquer que seules les facultés et les

1. Les facultés de théologie catholique ont été supprimées par application de la loi de finances du 21 mars 1885.
2. V. p. 200, 206 et 209.

écoles supérieures de pharmacie élisent des délégués ; les écoles de plein exercice ou préparatoires de médecine et de pharmacie, l'école supérieure de droit d'Alger [1], les écoles préparatoires à l'enseignement supérieur des sciences et des lettres ne sont pas au nombre des établissements qui, aux termes de la loi du 27 février 1880, ont droit de vote pour ces élections. Toutes les facultés du même ordre, et toutes les écoles supérieures de pharmacie de France sont respectivement réunies pour ne former qu'un seul corps électoral élisant des délégués spéciaux. Dans les facultés mixtes de médecine et de pharmacie seules, les membres de l'enseignement qui possèdent l'électorat sont répartis en deux groupes : les maîtres de l'enseignement de la médecine sont joints à ceux des facultés de médecine, et ceux chargés de l'enseignement de la pharmacie à ceux des écoles de pharmacie ; « comment votent ceux dont les cours sont obligatoires à la fois pour les étudiants en médecine et pour les étudiants en pharmacie ? la loi établit que le titulaire d'une seule fonction ne dispose que d'un seul vote : ces professeurs ne peuvent donc pas voter deux fois. Ils doivent, avant le scrutin, opter

1. La question a été tranchée pour l'école supérieure de droit d'Alger par un arrêté ministériel du 14 mai 1888, rejetant une requête des professeurs, agrégés et chargés de cours de cette école tendant à l'annulation d'une décision de la commission de dépouillement des votes pour les élections au conseil supérieur, qui avait considéré comme non avenus leurs bulletins de vote pour l'élection des représentants des facultés de droit :... Considérant :... qu'il résulte clairement de l'article 1er de la loi que les électeurs comme les éligibles doivent appartenir au même corps, c'est-à-dire aux facultés, et non à une école qui n'a jamais reçu la qualification de faculté de droit ; que le titre d'agrégé des facultés de droit ne constitue pas à lui seul le droit de vote pour les élections au conseil supérieur, mais qu'il doit être joint à une fonction déterminée dans une faculté ; que les professeurs de l'école de droit d'Alger... ne sont pas investis de la fonction de professeur de faculté, etc... le ministre rejette...

pour la médecine ou pour la pharmacie. Dans la plupart des cas, l'option sera facile, elle est indiquée d'avance par les antécédents des professeurs, quelquefois même par leurs grades ; mais, étant donné l'esprit libéral de la loi, chacun peut choisir selon ses préférences ; il n'y a de limites au choix des professeurs que les conditions de grades, qui sont absolues pour appartenir à l'un ou à l'autre des corps électoraux [1]. »

Les conditions que doivent remplir les électeurs des divers groupes électoraux sont des conditions de fonctions et, dans certains cas, des conditions de grades. La loi est loin d'avoir prévu toutes les difficultés qui peuvent se présenter.

Voyons d'abord les conditions de fonctions.

Les membres de l'enseignement supérieur public seuls sont appelés à élire des représentants ; les maîtres rétribués sur les fonds des universités, font sans aucun doute, partie des divers corps électoraux comme les maîtres rétribués sur les fonds du budget, les professeurs titulaires étant tous nommés dans les mêmes formes, et les chargés de cours et maîtres de conférences n'étant nommés, par le recteur dans les universités, que sur délégation du ministre [2]. Les personnes autorisées à faire des cours libres ne font pas partie du personnel de l'enseignement public proprement dit, et, par suite, ne jouissent pas du droit de vote pour les élections au conseil supérieur.

Depuis le décret du 28 décembre 1885 [3], il n'y a plus dans les facultés, et dans les écoles supérieures de phar-

1. Circ. 5 avril 1880.
2. V. décret 21 juillet 1897, art. 14.
3. Art. 36 et 37.

macie, de professeurs suppléants remplaçant des professeurs dits suppléés, mais des chargés de cours et des maîtres de conférences remplaçant des professeurs mis en congé de durée limitée. « Les professeurs adjoints sont compris dans la désignation générale de professeurs et prennent part au vote [1]. »

Les agrégés des facultés de médecine, mixtes et des écoles supérieures de pharmacie ne sont électeurs que s'ils sont en exercice ; par ce terme il faut entendre, non pas qu'ils doivent se trouver dans la période pour laquelle ils ont été institués, mais qu'ils doivent remplir effectivement dans la faculté ou école des fonctions déterminées, quelles que soient, d'ailleurs, ces fonctions, semble-t-il bien, c'est-à-dire autres que celles de chargés de cours ou de maîtres de conférences. Malgré le silence de la loi, nous pensons qu'il en est de même pour les agrégés près les facultés de droit [2]. « Les agrégés rappelés temporairement à l'exercice, s'ils sont en exercice au moment du scrutin, ont droit de vote [3]. » « La loi ne mentionne les chargés des fonctions d'agrégés ni près les facultés de droit, ni près les facultés de médecine. Ils ne peuvent pas voter s'ils ont seulement le titre de chargés des fonctions d'agrégés, mais ils votent s'ils exercent dans la faculté des fonctions qui, aux termes de la loi, donnent le droit de vote [4]. » Il en est de même pour les délégués dans les fonctions d'agrégés, et pour les chargés des fonctions ou délégués dans les fonctions de maîtres de conférences [5].

---

1. Circ. 18 mars 1880.

2. V. arrêté minist. 14 mai 1888, cité p. 200, note 1. — Les agrégations des facultés des sciences et des lettres ont été supprimées en exécution de la loi de finances du 22 décembre 1878.

3 et 4. Circ. 18 mars 1880.

5. Circ. 3 mai 1880.

Les maîtres de conférences sont électeurs dans toutes les facultés, sauf dans celles de droit. Tous les chargés de cours normaux, chargés de cours annexes, chargés de cours complémentaires, chargés de cours qui remplacent d'autres chargés de cours éloignés momentanément de la faculté ou école par un service public, ont le droit de vote ; il suffit qu'ils remplissent les conditions de grades exigées par la loi [1].

Les professeurs, et d'une façon générale tous les électeurs, ne perdent pas leur droit tant qu'ils restent attachés à la faculté et école et conservent leur titre ; il en est ainsi quand ils sont mis en congé de durée limitée, quand ils remplissent d'autres fonctions publiques dans l'enseignement ou au dehors, quand ils sont momentanément éloignés de la faculté ou école par un service public, par un examen [2].

Les conditions de grades ne sont requises que dans certains cas pour la possession du droit d'électorat : ainsi, « dans les facultés de théologie (catholique ou) protestante, la loi ne fait pas du titre de docteur la condition nécessaire du droit de vote. Tous les professeurs, suppléants, maîtres de conférences et chargés de cours prennent part au scrutin [3] ». De même, dans les facultés de droit aucun grade n'est requis pour l'exercice du droit de vote qui appartient aux professeurs, agrégés et chargés de cours, mais non aux maîtres ou aux directeurs de conférences.

Au contraire, dans les facultés de médecine, mixtes,

1. Circ. 18 mars et 5 avril 1880.
2. Circ. 5 avril 1880.
3. Circ. 18 mars 1880.

« des sciences et des lettres et dans les écoles supérieures
de pharmacie nul ne peut voter s'il n'est docteur[2] ».

La condition de grade de docteur peut-elle se poser pour
les professeurs et les agrégés ? Les professeurs des facultés
des sciences et des lettres sont tous docteurs[1] ; les professeurs et agrégés des facultés de médecine et de l'enseignement médical dans les facultés mixtes sont docteurs[2] ; mais
dans ces mêmes facultés mixtes, pour l'enseignement des
sciences pharmaceutiques, et dans les écoles supérieures
de pharmacie les professeurs et agrégés peuvent n'être pas
docteurs ; l'article 5 du décret du 12 juillet 1878, en effet,
modifiant les articles 3 et 65 du statut du 16 novembre
1874 sur l'agrégation des facultés, déclare le diplôme supérieur de pharmacien équivalent au doctorat pour le pro-
fessorat ou l'agrégation dans les écoles supérieures de
pharmacie et pour l'enseignement pharmaceutique dans
les facultés mixtes. Ces professeurs et agrégés qui ne sont
pas docteurs sont-ils pourtant électeurs au conseil supérieur ? L'on pourrait soutenir que non, en se basant sur
les termes mêmes de la loi et sur ceux déjà cités de la
circulaire du 18 mars 1880 : « nul ne peut voter s'il n'est
docteur » ; mais est-ce bien là l'esprit libéral de la loi ?
D'ailleurs la phrase suivante de la circulaire : « par conséquent les maîtres de conférences, suppléants et chargés
de cours non docteurs ne sont pas autorisés par la loi à
voter », ne vise ni les professeurs, ni les agrégés ; faut-il
en conclure que les professeurs et agrégés sont électeurs
sans condition de grade ? Mais alors l'on va arriver à cette
singulière conséquence que les maîtres de conférences et

1. V. décret 22 août 1854, art. 6.
2. V. statut 16 novembre 1784, art. 3.

chargés de cours n'obtiendront l'électorat, puisque l'on leur demandera le doctorat, qu'à des conditions plus rigoureuses que les professeurs et agrégés qui pourront n'être pas docteurs. Il semble bien qu'une interprétation plus libérale soit possible, et que l'on puisse décider que, même si l'on admet l'exigence du doctorat pour les professeurs et agrégés, ce diplôme pourra être remplacé par le diplôme supérieur de pharmacien de première classe qui lui a été déclaré équivalent par un décret antérieur du reste de la loi de 1880, et que les professeurs, les agrégés, et aussi les chargés de cours et les maîtres de conférences (car on ne peut vraiment exiger d'eux des conditions plus sévères que des professeurs et agrégés) des écoles supérieures de pharmacie et de l'enseignement des sciences pharmaceutiques dans les facultés mixtes, non pourvus du doctorat, mais munis du diplôme supérieur de pharmacien de première classe, ont le droit de vote pour les élections au conseil supérieur. Cette solution semble s'imposer si l'on considère que, pour le titulariat et l'agrégation des sciences pharmaceutiques, le diplôme supérieur de pharmacien suffit, tandis que celui de docteur ès-sciences est insuffisant et qu'il doit être joint à celui de pharmacien de première classe.

Le diplôme de docteur ainsi exigé, de façon générale et sauf l'exception que nous venons d'examiner, est-il celui qui correspond à l'enseignement donné par la faculté où doit être exercé le droit de vote ? en d'autres termes, par exemple, un docteur en droit chargé d'un cours dans une faculté des lettres, un docteur en médecine chargé d'un cours dans une faculté des sciences sont-ils électeurs ? Il faut d'abord remarquer que la loi, les travaux préparatoires sont muets sur cette question, qui n'a été, non plus, élucidée par aucune circulaire. Il est certain que dans les écoles supérieures de pharmacie et pour l'enseignement de la pharmacie dans les facultés mixtes, le diplôme de docteur ès-sciences physiques ou naturelles donne le droit de vote aux chargés de cours et aux maîtres de conférences puisque c'est ce diplôme (auquel il faut joindre cependant celui de pharmacien de première classe) qui est exigé pour l'agrégation et le titulariat dans l'enseignement de la pharmacie. D'autre part, nous venons de voir que le diplôme supérieur de pharmacien suffit aussi à donner dans le même cas le droit de vote.

En outre nous avons vu déjà qu'aux termes de la circulaire du 5 avril 1880, dans les facultés mixtes les membres de l'enseignement dont les cours sont à la fois obligatoires pour les étudiants en médecine et pour les étudiants en pharmacie restent absolument libres du choix de l'exercice de leur droit de vote soit dans la médecine, soit dans la pharmacie ; leurs grades mêmes, aux termes de la circulaire, s'ils fournissent une indication sur ce que sera l'option des maîtres, ne peuvent être la cause de leur classement dans l'un ou dans l'autre des corps électoraux[1] ; dans ces conditions, un docteur ès-sciences ou un pharmacien de première classe pourvu du diplôme supérieur, chargés de cours dans une faculté mixte, pourront avoir le droit de vote pour l'élection des délégués de l'enseignement médical si leurs cours s'adressent à la fois aux étudiants en médecine et aux étudiants en pharmacie.

Mais d'une façon générale bien que la loi n'ait pas déterminé quel est le diplôme dont la possession donne le droit de vote dans les diverses facultés, ne pourrait-on

---

1. V. p. 200.

pas soutenir que ce diplôme doit être celui de l'ordre de
la faculté où est exercé le droit de vote, diplôme qui est
exigé pour le titulariat? Il ne faut pas se dissimuler que
si l'on admet cette règle et que si l'on admet d'autre part,
comme nous le verrons bientôt, l'électorat multiple pour
les membres de l'enseignement supérieur qui exercent des
fonctions dans des facultés distinctes, l'on arrivera à de
singulières conséquences : ainsi, un professeur d'une faculté de médecine chargé d'un cours dans une faculté de
droit possédera dans cette seconde faculté le droit d'électorat qui est donné dans les facultés de droit aux chargés
de cours sans condition de grades, tandis que si ce même
professeur de médecine est chargé de cours dans une faculté des lettres ou dans une faculté des sciences, il ne
pourra prendre part au vote que s'il est docteur ès-lettres
ou ès-sciences ; et encore, de deux professeurs d'une faculté mixte, l'un possédant le diplôme de docteur en médecine, l'autre celui de docteur ès-sciences, chargés de
cours tous deux dans une même faculté des sciences, l'un,
le docteur ès-sciences, y possédera l'électorat qui n'ap-
partiendra pas au docteur en médecine. Pour éviter ces
difficultés; il n'y a que deux moyens : ou bien décider
que, dans chaque faculté, l'électorat ne sera donné qu'aux
chargés de cours et aux maîtres de conférences qui rem-
pliront les conditions nécessaires pour acquérir le titulariat, ou bien décider que les chargés de cours et maîtres
de conférences seront électeurs si, remplissant bien entendu les conditions de fonctions exigées, ils possèdent un
diplôme de docteur quel qu'il soit, ou même le diplôme supérieur de pharmacien qui, en réalité, est bien équivalent
au doctorat. La première opinion, bien qu'elle puisse trouver un argument d'analogie à invoquer dans la circulaire

du 31 décembre 1885[1], conduit à des inégalités choquantes, absolument injustifiées, et que le législateur ne semble pas avoir eues en vue, entre les chargés de cours et maîtres de conférences des diverses facultés, puisque dans les facultés de théologie et de droit d'une part, il n'y a aucune condition de grade exigée pour l'exercice du droit de vote par les chargés de cours et maîtres de conférences, tandis que dans les autres facultés et dans les écoles supérieures de pharmacie l'on exigera d'eux les conditions nécessaires pour le titulariat. La dernière opinion, qui est celle à laquelle nous nous rangeons, paraît la plus logique ; elle se conforme d'ailleurs exactement à la lettre de la loi et aussi, croyons-nous, à son esprit. Dans tous les cas où la loi exige pour l'électorat la possession du grade de docteur, ce droit appartient à tous les membres de l'enseignement qui, remplissant d'autre part toutes les conditions de fonctions que nous avons étudiées, possèdent un diplôme de docteur quel qu'il soit, qu'il corresponde ou non à l'ordre d'enseignement que donne la faculté ou école où doit être exercé le droit de vote, ou encore qui possèdent le diplôme supérieur de pharmacien qui est bien équivalent au doctorat.

Arrivons à la question de l'électorat multiple. Bien que le droit de vote soit attaché à la fonction [2], il est bien certain que le fait pour un même membre de l'enseignement de remplir plusieurs fonctions, d'être chargé de plusieurs enseignements, de plusieurs cours dans un même établissement ne peut lui donner plusieurs droits de vote, plusieurs suffrages, alors même que les fonctions, que les

1. V. p. 186.
2. Circ. 18 mars 1880, citée p. 196.

enseignements seraient absolument distincts. Mais la
question est plus délicate de savoir si un professeur, un
chargé de cours d'une faculté qui sont chargés de cours
dans une autre faculté [1] possèdent l'électorat dans les corps
électoraux distincts que forment ces établissements. Loin
de s'opposer à ce double droit de suffrage, les termes de la
loi semblent parfaitement l'autoriser, puisque l'électorat
est accordé à tous les chargés de cours dans chaque faculté
ou école, et les termes déjà cités de la circulaire du 18 mars
1880 : « le droit de vote est attaché à la fonction ; par suite,
quand un électeur appartient à plusieurs corps électoraux
il vote plusieurs fois », viennent confirmer cette opinion.
Pour que les membres de l'enseignement aient ainsi le
droit de vote dans plusieurs facultés ou écoles différentes
il suffira qu'ils remplissent dans chacune d'elles les conditions de fonctions et de grades que nous avons déjà étudiées. Nous avons vu que les membres des facultés mixtes
étaient répartis dans les deux groupes électoraux des maîtres de l'enseignement médical et des maîtres de l'enseignement pharmaceutique ; ceux d'entre eux qui sont chargés de deux enseignements distincts dont l'un fait partie de
l'enseignement médical et s'adresse aux étudiants en médecine, et dont le second correspond à l'enseignement des
sciences pharmaceutiques et s'adresse aux étudiants en
pharmacie, ne font-ils pas partie des deux corps électoraux ? Nous croyons que si ; loin de contredire cette solution la circulaire du 5 avril citée plus haut vient apporter
un argument décisif, si l'on considère qu'elle ne vise que
les maîtres qui sont chargés d'un seul enseignement qui

---

1. Ce cas est de nature à se présenter de plus en plus souvent étant
donnée la tendance des universités nouvelles à développer cette « extension ».

s'adresse *à la fois* aux étudiants en médecine et en pharmacie, et non pas séparément à ces deux catégories d'élèves [1].

Passons aux conditions que doivent remplir les délégués. C'est parmi ses membres que chaque corps choisit ses délégués. La loi est du reste fort nette, et ne donne l'éligibilité qu'aux professeurs titulaires ; elle est muette sur les conditions d'exercice, mais les professeurs en congé sont, sans aucun doute, éligibles. Autre question : les professeurs adjoints sont-ils éligibles ? l'article 40 du décret du 28 décembre 1885 les assimile bien presque complètement aux professeurs titulaires, et d'autre part la circulaire du 31 décembre de la même année les déclare éligibles au conseil général des facultés alors que l'article 1er du décret ne vise que les professeurs titulaires [2] ; mais nous devons faire toutes nos réserves sur cette interprétation, et nous nous en tenons au texte même de la loi de 1880 en refusant l'éligibilité aux professeurs adjoints, le décret de 1885 n'ayant pas modifié la loi.

Enseignement secondaire. — Les représentants de l'enseignement secondaire sont :

« Huit agrégés en exercice de chacun des ordres d'agrégation (grammaire, lettres, philosophie, histoire, mathématiques, sciences physiques ou naturelles, langues vivantes, enseignement spécial), élus par l'ensemble des agrégés du même ordre, qui sont professeurs ou fonctionnaires en exercice dans les lycées ;

« Deux délégués des collèges communaux, élus, l'un

1. V. p. 200.
2. V. p. 190.

dans l'ordre des lettres, l'autre dans l'ordre des sciences, par les principaux et professeurs en exercice dans ces collèges, pourvus du grade de licencié dans le même ordre. »

Il faut remarquer qu'il ne s'agit ici que de l'enseignement secondaire des garçons, la loi du 27 février 1880 n'ayant pu, en effet, viser l'organisation, par la loi du 21 décembre de la même année, de l'enseignement secondaire des jeunes filles ; par suite, « les agrégées et licenciées des lycées et collèges de jeunes filles ne sont pas électeurs au conseil supérieur [1]. C'est là une lacune. Il y en a une autre à signaler : les répétiteurs des lycées et collèges n'ont pas de représentants au conseil supérieur [2].

Pour les conditions d'électorat et d'éligibilité, il y a des règles de détail spéciales aux délégués des lycées, spéciales aux délégués des collèges, communes à ces deux ordres.

Dans les lycées, il y a huit corps électoraux distincts correspondant aux huit ordres d'agrégation énumérés par la loi et composés de l'ensemble des agrégés du même ordre qui sont professeurs ou fonctionnaires en exercice dans les lycées ; chacune de ces catégories élit un seul délégué, et non, comme pourrait le laisser supposer la mauvaise rédaction de la loi, huit délégués pour chaque ordre.

La loi a réuni les deux agrégations des sciences physiques et des sciences naturelles dont les titulaires sont fort peu nombreux, pour n'en former qu'un seul corps électoral [3]. « Bien que l'agrégation de l'enseignement secon-

1. Circ. 15 mars 1892.
2. V. p. 228.
3. V. statut 27 février 1869.

daire spécial ait été supprimée depuis 1891 [1], les agrégés de cet enseignement, en exercice dans les lycées, continuent à élire un délégué au conseil supérieur [2] » ; l'agrégation de l'enseignement secondaire spécial comprenait deux ordres, scientifique, littéraire et économique [3], qui sont réunis pour ne former qu'un corps électoral.

« Les agrégés qui ont obtenu ce titre, soit dans les lettres, soit dans les sciences, pendant la période où les agrégations spéciales ont été supprimées, votent avec les agrégés de la classe où ils enseignent actuellement s'ils sont professeurs, de la dernière classe où ils ont enseigné s'ils appartiennent actuellement à l'administration des lycées [4]. » Les mêmes règles sont applicables aux fonctionnaires et aux professeurs qui, sans être agrégés, sont docteurs ès-lettres et ès-sciences et qui font partie des divers corps électoraux avec les agrégés [5].

Dans les collèges, il n'y a que deux corps électoraux formés par les licenciés ès-lettres et par les licenciés ès-sciences qui sont principaux ou professeurs dans ces collèges. « Les agrégés de l'enseignement classique et de l'enseignement spécial qui sont attachés aux collèges communaux votent avec les professeurs licenciés de ces collèges [6]. » Les licenciés des langues vivantes votent avec les licenciés ès-lettres.

Dans les lycées et collèges, sont respectivement électeurs

---

1. Décret 4 juin 1891, art. 4.

2. Circ., 25 mars 1896.

3. V. décret 28 mars 1866.

4. Décret 16 mars 1880, art. 9. — Le décret du 10 avril 1852 supprimait tous les ordres d'agrégation et n'en laissait subsister que deux : l'agrégation des sciences et l'agrégation des lettres ; les diverses agrégations spéciales ont été rétablies successivement de 1857 à 1869.

5. Rapport Chalamet, à la Chambre ; *Off.* du 7 juillet 1879, p. 6293.

6. Décret 16 mars 1880, art. 10.

les professeurs suppléants [1] ; mais l'électorat n'appartient pas aux délégués dans les fonctions de professeurs, ni aux chargés de cours, alors même qu'ils rempliraient la condition de possession des grades d'agrégé ou de licencié.

Les fonctionnaires qui peuvent être électeurs sont dans les lycées les seuls proviseurs et censeurs [2], dans les collèges les principaux ; ils doivent remplir les conditions de grades et d'exercice exigées des professeurs [3].

« Les agrégés du collège Rollin et du collège Stanislas qui ont des rapports étroits avec les lycées de Paris et les mêmes intérêts peuvent-ils prendre part au vote avec ces établissements ? Les termes formels de la loi ne permettent pas cette interprétation. Le collège Rollin, établissement municipal, doit être classé avec les collèges communaux et concourir à l'élection de leurs deux représentants. Le collège Stanislas, établissement privé, ne peut pas prendre part au vote [4] » ; il en est de même pour les fonctionnaires de l'enseignement public mis par le ministre à la disposition des administrations du collège Sainte-Barbe et de l'école Alsacienne, ou délégués au prytanée de la Flèche.

« Les professeurs agrégés ou licenciés en congé sont-ils électeurs ? Le doute n'est pas possible pour ceux d'entre eux qui, n'ayant obtenu qu'un congé limité, de quelques mois ou même d'un an, n'ont été remplacés que par un suppléant, et ont conservé leur titre ainsi que le droit de

1. V. arr. minist. 28 juin 1884.
2. Rapport Chalamet cité.
3. Remarquer que, par suite du titre donné par erreur à la circul. du 3 mai 1880, le code des lois politiques et administratives (t. II. Enseignement, n⁰ˢ 131 et 132, p. 471) de Dalloz a pu dire que les proviseurs et principaux n'étaient pas éligibles au conseil supérieur.
4. Circ. 18 mars 1880.

reprendre leurs fonctions dans l'établissement auquel ils n'ont pas cessé d'appartenir. Ces professeurs agrégés ou licenciés votent avec leurs collègues, dans le lycée ou dans le collège où ils sont titulaires. Ceux, au contraire, qui ont été mis en congé de disponibilité ou d'inactivité, sans conserver leur titre ni rester attachés à aucun établissement, ne peuvent être considérés comme en exercice, et ne prennent pas part au vote [1]. »

« Les agrégés et licenciés qui n'appartiennent pas à la nationalité française sont-ils électeurs? Malgré les services qu'ils ont rendus et rendent chaque jour à l'enseignement, ils ne sont pas Français aux yeux de la loi et ne peuvent, par suite, prendre part à la nomination d'une assemblée française. Il a donc paru impossible d'admettre à cet égard une dérogation aux lois générales sur la matière [2]. »

La possession de deux ou plusieurs agrégations ou licences distinctes peut-elle donner à un même électeur plusieurs droits de vote? La question ne peut se poser s'il s'agit d'agrégations ou de licences dont les titulaires sont réunis pour ne former qu'un seul corps électoral, comme par exemple les agrégations des sciences naturelles et des sciences physiques, les diverses licences ès-sciences et les licences ès-lettres. Mais nous croyons qu'il résulte du texte même de la loi que le professeur ou fonctionnaire qui serait possesseur de deux ou plusieurs agrégations ou licences donnant l'électorat dans des groupes différents jouirait bien du droit de suffrage dans ces groupes ; et il ne serait même pas nécessaire qu'il remplît des

1. Circ. 18 mars 1880.
2. Circ. 18 mars 1880.

fonctions, qu'il fût chargé d'enseignements correspondant aux ordres d'agrégations ou de licence dont il est pourvu ; l'électorat, en effet, dans l'enseignement secondaire, paraît être attaché plutôt au grade sous condition de fonctions qu'à la fonction sous condition de grades ; les huit ordres d'agrégation, les deux ordres de licence forment des corps électoraux différents dans lesquels les agrégés ou licenciés ne sont pas classés d'après la fonction qu'ils exercent ou l'enseignement qu'ils donnent, mais d'après l'ordre d'agrégation ou de licence qu'ils possèdent, si bien que, par exemple, un agrégé de grammaire professeur des classes supérieures de lettres ne votera pas avec les agrégés des lettres mais bien avec les agrégés de grammaire ; la seule possession de deux ou plusieurs agrégations ou licences pourra donc donner à un électeur le droit de voter et par suite d'être éligible, comme nous allons le voir, dans deux ou plusieurs groupes électoraux.

Pour les conditions d'éligibilité exigées des délégués de l'enseignement secondaire, il ne s'élève aucune difficulté. Les délégués de chaque groupe doivent être choisis dans ce groupe. Tous les électeurs sont, en principe, éligibles, fonctionnaires comme professeurs ; mais les docteurs ès-lettres ou ès-sciences qui, sans être agrégés, sont attachés à des lycées, bien qu'électeurs, ne sont pas éligibles ; il en est de même pour les agrégés qui, sans être licenciés, sont attachés à des collèges [1]. D'autre part, la condition d'exercice est formellement exigée par les termes mêmes de la loi pour les délégués des agrégés ; elle l'est aussi pour les délégués des collèges communaux,

---

1. La question ne peut se poser que pour les agrégés des langues vivantes, tous les autres agrégés sont licenciés.

« les dispositions de la loi, prise dans son ensemble, et l'esprit dans lequel elle a été rédigée, ne peuvent laisser aucun doute à cet égard [1] ».

Enseignement primaire. — L'enseignement primaire public est représenté au conseil supérieur par :

« Six membres de l'enseignement primaire, élus au scrutin de liste par les inspecteurs généraux de l'instruction primaire, par le directeur de l'enseignement primaire de la Seine, les inspecteurs d'académie des départements, les inspecteurs primaires, les directeurs et directrices des écoles normales primaires, la directrice de l'école Pape-Carpantier [2], les inspectrices générales et les déléguées spéciales chargées de l'inspection des salles d'asile » ; « et par les directeurs et directrices d'écoles primaires supérieures publiques, et les instituteurs et institutrices nommés membres du conseil départemental [3] ».

La loi a limité de façon précise les catégories de fonctionnaires qui ont le droit de vote ; elles sont très restreintes relativement au nombre des membres de l'enseignement primaire. Les seules difficultés qui se soient posées pour la composition du corps électoral, qui est ici unique, sont les suivantes : les directeurs des cours complémentaires annexés aux écoles primaires élémentaires ne sont pas électeurs [4]. Les délégués dans les fonctions de directeur ou directrice d'école primaire supérieure ne sont pas

1. Circ. 22 février 1884 ; V. aussi arr. minist. 4 juin 1884 ; V. discussion, amend. Ed. Millaud, Chambre, 17 et 19 juillet 1879.

2. L'école Pape-Carpantier a été supprimée par le décret du 8 janvier 1891.

3. Ce dernier paragraphe a été ajouté par la loi du 30 octobre 1886, art. 51.

4. Circ. 22 février 1888 et 15 mars 1892.

électeurs [1], sauf ceux qui exerçaient antérieurement à la loi du 30 octobre 1886 en vertu d'une nomination préfectorale [2].

, « La catégorie des éligibles est beaucoup plus étendue que celle des électeurs. Pour être éligible il suffit d'appartenir à un titre quelconque à l'enseignement primaire public, et l'intention du législateur a été évidemment que les délégués pussent être choisis en dehors du corps électoral comme dans le corps lui-même [3].» Si la condition de faire partie de l'enseignement primaire est suffisante, elle est strictement nécessaire et la jurisprudence du Conseil d'État s'est montrée à cet égard, comme nous le verrons, singulièrement plus sévère que celle du ministère de l'instruction publique.

Il est certain que les femmes membres de l'enseignement primaire sont éligibles, de même qu'elles font partie du corps électoral.

Les inspecteurs d'académie qui sont expressément compris par la loi parmi les électeurs de l'enseignement primaire sont-ils éligibles au titre du même enseignement ? Le ministre saisi d'une requête tendant à l'annulation de l'élection d'un inspecteur d'académie en qualité de membre de l'enseignement primaire, rejeta cette requête [4] : « considérant que le législateur, en ne spécifiant pas, comme il l'a fait pour les autres ordres d'enseignement, à quelle catégorie, ou subdivision de service, devaient appartenir « les membres de l'enseignement primaire » élus au con-

---

1. Circ. 22 février 1888 et 15 mars 1892.
2. Circ. 25 mars 1896.
3. Circ. 18 mars 1880.
4. Arr. minist. 1er juin 1892, aff. Chevrel.

seil supérieur, a voulu que cette expression fût entendue dans le sens le plus large ; que, par les fonctions qu'ils tiennent des lois et règlements, les inspecteurs d'académie font partie du service de l'enseignement primaire.... » Le Conseil d'État fut saisi d'un pourvoi contre la décision ministérielle. Le ministre présenta des observations tendant au rejet du pourvoi par les motifs : que les inspecteurs d'académie font partie de l'enseignement primaire ; que, dans l'énumération faite par l'article 1er de la loi des électeurs de l'ordre de l'enseignement primaire, figurent les inspecteurs d'académie ; qu'il en résulte qu'ils sont membres de l'enseignement primaire ; qu'aucune loi ne fait obligation d'exercer des fonctions enseignantes pour être qualifié de membre de tel ou tel enseignement ; qu'en énumérant séparément parmi les électeurs de l'enseignement primaire le directeur de l'enseignement primaire de la Seine [1] et les inspecteurs d'académie des départements, la loi a nettement exclu de cet ordre les sept inspecteurs d'académie qui n'en sont pas membres, et y a placé les inspecteurs d'académie qui en sont véritablement membres, à savoir l'inspecteur de l'académie de Paris chargé des affaires concernant les écoles primaires et les inspecteurs d'académie des départements.

Le Conseil d'État décida au contraire par son arrêt du 7 juillet 1893 [2], que les inspecteurs d'académie, s'ils font partie du collège électoral chargé de procéder à l'élection des six membres de l'enseignement primaire, ne doivent cependant pas pour cela être réputés éligibles, qu'en effet

1. Dans l'académie de Paris, pour le seul département de la Seine, il y a huit inspecteurs d'académie, dont un seul, qui prend le titre de directeur de l'enseignement primaire de la Seine, est chargé des affaires concernant l'enseignement primaire (décret 22 août 1854, art. 30).
2. D. 94.3.69 ; S. 95.3.60.

la loi telle qu'elle avait été renvoyée au Sénat ne les admettait à aucun titre à faire partie du conseil supérieur ; que cette exclusion signalée au gouvernement[1], qui l'a expressément reconnu, a donné lieu à une discussion à la suite de laquelle le texte primitif a été modifié dans le but de permettre la nomination des inspecteurs par décret, et qu'ils ont été compris alors dans l'énonciation de ceux que le chef de l'État peut faire entrer dans la composition du conseil supérieur ; qu'il suit de là que ces fonctionnaires qui appartiennent aux trois ordres de l'enseignement, ne peuvent être considérés comme étant membres de l'enseignement primaire et sont inéligibles en cette qualité.

Nous approuvons la solution adoptée par l'arrêt du Conseil d'État qui nous paraît conforme à l'esprit général de la loi de 1880 ; les inspecteurs d'académie ont en effet un rôle simplement administratif et ne sont pas qualifiés pour représenter les membres de l'enseignement primaire dont ils sont, en quelque sorte, les chefs ; il faut cependant remarquer que les inspecteurs généraux de l'enseignement primaire et les inspecteurs de l'instruction primaire dont les fonctions sont aussi purement administratives, sont certainement éligibles comme délégués de l'enseignement primaire. Mais, il est, d'autre part, difficile d'admettre les considérants de l'arrêt ; il est certain que par leurs fonctions mêmes les inspecteurs d'académie sont membres de l'enseignement primaire ; le Conseil d'État le reconnaît lui-même, et se contredit, en disant qu'ils appartiennent aux trois ordres de l'enseignement ;

1. Par M. J. Simon, au Sénat, le 31 janvier 1889 ; *Off.* du 1er février, p. 1122.

enfin, il serait difficile d'expliquer pourquoi la loi leur donne l'électorat dans l'enseignement primaire.

A plus forte raison, les anciens inspecteurs d'académie, n'exerçant plus aucune fonction dans l'enseignement primaire, ne sont pas éligibles au conseil supérieur par les membres de cet enseignement [1].

Il est difficile aussi d'admettre les considérants d'un autre arrêt en date du 28 juin 1889, par lequel le Conseil d'État a décidé que, le fait pour un membre de l'enseignement supérieur d'être chargé d'une mission temporaire dans l'enseignement primaire, ne peut lui donner la qualité de membre de l'enseignement primaire [2]. Cette conclusion est parfaitement admissible, mais l'arrêt invoque comme principal considérant qu'un membre de l'enseignement supérieur ne peut être en même temps membre de l'enseignement primaire ; il y a là une contradiction absolue avec l'esprit de la loi interprété par l'article 4, § 4, du décret du 16 mars 1880 [3], et par la circulaire du 18 mars [4].

Les instituteurs primaires détachés dans les lycées en qualité de maîtres de classes primaires en vertu du décret du 31 octobre 1892, continuent à figurer dans leur cadre d'origine et sont traités exactement comme s'ils continuaient à exercer dans l'enseignement primaire ; ils en font donc partie et sont éligibles en cette qualité au conseil supérieur. Il en est autrement des professeurs des classes élémentaires, qui font partie de l'enseignement secondaire.

1. Arr. minist. 2 juin 1888, aff. Ch. Dupuy.
2. Sur appel d'un arr. minist. du 2 juin 1888, aff. Compayré ; D. 91, 3.12 ; S. 91.3.84.
3. V. p. 227.
4. V. p. 196.

Durée des pouvoirs des membres du conseil supérieur. — « Tous les membres du conseil supérieur sont nommés pour quatre ans. Leurs pouvoirs peuvent être indéfiniment renouvelés [1]. »

« En cas de vacance, par décès ou démission, il est pourvu à la vacance dans le délai de trois mois. L'acceptation par un membre élu d'une fonction qui ne lui conserve pas l'éligibilité dans la catégorie spéciale où il est placé, donne également lieu à vacance. Il est alors pourvu au remplacement dans le même délai de trois mois [2]. »

Opérations électorales. — Les opérations électorales ont été réglementées par le décret du 16 mars 1880.

« Lorsqu'il y a lieu de procéder à l'élection des membres du conseil supérieur, le ministre de l'instruction publique fixe, par un arrêté, l'époque des élections. Un délai minimum de quinze jours est obligatoire entre la publication de l'arrêté au *Journal officiel* et les élections [3]. »

« Le ministre de l'instruction publique communique l'arrêté fixant la date des élections au ministre de la guerre, au ministre de l'agriculture, et au ministre du commerce et de l'industrie, qui prennent les mesures nécessaires pour que l'école polytechnique, l'institut agronomique, le conservatoire des arts et métiers, l'école centrale des arts et manufactures nomment leurs délégués à la date fixée. Le dépouillement des votes est fait par le bureau. Les procès-verbaux de ces élections sont transmis, le jour même, au ministre de l'instruction publique [4]. »

1. Loi 27 février 1880, art. 2.
2. Décret 16 mars 1880, art. 4, § 7 et 8.
3. Décret 16 mars 1880, art. 1er.
4. Décret cité, art. 5.

« Le ministre de l'instruction publique informe du jour
fixé pour les élections le président de l'Institut, l'administrateur du Collège de France, le directeur du Muséum, le
directeur de l'école normale supérieure, le président du
conseil de perfectionnement et le directeur de l'école des
chartes, le directeur de l'école des langues orientales vivantes, le directeur de l'école des beaux-arts, qui font
procéder à l'élection au jour fixé. Immédiatement après
la clôture du scrutin le dépouillement des votes est fait
par le bureau. Procès-verbal est adressé le jour même au
ministre [1]. » Les dispositions des articles 2, 3 et 4 du décret s'appliquent certainement à ces élections [2].

Les élections des délégués des membres de l'enseignement public sont plus soigneusement réglementées.

Avant le jour du vote, il est dressé en double des listes
d'émargement pour chaque groupe d'électeurs dans chaque établissement d'enseignement supérieur ou secondaire [3] ; dans les facultés mixtes, il est dressé une liste
pour les électeurs de la médecine et une pour les électeurs
de la pharmacie [4] ; dans les lycées et collèges, il est dressé
une liste pour chaque ordre d'agrégation ou de licence
formant un groupe électoral distinct [5] ; ces listes sont dressées et signées par les chefs d'établissements, doyens,
directeurs, proviseurs et principaux ; elles sont visées par
le recteur. Pour l'enseignement primaire, nous avons vu
qu'il n'y a qu'un corps électoral, unique pour toute la
France ; « tous les électeurs de l'enseignement primaire
votent dans l'académie de leur résidence ; le recteur dresse

1. Décret cité, art. 6.
2. V. p. 227 et 228.
3. Décret cité, art. 7 et 8.
4. Circ. 25 mars 1896.
5. Circ. 18 mars 1880 et 25 mars 1896.

en double la liste de tous les électeurs de l'académie qui
doivent participer à l'élection des six membres de l'enseignement primaire [1]. »

Si quelque omission a été commise, ou si des déplacements opérés parmi le personnel avant le jour de l'élection modifient la composition des corps électoraux et rendent ainsi de nouvelles inscriptions nécessaires, le recteur,
les doyens et directeurs, les proviseurs et principaux peuvent, jusqu'à l'ouverture du vote, modifier les listes et
inscrire un électeur [2] qui aura justifié de ses titres ; avis
de toutes les modifications survenues avant le jour du vote
est donné au recteur par un rapport qui est transmis
au ministre [3]. » Les mots « jusqu'à l'ouverture du vote »
doivent s'appliquer au premier tour de scrutin, c'est-à-
dire au commencement des opérations ; il est en effet de
jurisprudence qu'un second tour de scrutin ne constitue
pas une opération nouvelle, mais une suite, une dépen-
dance du premier tour, resté sans solution, c'est-à-dire
une seule et même opération électorale avec ce premier
tour ; dès lors, le vote une fois ouvert, aucun changement
ne peut être apporté à la liste électorale jusqu'au résultat définitif ; et notamment un professeur nommé dans
l'intervalle du premier ordre au second tour ne peut prendre part au second vote [4]. »

Au jour fixé par l'arrêté ministériel, les bureaux électoraux se constituent. Les professeurs de chaque faculté et
des écoles supérieures de pharmacie se réunissent sous la

---

1. Décret cité, art. 11, § 1 et 2.
2. La circ. du 18 mars 1880 dit : candidat, pour : électeur, et la circ. du
22 février 1884 répète pieusement cette erreur.
3. Circ. 18 mars 1880 et 25 mars 1896.
4. Arr. minist. 28 juin 1884.

présidence du doyen ou du directeur[1], assisté du plus
ancien des professeurs[2] ; si le doyen est absent pour un
service public ou par force majeure, le plus ancien professeur préside le bureau électoral[3]. Les agrégés des lycées
se réunissent sous la présidence du proviseur ; les licenciés des collèges sous la présidence du principal[4] ; le proviseur et le principal président le bureau électoral, même
s'ils ne sont pas électeurs[5] ; ils sont assistés par le plus âgé
et par le plus jeune des électeurs présents[6].

« Le scrutin est ouvert durant deux heures[7]. »

Pour faciliter les opérations de la commission chargée
du dépouillement des votes et assurer le secret complet du
vote, le scrutin a lieu de la façon suivante : l'administration centrale a fait parvenir, par l'entremise du recteur,
aux présidents des bureaux électoraux des facultés et des
lycées et collèges des enveloppes de deux formats. Les
premières, du petit format, sont destinées à recevoir le
bulletin de vote de chaque électeur ; elles ne doivent porter
aucun signe extérieur ; elles sont cachetées par les électeurs eux-mêmes qui les remettent au président du bureau
et signent les feuilles d'émargement en regard de leur nom.
Les autres enveloppes, de grand format, sont destinées à
renfermer tous les bulletins de vote des électeurs d'un
même groupe ; dans les facultés mixtes il y a deux grandes
enveloppes, une pour la médecine et une pour la pharmacie ; dans les lycées et collèges il y en a une pour chaque

---

1. Décret cité, art. 7.
2. Décret cité, art. 7.
3. Circ. 5 avril 1880.
4. Décret cité, art. 8.
5. Circ. 18 mars 1880.
6. Décret cité, art. 8.
7. Décret cité, art. 7.

ordre d'agrégation ou de licence formant des corps électoraux spéciaux ; elles portent chacune la désignation d'un corps électoral particulier : faculté de… ; agrégation de… ; licence de… ; chaque vote recueilli par le président du bureau est immédiatement placé dans la grande enveloppe correspondant au corps électoral auquel appartient l'électeur [1].

Les électeurs retenus loin de la faculté ou école par un service public, ou un examen, votent par correspondance. Ils adressent au président du bureau électoral, de manière qu'il le reçoive au plus tard au moment du scrutin, un pli contenant leur bulletin de vote dans une enveloppe cachetée et sans signe extérieur, et une lettre d'envoi. Le président émarge le nom de ceux dont il a reçu ainsi le vote et joint le bulletin à ceux du même ordre qu'il a recueillis [2]. Nous croyons qu'il faut admettre, malgré le silence de tous les textes, la même règle pour les divers électeurs des facultés et écoles, des lycées et collèges, qui sont en congé régulier au moment du scrutin ; sans cela le droit de vote qui leur est accordé [3] serait absolument illusoire la plupart du temps.

Mais, en dehors des deux cas cités, tous les autres électeurs, quel que soit le motif d'empêchement qu'ils puissent invoquer, doivent apporter eux-mêmes leur vote ; c'est la conséquence de la règle qu'ils doivent signer les feuilles d'émargement.

Le scrutin une fois clos, les listes d'émargement sont arrêtées par le président et les assesseurs ; toutes doivent porter l'indication du nombre des électeurs inscrits et de

---

1. Décret cité, art. 7 et 8 ; circ. 18 mars 1880.
2. Circ. 5 avril 1880.
3. V. p. 203 et p. 213.

celui des votants [1] ; un procès-verbal est dressé pour chaque catégorie d'électeurs ; il est placé, avec une des deux feuilles d'émargement, dans la grande enveloppe contenant les bulletins de vote de chacun des ordres d'électeurs. Le tout est scellé, parafé par le président et les assesseurs, et transmis le jour même directement au ministre [2].

Pour l'enseignement primaire, les votes sont centralisés au chef-lieu de chaque académie [3] ; le recteur a fait parvenir, par l'entremise des inspecteurs d'académie, une petite enveloppe à chaque électeur. « Le recteur doit recevoir, dans la journée fixée pour le vote, les plis cachetés contenant le bulletin de vote et ne portant aucun signe extérieur. Une lettre d'envoi signée de l'électeur est jointe au pli ; le recteur, assisté d'un inspecteur d'académie et d'un inspecteur primaire, émarge sur la liste des électeurs les noms de ceux dont il a reçu le vote. Il réunit dans une grande enveloppe commune tous les plis cachetés et un exemplaire de la liste émargée ; il envoie le tout au ministre [4]. »

« Une commission présidée par le vice-recteur et composée des inspecteurs de l'académie de Paris procède, dans un local accessible aux électeurs, au dépouillement des votes transmis au ministre conformément aux articles 7, 8, 9, 10 et 11 [5], ainsi qu'au recensement des votes re-

1. Circ. 25 mars 1896.
2. Circ. 25 mars 1896.
3. Circ. 25 mars 1896.
4. Décret cité, art. 11.
5. C'est-à-dire les votes des membres des trois ordres de l'enseignement public.

cueillis conformément aux articles 5 et 6 [1-2]. » « Elle réunit toutes les grandes enveloppes portant la mention d'un corps électoral particulier ; après avoir vérifié les listes d'émargement et les procès-verbaux, elle met dans une urne spéciale toutes les enveloppes qui forment le scrutin entier d'un corps électoral ; il est ensuite procédé au dépouillement [3]. »

« L'élection a lieu au scrutin secret et à la majorité absolue des suffrages exprimés. Si un second tour de scrutin est nécessaire, il y est procédé quinze jours après ; dans ce cas la majorité relative suffit [4]. » « Les bulletins sont valables, bien qu'ils portent plus ou moins de noms qu'il n'y a de conseillers à élire. Les derniers noms inscrits au delà de ce nombre ne sont pas comptés. Les bulletins blancs ou illisibles, ceux qui ne contiennent pas une désignation suffisante ou dans lesquels les votants se font connaître, n'entrent pas en compte dans le résultat du dépouillement, mais ils sont annexés au procès-verbal [5]. »

« En cas d'égalité de suffrages, la préférence se détermine par l'ancienneté des services et par l'âge, si l'ancienneté est la même. En cas de refus d'un candidat élu à la majorité absolue, il est procédé à une nouvelle élection ; en cas de refus d'un candidat élu à la majorité relative, il est procédé à un nouveau tour de scrutin [6]. Le délégué élu par plusieurs corps est tenu de faire connaître son option

---

1. C'est-à-dire les votes des grands corps scientifiques et des grandes écoles.

2. Décret cité, art. 12.

3. Circ. 18 mars 1880.

4. Décret cité, art. 2.

5. Décret cité, art. 3.

6. Ces deux règles sont au moins singulières ; dans le second cas, il pourra y avoir ainsi trois tours de scrutin.

au ministre dans les trois jours qui suivent l'insertion au *Journal officiel* du procès-verbal des opérations électorales. A défaut d'option dans ce délai, le ministre, assisté de la commission instituée par l'article 12, détermine par la voie du sort le corps dont l'élu devra être le représentant. Il sera procédé quinze jours après à une nouvelle élection [1]. »

« Procès-verbal de l'examen des opérations électorales et du dépouillement est publié au *Journal officiel* [2]. »

Recours contre les opérations électorales. — « Dans les cinq jours de cette publication au *Journal officiel,* les opérations électorales pourront être attaquées par tout électeur du même groupe devant le ministre, qui statuera dans le délai d'un mois. La décision du ministre pourra être déférée au Conseil d'État dans le délai de quinze jours à partir de la notification. Faute par le ministre d'avoir prononcé dans le délai d'un mois, la réclamation pourra être portée directement devant le Conseil d'État, statuant au contentieux [3]. »

Modifications projetées dans la composition du conseil supérieur et des conseils académiques [4].

Dans ces dernières années divers projets de modifications à apporter dans la composition du conseil supérieur et des conseils académiques ont été présentés. Ils sont dus principalement à la nécessité aujourd'hui reconnue de faire une place dans ces conseils aux représentants de l'enseignement secondaire public des jeunes filles qui

1. Décret cité, art. 4, § 1 à 6.
2. Décret cité, art. 12, § 1er.
3. Décret cité, art. 12, § 2 à 5.
4. V. Th. Ducrocq, *Cours de droit administratif,* 7e édit., II, no 768, p. 497 et s.

n'était pas organisé au moment du vote de la loi de 1880, et aux représentants des répétiteurs des lycées et collèges de garçons. D'autre part, des réformes s'imposent dans le fonctionnement et surtout les attributions des conseils académiques et les propositions de loi qui donnent satisfaction à ces réformes ont aussi modifié la composition, soit des conseils académiques, soit du conseil supérieur.

Le premier projet de loi relatif au conseil supérieur et aux conseils académiques est celui qui fut déposé le 27 février 1896, à la Chambre des députés, par M. Combes, ministre de l'instruction publique[1]. Il fut d'ailleurs retiré par un décret du 6 février 1897, sur la proposition de son successeur, M. Rambaud. Ce projet, revenant au principe d'après lequel les grands intérêts sociaux doivent être représentés au conseil supérieur, principe admis et appliqué par la loi de 1850 et rejeté absolument par la loi de 1880, introduit dans la composition du conseil supérieur deux députés, deux sénateurs, un membre du Conseil d'État, un membre de la Cour de cassation, un mm bre du conseil supérieur du commerce, etc. ; mais il supprime les représentants des grandes écoles, école des chartes, école polytechnique, etc. ; d'autre part, ce projet fait élire les représentants des divers ordres de l'enseignement public non plus directement par telle ou telle catégorie de membres des trois ordres d'enseignement, mais par les conseils des universités, par les conseils académiques et par les conseils départementaux. Comme innovations, il faut signaler l'introduction au conseil de représentants des lycées et collèges de jeunes filles et des répétiteurs.

Composé d'après le même principe le conseil académi-

1. V. exposé des motifs et texte, ann. 1812, *Doc. parl.*, p. 275.

que, d'après ce projet, comprend un conseiller général,
un conseiller municipal, un membre de la chambre de
commerce, un membre de la chambre d'agriculture, etc. ;
la composition, pour le reste, est la même que celle du
conseil académique actuel, sauf l'adjonction de deux
professeurs de l'enseignement secondaire des jeunes filles,
un professeur des classes élémentaires, et de deux répétiteurs des lycées de garçons.

Le 6 février 1897, M. Rambaud, ministre de l'instruction publique, déposait un projet de loi nouveau sur les
conseils académiques et sur le contentieux et la discipline
de l'enseignement supérieur et de l'enseignement secondaire public[1]. Ce projet ne visait pas la composition du
conseil supérieur, mais seulement celle des conseils académiques ; il fut à ce point de vue complété par un projet
de loi en date du 5 avril. Le conseil académique devient
un conseil d'enseignement secondaire ; les doyens des facultés seuls y représentent l'enseignement supérieur. Les
innovations à signaler sont les suivantes : le ministre désigne, en outre des conseillers municipaux et des conseillers généraux qui font déjà partie du conseil académique
d'après la législation actuelle, deux membres des bureaux
d'administration et un médecin des lycées et collèges de
garçons et de filles du ressort ; deux proviseurs, un cen-
seur, un surveillant général, un principal, une directrice
d'un lycée ou d'un collège de jeunes filles sont aussi désignés par le ministre. Dans les lycées de garçons, il n'y a
plus qu'un seul corps électoral composé de tous les professeurs titulaires et chargés de cours, quels que soient
leurs grades, élisant six professeurs titulaires, dont trois

____

1. V. exposé des motifs et texte, ann. 2258, *Doc. parl.*, p. 211.

de l'enseignement classique et trois de l'enseignement moderne ; les professeurs des classes élémentaires nomment l'un d'entre eux ; pour l'enseignement secondaire des jeunes filles, les professeurs et chargées de cours élisent deux professeurs titulaires ; enfin les répétiteurs des lycées et collèges de garçons, réunis en seul corps électoral, élisent deux répétiteurs des lycées.

Le 22 mars 1897, MM. Chaudey, Dejean, Lebret, Bouge et Armez déposaient à la Chambre une proposition de loi de deux articles destinée à donner satisfaction aux intérêts des répétiteurs, sans attendre le vote du projet d'ordre général déposé par le gouvernement [1] ; aux termes de ce projet, deux répétiteurs élus par les répétiteurs titulaires des lycées et collèges de garçons feraient partie du conseil supérieur ; deux répétiteurs élus dans les mêmes conditions seraient membres du conseil académique.

Quelques jours après, le 26 mars, pour le même motif, était déposée à la Chambre une proposition de loi de M. Couyba, qui faisait entrer dans la composition du conseil supérieur et des conseils académiques deux répétiteurs des lycées et un répétiteur des collèges, élus respectivement par leurs collègues [2].

Le 5 avril 1897, complétant le projet déposé le 6 février, M. Rambaud, ministre de l'instruction publique, déposait sur le bureau de la Chambre des députés, un projet de loi dont l'article unique modifiait la composition du conseil supérieur [3], ou du moins ajoutait à la liste des membres

1. V. exposé des motifs et texte, ann. 2360, *Doc. parl.*, p. 291.
2. V. exposé des motifs et texte, ann. 2366, *Doc. parl.*, p. 837.
3. V. exposé des motifs et texte, ann. 2394, *Doc. parl.*, p. 920.

qui le composent aux termes de la loi de 1880 six membres nouveaux : deux agrégés exerçant dans l'enseignement moderne des lycées de garçons, l'un de l'ordre littéraire, l'autre de l'ordre scientifique, élus par les agrégés du même ordre exerçant dans les mêmes conditions ; deux agrégées de l'enseignement secondaire des jeunes filles, l'une de l'ordre littéraire, l'autre de l'ordre des sciences, élues par les professeurs titulaires du même ordre des lycées et collèges de jeunes filles ; deux répétiteurs, l'un des lycées, l'autre des collèges de garçons, élus au scrutin de liste par les répétiteurs des lycées et collèges. Ce projet a l'avantage d'introduire dans la composition du conseil supérieur les éléments dont la présence y est reconnue nécessaire, sans réorganiser complètement le conseil et en n'en modifiant pas la composition générale. Mais il faut reconnaître que ses dispositions de détail sont pour le moins singulières ; ainsi tous les agrégés de l'enseignement moderne sont déjà électeurs dans les divers ordres d'agrégation, puisqu'il n'existe pas d'agrégation spéciale pour l'enseignement moderne ; d'autre part, ces agrégés sont presque tous des agrégés de l'enseignement secondaire spécial qui continuent à élire un délégué distinct, bien que cette agrégation ait été supprimée ; enfin l'on peut critiquer le mode d'élection des représentants des répétiteurs.

Le 19 juin 1897, M. Maurice Faure déposait à la Chambre une très importante proposition de loi modifiant profondément le caractère qu'avait imprimé la loi de 1880 au conseil supérieur et aux conseils académiques, soit dans leur composition, soit dans leurs attributions [1].

____

1. V. exposé des motifs et texte, ann. 2539, *Doc. parl.*, p. 1431.

Au point de vue de la composition de ces conseils le projet présente les trois principaux caractères suivants : introduction d'éléments étrangers à l'enseignement, exclusion absolue des administrateurs, extension du droit d'électorat et d'éligibilité à tous les universitaires. M. Maurice Faure fait d'abord la critique des principes sur lesquels repose la loi de 1880, qu'il considère comme une loi de circonstance, tout en se défendant de la considérer comme une œuvre de parti. Il fait surtout le reproche à la loi de 1880 d'avoir étendu les pouvoirs du ministre au détriment de ceux du conseil supérieur, d'avoir donné au ministre une autorité prépondérante en enlevant au conseil toute initiative en matière administrative, d'avoir réduit le conseil au simple rôle de comité d'études, de comité consultatif, mis d'ailleurs par son règlement intérieur sous la domination toute puissante du ministre. D'autre part, le conseil supérieur qui est un tribunal possédant des attributions contentieuses et disciplinaires, n'a pas dans ce rôle l'autorité et la liberté d'action suffisante ; ces considérations de l'auteur du projet que nous étudions peuvent soulever des critiques fondées. M. Maurice Faure conclut en introduisant dans la composition du conseil supérieur, quatre sénateurs, quatre députés, deux conseillers d'État, deux membres de la Cour de cassation qui, joints aux cinq membres de l'Institut, donneront, à ses yeux, au conseil supérieur plus de compétence et plus d'autorité. D'autre part, il exclut du conseil tous les administrateurs, tous les fonctionnaires qui n'ont pas qualité de professeurs, et notamment les conseillers nommés par décret ; le ministre seul a entrée au conseil qu'il préside d'ailleurs. Enfin, il élargit les cadres de l'électorat dans les trois ordres de l'enseignement, et donne l'éligibilité à tous les électeurs.

L'enseignement supérieur est représenté par neuf délégués, à raison de deux délégués pour chacun des ordres
de facultés (droit, médecine, sciences, et lettres) et d'unr
délégué pour la pharmacie, élus au scrutin de liste par
l'ensemble des professeurs, chargés de cours, agrégés,
maîtres de conférences et chefs des travaux pratiques,
pourvus du grade de docteur. L'enseignement secondaire
nomme dix-sept délégués élus au scrutin de liste par l'ensemble des fonctionnaires en exercice dans les lycées et
collèges de garçons et de filles, et choisis parmi eux, à
raison de dix délégués pour les lycées de garçons, cinq
délégués pour les collèges, et de deux déléguées pour l'enseignement secondaire des jeunes filles. L'enseignement
primaire aura seize représentants, élus au scrutin de liste
par les inspecteurs primaires et tous les fonctionnaires en
exercice dans les écoles publiques de garçons et de filles,
à raison de trois délégués pour les écoles normales et
écoles supérieures de garçons, de trois déléguées pour les
mêmes écoles de filles, de cinq délégués pour les instituteurs et de cinq pour les institutrices. Il semble bien résulter des termes mêmes du projet qu'il n'y aurait plus
dans chaque ordre d'enseignement, qu'un seul corps électoral comprenant des fonctionnaires d'ordres et d'enseignements différents, de titres et de grades les plus divers ;
l'on peut en conclure que les minorités, comme celles des
répétiteurs dans l'enseignement secondaire, qui n'ont
point de représentants spéciaux, seraient forcément sacri-
fiés. Enfin, quatre délégués de l'enseignement libre ou
privé[1] élus par un corps électoral unique comprenant
tous les professeurs de cet enseignement siégeront au
conseil pour les affaires intéressant cet enseignement.

1. Remarquer l'emploi simultané des deux termes : libre et privé.

M. Maurice Faure supprime les délégués de diverses grandes écoles et fait élire un délégué par le conseil supérieur de l'agriculture, un autre par le conseil supérieur du commerce et un troisième par le conseil supérieur des beaux-arts ; l'académie de médecine, le Muséum, le Collège de France, l'école des chartes, l'école des langues orientales vivantes, l'école normale supérieure élisent respectivement un délégué.

Les conseils académiques sont composés d'après les mêmes principes. Pour « transformer ces conseils, qui sont aujourd'hui des comités d'études sans action et sans influence, en autorités indépendantes et respectées », leur composition comprendra trois membres élus par les cours d'appel du ressort, trois conseillers généraux et trois conseillers municipaux élus par l'ensemble des conseils généraux et municipaux du ressort qui contribuent aux dépenses de l'enseignement secondaire [1]. « Pour rendre plus prospère la situation de ces assemblées dans lesquelles la présence des administrateurs étouffe depuis dix-sept ans toute manifestation indépendante, toute initiative personnelle, toute lueur d'originalité », l'exclusion absolue des administrateurs est prononcée ; le recteur et les inspecteurs d'académie ne remplissent plus auprès du conseil académique que les fonctions de commissaires du gouvernement. D'autre part, le conseil académique devient exclusivement un conseil d'enseignement secondaire où les doyens des facultés eux-mêmes n'ont plus place. Mais ici les élections des représentants des membres de l'enseignement, au contraire de la règle adoptée pour les élections au conseil supérieur, ont lieu par catégories ; ces

---

1. On peut se demander comment pourront bien se faire ces élections.

représentants sont : neuf professeurs titulaires des lycées, dont cinq de l'enseignement classique et quatre de l'enseignement moderne élus par l'ensemble des professeurs des lycées ; quatre chargés de cours des lycées élus par tous les chargés de cours ; deux professeurs des classes élémentaires des lycées élus par leurs collègues et par les maîtres primaires des lycées ; deux professeurs des collèges élus par leurs collègues ; deux professeurs de l'enseignement secondaire des jeunes filles élues par leurs collègues et par les chargées de cours des lycées et collèges de filles ; deux répétiteurs des lycées ou des collèges élus par les répétiteurs en exercice dans les lycées et collèges. Enfin, deux membres de l'enseignement secondaire libre nommés par tous les professeurs des établissements libres sont adjoints au conseil académique pour les affaires intéressant ces établissements.

Nous n'insisterons pas davantage sur ce projet ; les idées générales sur lesquelles il repose sont aisément criticables, et ses dispositions de détail relatives, soit au nombre et à la répartition des représentants des membres de l'enseignement public, soit aux formes de leur désignation ne semblent pas répondre aux vœux du corps enseignant[1].

Tous les projets que nous venons rapidement de passer en revue sont devenus caducs avec la fin de la sixième législature ; aucun d'eux n'a été encore repris, aucun projet nouveau n'a été présenté. Mais un mouvement de réforme s'est prononcé dans le Parlement, au point de vue

---

1. Il faut remarquer que ce projet laisse de côté la composition du conseil départemental bien que la loi de 1886 l'ait composé d'après les principes posés par la loi de 1880 pour la composition du conseil supérieur et des conseils académiques.

de l'administration générale de l'instruction publique ; les modifications rendues nécessaires dans la composition du conseil supérieur et des conseils académiques par la transformation de l'enseignement spécial, l'organisation de l'enseignement secondaire des jeunes filles, par les revendications justifiées des répétiteurs et par la constitution des universités régionales sont au nombre des questions à l'ordre du jour ; mais étant donné que la moindre modification à la loi de 1880 ne saurait se faire sans entraîner les plus longues discussions sur l'ensemble de la législation relative à la composition et aux attributions des conseils universitaires, l'on ne peut compter voir aboutir avant longtemps les améliorations réclamées.

Fonctionnement du conseil supérieur.

« Le conseil supérieur de l'instruction publique se réunit en assemblée générale deux fois par an. Le ministre peut le convoquer en session extraordinaire [1]. » « La date et la durée de chaque session sont fixées par un arrêté ministériel. Cet arrêté est publié au *Journal officiel* huit jours au moins avant l'ouverture de la session [2]. »

« Le conseil supérieur est présidé par le ministre. Un vice-président, pris parmi les membres du conseil, est nommé, chaque année, par arrêté ministériel. En cas d'empêchement, le vice-président est remplacé provisoirement par un membre du conseil désigné par le ministre. Les fonctions de secrétaire sont remplies par un mem-

---

1. Loi 27 févr. 1880, art. 8.

2. Décret du 11 mars 1898, art. 2. Ce décret portant règlement intérieur du conseil supérieur remplace un décret du 11 mai 1880 dont il reproduit les principales dispositions.

bre du conseil nommé par le ministre. Des secrétaires rédacteurs sont adjoints au secrétaire [1]. »

« A l'ouverture de la session, le ministre fait distribuer aux membres du conseil le bordereau des affaires. Sur la proposition du ministre, le conseil nomme, à chaque session, les commissions chargées d'examiner les affaires et d'en faire rapport [2]. » Par exception, « la commission des affaires contentieuses et disciplinaires est nommée, au scrutin secret, pour la durée des pouvoirs du conseil. Elle comprend douze membres. Un secrétaire rédacteur peut lui être attaché [3]. » « Chaque commission nomme son président et son secrétaire [4]. »

« La présence de la moitié plus un des membres du conseil est nécessaire pour la validité des délibérations [5]. » « Les séances du conseil ne sont pas publiques. Les procès-verbaux sont signés par le président et par le secrétaire. Ils sont conservés au secrétariat du conseil. Une copie, certifiée conforme par le secrétaire, en est transcrite sur un registre spécial. Ils ne peuvent être rendus publics qu'en vertu d'une décision spéciale du ministre. Un compte rendu analytique de chaque session est publié au *Bulletin administratif du ministère de l'instruction publique* [6]. »

II. — Attributions contentieuses.

Le conseil supérieur est le tribunal universitaire suprême S'il ne juge jamais en premier ressort, il connaît

---

1. Décret cité, art. 1er.
2. Décret cité, art. 3.
3. Décret cité, art. 4.
4. Décret cité, art. 5.
5. Décret cité, art. 12, § 1er.
6. Décret cité, art. 17.

en appel et dernier ressort de presque toutes les décisions des autres juridictions universitaires. Il statue sur tous les jugements rendus en matière contentieuse par les conseils académiques [1], et par les conseils des universités [2], sauf les questions relatives au contentieux électoral de ces derniers conseils. Aucun texte ne lui donne, au contraire, compétence générale pour connaître en appel des décisions contentieuses relatives à l'enseignement primaire autres que les jugements des conseils départementaux sur les oppositions faites à l'ouverture d'écoles privées et sur les demandes d'inscriptions sur les listes des électeurs chargés de nommer les membres de ces conseils départementaux. Ainsi que nous l'avons vu, en règle générale, les pourvois au conseil supérieur peuvent être formés soit par les intéressés, soit par les autorités administratives de l'instruction publique, soit par les autres autorités dont les actes avaient formé la base de la question contentieuse tranchée en premier ressort. Le délai d'appel est, en principe, de quinze jours pour les appels formés contre les décisions des conseils des universités et des conseils académiques, et de dix jours pour les affaires relatives à l'enseignement primaire et soumises en première instance aux conseils départementaux.

Mais, le conseil supérieur n'est jamais juge des recours formés pour excès de pouvoir contre les décisions en dernier ressort des tribunaux universitaires [3]. La compétence appartient alors au Conseil d'État.

---

1. Loi 27 février 1880, art. 7, § 1er.

2. Même texte, les attributions des conseils des universités au point de vue contentieux n'étant qu'une partie des attributions que les conseils académiques possédaient avant la loi du 10 juillet 1896, art. 3.

3. Cons. sup., 24 juillet 1885, appel du maire de Doué-la-Fontaine.

Procédure en matière contentieuse. — « Les appels en
matière contentieuse sont inscrits au secrétariat du conseil, suivant les dates d'arrivée, sur un registre à ce destiné. Ils sont jugés dans la plus prochaine session. Les
dossiers de première instance peuvent être communiqués,
sur place, aux parties, après leur inscription au secrétariat du conseil [1]. » « La commission des affaires contentieuses et disciplinaires peut être convoquée par le ministre avant l'ouverture des sessions [2]. » « La commission
instruit les affaires par tous les moyens qu'elle juge propres à l'éclairer, et elle en fait un rapport écrit. Les rapports et les pièces des dossiers sont déposés par les rapporteurs au secrétariat du conseil, pour être tenus à la
disposition des parties, de leurs conseils et des membres
du conseil, un jour franc avant le jour fixé pour la délibération [3]. »

« Au jour fixé pour la délibération, la commission
donne lecture de son rapport. La partie et, si elle en fait
la demande, son conseil sont ensuite introduits et entendus dans leurs observations [4]. » Il faut remarquer qu'aucun
texte ne prévoit de citation à adresser à la partie ; il faut
pourtant admettre qu'elle doit être prévenue ; d'autre
part, si la partie peut se faire assister d'un conseil, les
textes sont muets sur le droit de se faire représenter ; il
faut remarquer cependant que la loi du 30 octobre 1886
accorde à l'instituteur privé qui fait appel d'une décision
du conseil départemental sur l'opposition formée à l'ouverture de l'école primaire qu'il avait l'intention d'ouvrir, le

---

1. Décret cité, art. 8.
2. Décret cité, art. 9.
3. Décret cité, art. 10.
4. Décret cité, art. 11, § 1 et 2.

droit de « se faire assister ou représenter devant le conseil supérieur[1]. »

« Après que la partie et son conseil se sont retirés, le président met l'affaire en délibération et le conseil statue[2]. » « En matière contentieuse..., les décisions sont prises au scrutin secret[3]. » « Les décisions en matière contentieuse... sont rendues dans les formes suivantes : A la majorité absolue, la moitié plus un des membres du conseil étant présents[4]. » « En cas de partage..., si la matière est contentieuse, il en est délibéré de nouveau, dans la même session, et les membres absents lors de la première délibération sont spécialement convoqués. En cas de nouveau partage, la voix du président est prépondérante[5] » ; nous croyons que si des membres absents aux débats étaient présents au moment de la seconde délibération, il faudrait reprendre les débats en entier, c'est-à-dire procéder de nouveau à la lecture du rapport et entendre la partie dans ses explications ; mais ce serait une singulière complication.

« Les décisions sont notifiées par le ministre, par l'intermédiaire des recteurs ou des préfets. Une expédition destinée à la partie est jointe à la notification. Les décisions en matière contentieuse... sont publiées au *Bulletin administratif* du ministère[6]. »

Pouvoirs du conseil supérieur. — Les pouvoirs du conseil supérieur en tant que tribunal administratif sont des

---

1. Art. 39, § 3.
2. Décret cité, art. 11, § 3.
3. Décret cité, art. 14.
4. Décret cité, art. 15, § 1 et 2.
5. Décret cité, art. 12, § 2 et 4.
6. Décret cité, art. 16.

plus larges. Il a à examiner en la forme et au fond, en fait et en droit, non seulement la décision de première instance qui fait l'objet du pourvoi, mais encore l'acte administratif même qui a créé le contentieux.

Il peut annuler cet acte administratif pour vices de formes[1], ou en droit pour incompétence ou excès de pouvoir[2] ; dans ces deux cas, l'acte qui formait le fond du litige n'existant plus, il semble bien que le conseil supérieur n'ait qu'à annuler toute la procédure postérieure et la décision dont est appel, sans avoir à examiner la question contentieuse en fait ; mais le conseil supérieur, spécialement dans les cas où l'acte est vicié dans ses formes évoque cependant l'affaire et statue au fond[3] ; il y aurait là, croyons-nous bien, excès de pouvoir dans le cas où le conseil, tout en annulant l'acte incriminé, rendait une dé-

---

1. C. S., 28 décembre 1888, aff. Hocquard ; C. S., 27 juillet 1891, aff. Grenier ; C. S., 29 juillet 1891, aff. Cazeneuve et aff. Sillier ; C. S., 29 décembre 1891, aff. Malet et aff. Laravoire ; C. S., 28 décembre 1892, aff. Huguet et aff. Bouguet ; C. S., 26 juillet 1894, aff. Marson ; C. S., 6 avril 1895, aff. Reynaud ; C. S., 13 janvier 1898, aff. Bouzat ; C. S., 14 janvier 1898, aff. Damin, etc.

2. C. S., 27 décembre 1884, aff. Chollet ; C. S., 26 décembre 1891, aff. Colmont ; C. S., 17 janvier 1896, aff. Bezacier ; C. S., 23 juillet 1896, aff. Pouzin ; C. S., 14 janvier 1897, aff. Aubin ; C. S., 13 janvier 1899, aff. Rey.

3. Le conseil a statué au fond dans les affaires Hocquard, Bourat, etc., au contraire, il a annulé sans l'examiner la décision dans les affaires Marson, Damin, etc. Les arrêts du conseil supérieur manquent, en cette question, absolument de précision ; nous citerons à titre d'exemple, le dispositif de l'affaire André, du 13 janvier 1898 : ...« Considérant, en droit, que la décision frappée d'appel est insuffisamment motivée et qu'il y a lieu de l'annuler de ce chef, par application de l'article 7 de la loi du 20 avril 1810; considérant, en fait,... (exposé des faits de la cause)... ; par ces motifs, et sans avoir à rechercher si la décision attaquée a été régulièrement prise, à la majorité, déclare cette décision nulle en droit, comme étant insuffisamment motivée : la déclare, en outre et dans tous les cas, mal fondée en fait, donne, en conséquence, mainlevée pure et simple de l'opposition... ».

cision de fait qui aurait pour conséquence de maintenir les conséquences de cet acte [1].

Le conseil supérieur a ensuite à examiner la décision qui fait l'objet du pourvoi ; il peut la confirmer purement et simplement, ou l'infirmer soit pour vices de forme [2], soit pour le fond [3], soit pour les deux [4]. Si l'affaire est en état, le conseil, après avoir cassé la décision de première instance, évoque l'affaire et l'examine au fond, sans en prononcer le renvoi devant une autre juridiction [5] ; si l'affaire n'est pas en état, il peut la remettre à une autre session [6], ou la renvoyer au conseil dont il a cassé la décision, pour être jugée à nouveau [7].

Recours contre les décisions du conseil supérieur [8]. — Les décisions du conseil supérieur sont toujours en dernier ressort [9] ; il n'y a pas d'appel ouvert contre ces décisions. Mais conformément à la jurisprudence du Conseil d'État,

---

1. Il faut signaler aussi l'affaire Broquin, du 14 janvier 1899 où après avoir déclaré nulle la déclaration d'ouverture d'une école primaire privée, déclaré nulles la procédure et la décision du conseil départemental, le conseil supérieur a cependant évoqué l'affaire et statué au fond.

2. C. S., 21 juillet 1888, aff. Drouin ; C. S., 29 décembre 1888, aff. Communal et aff. Volte ; C. S., 10 juillet 1897, aff. Fourgère ; C. S., 13 janvier 1898, aff. Andrieu : C. S., 14 janvier 1899, aff. André ; etc.

3. C'est le cas le plus fréquent.

4. C. S., 27 décembre 1888, aff. Bruel.

5. C'est le cas le plus fréquent.

6. C. S., 28 décembre 1892, aff. Daval ; C. S., 28 décembre 1892, aff. Forget.

7. L'on pourrait peut-être faire des réserves sur cette décision, qui d'ailleurs ne s'est présentée qu'une seule fois : 24 décembre 1885, aff. Vibert.

8. V. E. Laferrière, *Traité de la juridiction administrative et des recours contentieux*, 2e édit., tome II, p. 580.

9. Loi 27 février 1880, art. 7 ; loi 30 octobre 1886, art. 39.

basée sur les lois des 7-14 octobre 1790 et 24 mai 1872, le recours en cassation est possible devant cette assemblée, pour incompétence et pour vices de formes, mais non pour violation ou fausse application de la loi.

CHAPITRE VII

Nous avons successivement examiné les différentes attributions contentieuses qui font des divers conseils de
l'instruction publique de véritables tribunaux administratifs. Mais nous n'avons étudié que les affaires qui ont fait
l'objet de dispositions spéciales de la loi ; nous n'avons
pas vu toutes les questions contentieuses relatives à l'enseignement. Et il serait difficile, vraiment, de donner
même une indication générale de tous les litiges que peut
susciter l'activité des nombreux agents de l'administration de l'instruction publique. Il ne faut pas perdre de vue
que la plupart de ces litiges feront seulement l'objet de
recours hiérarchiques et seront réglés administrativement
Les questions contentieuses les plus fréquentes sont les
oppositions formées à l'ouverture d'écoles primaires privées, et nous avons vu que le législateur a réglementé avec
soin les recours contre ces actes. Il est une autre série de
décisions qui pourraient donner lieu à des questions contentieuses plus délicates et plus importantes par les intérêts, les droits qu'elles pourraient violer, mais qui se pré-
senteraient certainement très rarement ; nous voulons
parler des décisions des jurys des examens et des concours
si nombreux dans l'enseignement ; nous reviendrons spécialement plus loin sur cette question.

Bien que la loi du 27 février 1880 ait donné aux conseils

académiques la compétence générale pour connaître de toutes les affaires contentieuses relatives à l'enseignement secondaire public ou privé, à l'enseignement supérieur libre, et à l'enseignement supérieur public (ces dernières attributions appartenant aujourd'hui aux conseils des universités)[1], et que le conseil départemental de l'enseignement primaire soit compétent pour connaître de toutes les affaires contentieuses relatives à l'enseignement primaire public ou privé, et qu'ainsi tout le contentieux de l'enseignement soit réparti entre les juridictions des divers ordres, il est des questions qui échappent à la compétence des conseils universitaires. Ainsi toutes les affaires relatives à la comptabilité sont de la compétence de la Cour des comptes ; les conseils ont simplement le droit d'émettre des avis sur différents comptes d'administration.

1. Cette compétence générale des conseils académiques (et des conseils des universités) résulte du texte même de la loi du 27 février 1880 (art. 11, § 3). Il n'est pas possible, en présence de ce texte formel, de dire que la compétence des conseils académiques ne s'étend qu'aux questions dont les recours ont été organisés par la loi ; ce serait rendre sans aucune application les dispositions de la loi qui attribue aux conseils académiques la connaissance des affaires contentieuses relatives à l'enseignement secondaire public et à l'enseignement supérieur libre, aucune de ces affaires n'ayant fait l'objet de dispositions spéciales de la loi. D'autre part, l'on peut invoquer l'autorité de M. E. Laferrière qui, étudiant longuement la question de savoir si, par sa disposition générale, la loi de 1880 n'a pas enlevé aux tribunaux de première instance la connaissance des oppositions faites à l'ouverture d'établissements ou de cours libres d'enseignement supérieur (loi du 12 juillet 1875, art. 20), ne conclut en faveur de la compétence judiciaire que par application de l'adage, *generalia specialibus non derogant* (*op. cit.*, t. 1er, p. 426). (Cette question ne fait pour nous aucun doute ; V. note suivante.) Il faut remarquer pourtant que les projets de loi Rambaud et Maurice Faure (Chambre, 1897, *Doc. parl.*, pp. 211 et 1431) ne font qu'indiquer les affaires diverses sur lesquelles le conseil académique est appelé à statuer, sans lui attribuer de compétence générale ; mais nous considérons comme formel le texte de l'article 11, § 3, de la loi de 1880. La question est plus délicate pour les conseils départementaux en l'absence de tout texte leur attribuant compétence générale.

Nous avons vu que les oppositions faites à l'ouverture
d'établissements ou de cours libres d'enseignement supérieur sont jugées par les tribunaux civils de première
instance [1]. Il y a enfin des affaires qui ne peuvent rentrer
dans le cadre des attributions d'aucun tribunal universitaire et qui sont soumises au ministre de l'instruction
publique.

C'est, particulièrement, le contentieux des élections
aux conseils départementaux [2], aux conseils académiques [3]
et au conseil supérieur [4] ; les recours formés contre les
opérations électorales nécessaires pour la constitution de
ces divers conseils doivent être portés « devant le ministre, qui statuera dans le délai d'un mois. La décision
du ministre pourra être déférée au Conseil d'État dans la
quinzaine qui suivra sa notification. Faute par le ministre
d'avoir prononcé dans le délai d'un mois, la réclamation
pourra être portée directement devant le Conseil d'État ».
Il résulte de la jurisprudence générale du Conseil d'État
et de la doctrine ordinairement professée [5] que le minis-.
tre, en prononçant sur ces recours, n'exerce pas une attribution juridictionnelle, mais une attribution pure-

1. Ces oppositions sont faites par le procureur de la République (loi
12 juillet 1875, art. 20) ; et quelle que soit la qualification que l'on puisse
donner à cet acte, qualification d'ailleurs assez difficile à déterminer, il
n'est pas possible de le faire rentrer dans la catégorie des actes administratifs soumis à un tribunal administratif.

2. Décret 12 novembre 1886, art. 12, et décret 5 février 1899.

3. Décret 16 mars 1880, art. 12 et 13.

4. Décret cité, art. 12.

5. Il n'y a pas d'arrêt sur la question même ; V. E. Laferrière, *op. cit.*,
t. I, p. 463 et 464 ; t. II, p. 386 ; M. Hauriou, *Précis de droit administratif*, 3ᵉ édit., p. 856 ; J. Appleton, *La séparation de l'administration active et de la juridiction administrative*, dans la *Revue générale du droit*,
1898, p. 215 et 216 ; *Contrà*, V. Th. Ducrocq, *Cours de droit administratif*,
7ᵉ édit., t. II, p. 169 à 172.

ment administrative. Cette opinion se base principalement sur ce que le recours peut être porté directement devant le Conseil d'État quand le ministre n'a pas prononcé dans le délai fixé ; ce recours n'est donc pas un appel, qui pourrait être ainsi formé contre une décision de première instance qui n'existerait pas, mais un recours pour excès de pouvoir contre un acte administratif, que cet acte soit la décision ministérielle ou la décision de l'autorité chargée de proclamer les résultats des élections. Nous ne voulons point contredire cette théorie qui nous paraît exacte, mais il faut remarquer combien il est peu rationnel de donner au Conseil d'État juridiction pour connaître des recours contre les élections du conseil supérieur, des conseils académiques et des conseils départementaux, alors surtout que le conseil départemental lui-même connaît des demandes d'inscriptions sur les listes des électeurs appelés à désigner ses propres membres ; il aurait été plus simple de donner à chaque conseil la connaissance du contentieux de ses propres élections, sauf recours au Conseil d'État, ainsi qu'il est d'ailleurs réglé pour les élections des conseils des universités [1].

Le Conseil d'État, fidèle à la théorie que nous avons indiquée, considère aussi que le ministre n'exerce aucune juridiction, mais une attribution administrative quand il prononce sur les recours formés contre les décisions des jurys des concours des agrégations des facultés de droit, des facultés de médecine et des écoles supérieures de pharmacie [2], des agrégations de l'enseignement secondaire des

---

1. V. p. 191 et s.

2. Statut 27 décembre 1880, art. 24 ; décret 28 décembre 1885, art. 42 ; textes antérieurs : statut 19 août 1857, art. 24 ; statut 16 novembre 1874, art. 24.

garçons [1], des examens du certificat d'aptitude à l'enseignement des langues vivantes dans les lycées et collèges
de garçons [2], et des concours pour les fonctions de chef
des travaux anatomiques dans les facultés de médecine et
dans les facultés mixtes de médecine et de pharmacie [3] et
pour les fonctions de suppléant et de chef des travaux
dans les écoles de plein exercice et préparatoires de médecine et de pharmacie [4]. Dans les dix jours qui suivent
la clôture des opérations de chacun de ces concours, « tout
concurrent qui a pris part à tous les actes du concours,
peut se pourvoir devant le ministre contre les résultats
dudit concours. mais seulement à raison de violation des
formes prescrites [5] ». Il faut remarquer qu'aucun recours
contre la décision du ministre n'est ici prévu. Le Conseil
d'État considère avec raison que la décision du ministre
constitue un acte administratif ordinaire susceptible d'être
déféré au Conseil d'État par la voie du recours pour excès
de pouvoir [6]. Il est certain à nos yeux que le ministre ne
fait nullement office de juge en prononçant sur les pourvois contre les opérations d'un jury ; et cela résulte surtout pour nous de la nature et de l'étendue des pouvoirs
du ministre en matière d'examens et de concours [7]. Et il
nous semble que nous devions élargir la question et examiner ici quel est le caractère des décisions de tous les
jurys et commissions de concours et d'examens soit pour

1. Statut 29 juillet 1885, art. 46.
2. Statut 29 juillet 1885, art. 46.
3. Décret 25 juillet 1885, art. 12.
4. 2e décret 25 juillet 1885, art. 8.
5. Les textes indiqués aux notes précédentes sont identiques.
6. Cons. d'État, 16 novembre 1894, aff. Brault, etc., agrégation de médecine, D. 95.3.73 ; S. 96.3.65 et note Hauriou ; V. aussi les auteurs cités
p. 247 note 5.
7. Point de vue indiqué par M. Hauriou, V. note précédente.

l'obtention de fonctions, soit pour l'obtention des grades, titres, diplômes, certificats et brevets.

Le jugement des jurys des concours des agrégations et des fonctions que nous avons indiquées doit être ratifié par le ministre [1] ; et il est certain que le ministre a ici un pouvoir absolument discrétionnaire ; il peut, d'office, refuser d'instituer, de nommer les concurrents désignés par le jury ; il prend ces décisions dans la plénitude de ses pouvoirs d'administrateur. Comment comprendre dès lors que lorsque, saisi d'un pourvoi pour violation des formes prescrites, le ministre prononce la nullité des opérations du concours et en fait recommencer les épreuves [2], sa décision puisse être considérée comme ayant un autre caractère, comme constituant une décision juridictionnelle contentieuse ? Dans tous les cas, le ministre exerce une attribution administrative, il prend une décision purement administrative qui peut être déférée au Conseil d'État par la voie du recours pour excès de pouvoir. Il ne faut donc pas considérer comme un recours contentieux, mais comme un simple recours hiérarchique, le pourvoi formé pour violation des formes prescrites contre les décisions des jurys des concours, autorités administratives soumises à l'autorité du ministre ; et, il faut considérer qu'il en est ainsi même, lorsque, par exception aux règles

1. Décret 17 mars 1808, art. 52 ; cette règle est absolument générale et s'applique à tous les concours ; arr. 26 décembre 1817, art. 8 ; règl. 16 novembre 1818, art. 24 ; ordonn. 3 mai 1816, art. 2 ; règl. 31 mars 1840, art. 19 ; etc., etc. ; elle s'applique même aux concours pour le certificat d'aptitude pour les fonctions de bibliothécaire universitaire, arr. 20 décembre 1893, art. 7, et de façon générale à tous les concours dont les jurys sont nommés par le ministre de l'instruction publique ; V. arr. 28 mai 1898, art. 8, pour les bibliothécaires municipaux.

2. V. les textes cités aux notes précédentes.

de la hiérarchie, ces recours sont portés non devant le ministre, mais devant un conseil [1].

Les pouvoirs du ministre relativement à la collation des grades, titres, diplômes, certificats et brevets si nombreux dans l'enseignement, sont un peu différents. Tous les grades et titres universitaires ne peuvent être attribués qu'aux personnes qui, remplissant d'ailleurs les conditions requises, ont subi avec succès les examens ou concours réglementaires devant les professeurs et les jurys de l'État [2]. Tous les grades, titres, diplômes, certificats et brevets sont conférés par le ministre [3], ou en son nom par délégation par les recteurs d'académie [4] ou par les inspecteurs d'académie [5].

Les facultés et écoles d'enseignement supérieur font passer les examens et délivrent les certificats d'aptitude aux grades des divers doctorats, licences et baccalauréats [6] y compris les baccalauréats de l'enseignement secondai-

---

1. V. Hauriou cité p.249, note 6. Les recours pour violation des formes dans les concours étaient portés devant le conseil de l'université jusqu'en 1850 : V. statut 31 octobre 1809, art. 89 ; arr. 21 décembre 1818, art. 27 ; arr. 12 avril 1823, art. 34 et 35 ; arr. 1er mars 1825, art. 34 et 35 ; statut 10 mai 1825, art. 70 et 71 ; statut 9 décembre 1828, art. 29 et 30 ; règl. 3 mars 1840, art. 19 ; règl. 11 janvier 1842, art. 56 ; règl. 22 août 1843, art. 58 ; règl. 6 février 1846, art. 40 ; etc.

2. Décret 17 mars 1808, art. 17 ; loi 18 mars 1880, art. 1er.

3. Décret 17 mars 1808, art. 59 ; ordonn. 17 février 1815, art. 41 ; règl. 14 juillet 1840, art. 31 ; règl. 17 juillet 1840, art. 6 et 15 ; etc., etc. ; décret 26 décembre 1875, art. 9, § 1er ; décret 22 janvier 1896, art. 6 ; etc., etc. Les universités peuvent délivrer en leur propre nom des titres d'ordre purement scientifiques, V. décret 21 juillet 1897, art. 15.

4. V. arr. 31 décembre 1893, art. 8, pour le certificat d'études physiques, chimiques et naturelles délivré par les facultés des sciences ; le certificat de capacité en droit est aussi délivré par le recteur, nous ne savons en vertu de quel texte ; V. aussi p. 253.

5. V. p. 253.

6. Décret, 17 mars 1808, art. 16, 21, 24, etc. ; statut 18 octobre 1808, art. 3 ; décret 17 février 1809, art. 5, etc., etc.

re [1], aux titres de pharmacien [2], de chirurgien-dentiste [3], d'herboriste [4], et de sage-femme [5-6], au certificat de capacité en droit [7], au certificat d'études physiques, chimiques et naturelles [8] et au diplôme d'études supérieures d'histoire et de géographie [9]. Les certificats d'aptitude sont visés par le recteur [10], qui peut refuser son visa, notamment s'il estime qu'il y a eu défaut de forme ou excès d'indulgence [11], ou dans l'intérêt de l'ordre public ou de la morale publique [12]. Les certificats visés, ou accompagnés d'un rapport du recteur indiquant les motifs pour lesquels il a cru devoir refuser son visa, sont transmis au ministre [13], sauf

1. Décret, 17 mars 1808, art. 19, etc. ; règl., 14 juillet 1840 ; règl., 26 novembre 1840, etc. ; décret, 8 août 1890, art. 2 ; décret, 5 juin 1891, art. 2.

2. Loi, 21 germinal an XI, art. 24 ; Décret, 18 octobre 1808, art. 18 ; décret, 22 août 1854, art. 19 ; règl., 23 décembre 1854 ; décret, 12 juillet 1878.

3. Loi, 30 novembre 1892, art. 2 ; décret, 25 juillet 1893.

4. Loi, 21 germinal an XI, art. 37 ; décret, 22 août 1854 ; règl., 23 décembre 1854.

5. Loi, 19 ventôse an XI, art. 30 à 34 ; décret, 22 août 1854, art. 19 ; règl., 23 décembre 1854.

6. Le titre d'officier de santé a été aboli pour l'avenir par la loi du 30 novembre 1892.

7. Loi, 22 ventôse an XII, art. 12 ; décret, 4e jour complémentaire an XII, art. 33 à 36.

8. Décret, 31 juillet 1893.

9. Arr., 28 juillet 1894.

10. Décret,17 mars 1808, art. 96 ; décret, 4 juin 1809, art, 3 et 14 ; règl., 10 octobre 1809, art. 24 ; statut, 12 février 1810, art. 44 ; règl., 20 octobre 1810, art. 24 ; ordonn., 17 février 1815, art. 4 ; ordonn., 1er novembre 1820, art. 3, § 4, etc. ; décret, 26 décembre 1875, art. 9 ; arrêté, 8 août 1890, art. 24 ; arr., 5 juin 1891, art. 24 ; décret, 22 janvier 1896, art. 6, etc., etc.

11. Statut, 16 février 1810, art. 45 ; ordonn., 17 février 1815, art. 31 ; circ., 19 septembre 1815 ; règl., 14 juillet 1840, art. 29 ; décret, 26 décembre 1875, art. 8 ; arr., 8 août 1890, art. 24 ; arr., 5 juin 1891, art. 24, etc., etc.

12. Statut, 9 avril 1825, art. 34 ; circ., 14 avril 1820, etc.

13. V. note 10.

naturellement ceux des certificats que le recteur délivre
lui-même.

Le ministre peut refuser la délivrance des diplômes
constatant les grades ou les titres ; « dans le cas où il
croira refuser la ratification des examens, il en référera
au ministre de l'intérieur pour être pris, en Conseil d'Etat,
le parti qui sera jugé convenable ; lorsqu'il le jugera utile
au maintien de la discipline, le ministre pourra faire recommencer les examens pour l'obtention des grades » ;
ces dispositions de l'article 58 du décret du 17 mars 1808
sont considérées comme étant toujours en vigueur ; il suffira au ministre de prendre l'avis du Conseil d'État pour
refuser la délivrance d'un diplôme, et cette règle s'applique à tous les diplômes délivrés par les établissements
d'enseignement supérieur [1]. Les pouvoirs du ministre sont
donc aussi étendus que possible, et il agit dans la plénitude de ses pouvoirs d'administrateur. Il en est de même
pour le recteur qui peut refuser, sauf à en référer au ministre, les diplômes qu'il est chargé de délivrer.

Les titres de capacité de l'enseignement primaire sont
fort nombreux ; ce sont d'abord les deux brevets de capacité, puis des certificats d'aptitude professionnels, enfin
des certificats spéciaux pour les enseignements accessoi-
res [2]. Les commissions d'examen sont nommées, soit par
l'inspecteur d'académie pour les certificats à l'enseignement des travaux de couture, et à l'enseignement des exer-
cices militaires, soit par le recteur pour les deux brevets et
pour le certificat d'aptitude pédagogique, soit par le mi-

---

1. V. aussi, p. 13. Il suffit de simples avis du Conseil d'État ; V. *Revue
générale d'administration, Notes de jurisprudence du Conseil d'État,*
1892, III, p. 398.

2. Décret, 18 janvier 1887, art. 106.

nistre pour tous les autres certificats [1]. Les opérations des commissions d'examen sont consignées en un procès-verbal qui est transmis, avec la liste des candidats jugés dignes d'obtenir le certificat ou brevet, à l'autorité qui a nommé ces commissions, et qui est chargée de délivrer les certificats [2]. Les textes sont muets sur les pouvoirs de ces autorités, mais il est admis qu'elles ont le droit de refuser la délivrance des diplômes sauf à en référer au ministre qui statuera définitivement après avoir pris l'avis conforme du Conseil d'État.

Ajoutons qu'en cas de fraude ou de tentative de fraude dans un examen, la nullité de l'examen de l'auteur principal et de ses complices est prononcée immédiatement en cas de flagrant délit par le jury ou la commission [3] ; dans les autres cas, l'annulation est prononcée par le conseil de l'université pour tous les examens subis par ses justiciables [4] ; et par le conseil départemental, croyons-nous bien en l'absence de tout texte, pour les titres de capacité de l'enseignement primaire, le conseil départemental étant chargé de la répression disciplinaire dans un cas de fraude [5]. L'annulation de l'examen entraîne la nullité du diplôme dans le cas où il a été délivré avant la découverte de la fraude ; cette nullité du diplôme est prononcée par le ministre [6].

1. Décret, 18 janvier 1887, art. 117, 122 et 122 ; arr. même date, art. 164, 165, 174, 182, 183, 187, 194, 200, 209, 215, 222, 227.

2. V. les textes cités aux deux notes précédentes ; arr. cité, art. 164, 182, 193, 199, 208, 214, 221, 226, 231, etc.

3. Décret, 18 janvier 1887, art. 121, § 2 ; 2ᵉ décret, 21 juillet 1897, art. 41 ; texte antérieur notamment, décret, 30 juillet 1883, art. 19.

4. 2ᵉ décret, 21 juillet 1897, art. 41, § 2 ; les justiciables du conseil de l'université sont tous les étudiants inscrits ou immatriculés et les candidats à tous les examens de l'enseignement supérieur et des baccalauréats de l'enseignement secondaire ; décret cité, art. 33.

5. Décret, 18 janvier 1887, art. 121, § 3.

6. Décret, 1887, cité, art. 121, § 4 ; décret, 21 juillet 1897 cité, art. 42.

Le ministre a donc, en matière d'examens, des pouvoirs très larges ; d'office, ou saisi d'un recours, il peut, après avoir pris l'avis du Conseil d'État et sur cet avis conforme, poursuivre la nullité d'un examen, pour n'importe quelle cause que ce soit ; il peut, après décision du conseil des universités ou du conseil départemental, annuler de sa propre autorité un diplôme déjà délivré. Ces attributions n'ont certainement aucun caractère contentieux ; c'est dans la plénitude de ses pouvoirs d'administrateur, comme chargé de la surveillance souveraine des opérations des jurys et commissions d'examen, que le ministre prend ces décisions, et ses pouvoirs sont si étendus que l'on peut dire qu'en prenant de telles décisions il ne viole aucun droit, et ne lèse que des intérêts ; le seul recours ouvert contre ces décisions est donc le recours pour excès de pouvoir devant le Conseil d'État. D'autre part, les recours et pourvois adressés au ministre contre les décisions des jurys et commissions d'examen, ne peuvent être considérés que comme des recours hiérarchiques et non pas comme des recours contentieux ; et nous croyons bien qu'il faut donner le même caractère d'attributions purement administratives et non contentieuses aux décisions par lesquelles les conseils des universités et les conseils départementaux prononcent la nullité des examens entachés de fraude ou de tentative de fraude [1].

Cependant la loi de 1850 avait donné, par son article 14, compétence aux conseils académiques pour connaître des questions contentieuses relatives à l'obtention des grades et aux concours devant les facultés ; par application de ces dispositions, l'article 52 du décret du 29 juillet 1850

---

1. V. p. 251 et p. 254.

avait donné au recteur le droit de se pourvoir dans les dix jours contre la décision des jurys des divers examens subis dans les facultés, pour violation des formes prescrites, et l'article 8 du décret du 26 décembre 1875 avait étendu ce droit de recours aux candidats. Ces deux dispositions sont considérées par l'administration centrale [1] comme ayant été abrogées implicitement par l'abrogation prononcée par l'article 61 de la loi du 30 octobre 1886 des titres I et II de la loi de 1850 et dans laquelle est compris l'article 14 de cette loi dont elles n'étaient qu'une application. Aucun recours n'est donc aujourd'hui organisé contre les décisions des jurys et commissions d'examen ; et s'il en était organisé il faudrait, croyons-nous, les considérer non comme des recours contentieux, mais comme de simples recours hiérarchiques, en présence de l'étendue des pouvoirs qui appartiennent au ministre en matière de collation des grades et diplômes, recours hiérarchiques soumis par exception à un conseil administratif [2].

Il faut remarquer que ce n'est pas là la conception de l'administration centrale de l'instruction publique. Dans les deux projets de loi [3] présentés par MM. les ministres Combes et Rambaud et qui essayent de régler de façon complète le contentieux de l'enseignement supérieur et de l'enseignement secondaire, il est organisé des recours contentieux contre tous les examens et concours ; dans le premier de ces projets les conseils des universités et les conseils académiques en connaissent en premier ressort et le conseil supérieur en appel ; dans le projet Rambaud

1. V. exposé des motifs, projets de loi Combes ; Chambre, *Doc. parl.*, 1896, p. 275 ; Rambaud, Chambre, *Doc. parl.*, 1897, p. 211. V. p. 8, note 1.
2. V. p. 251 et 254.
3. V. note 1.

et dans la proposition de loi de M. Maurice Faure [1] « les recours formés aux fins d'annulation, pour violation des formes prescrites, soit des examens qui déterminent la collation des grades et titres prévus par les lois, soit des concours institués par les règlements en vue de fonctions, emplois ou titres de l'enseignement public supérieur ou secondaire » sont portés directement devant une nouvelle section du contentieux créée au sein du conseil supérieur et qui statue définitivement. Ce projet de loi ne touche pas aux droits du ministre ; il ne parle pas du droit qu'a le ministre de refuser la délivrance d'un diplôme notamment dans l'intérêt de l'ordre ou de la morale publics ; il ne parle pas du droit d'annulation des diplômes délivrés avant la découverte d'une fraude ; il laisse complètement de côté les examens et concours de l'enseignement primaire ; il est donc très incomplet. Nous croyons que les droits du ministre doivent rester ce qu'ils sont, très étendus ; mais la procédure à suivre ne peut plus être celle du décret de 1808 ; il suffirait d'exiger que le ministre prenne, avant de statuer, l'avis conforme du conseil supérieur ou de la section du contentieux de ce conseil ; il en serait ainsi dans les cas ordinaires, quand le visa du recteur aurait été refusé, ou que le ministre croirait devoir annuler l'examen pour vice de formes, excès d'indulgence, intérêt de l'ordre et de la morale publics. En cas de fraude, il serait plus logique de donner aux conseils qui sont chargés de la répression disciplinaire, la compétence pour annuler les épreuves entachées de fraude ; ce serait là une simplification. Mais il n'y aurait là que l'exercice d'attributions administratives et non pas l'exercice d'une juri-

---

1. Chambre, 1897, *Doc. parl.*, p. 1431.

diction. Les seuls recours possibles seraient le recours
hiérarchique au ministre et le recours pour excès de pouvoir devant le Conseil d'État. Mais lorsque le diplôme
aurait été délivré avant la découverte de la fraude, n'y
a-t-il pas là un droit acquis ? le ministre peut-il bien de
sa propre autorité annuler ce diplôme ? nous pensons
qu'un recours contentieux pourrait être organisé dans ce
cas devant un conseil universitaire.

Ainsi, en résumé, toutes les questions relatives aux examens et concours de l'enseignement public doivent être
considérées, en présence du pouvoir presque discrétionnaire du ministre en cette matière, comme ne pouvant
donner lieu à des recours contentieux, mais à de simples
recours hiérarchiques. Une seule exception peut être faite
pour le retrait des diplômes déjà conférés.

Le moment est venu de conclure et d'apprécier d'une
façon générale ce que sont le contentieux de l'enseignement et les juridictions contentieuses universitaires.

Le contentieux de l'enseignement existe, il est organisé.
Les conseils des universités, les conseils académiques, les
conseils départementaux en connaissent en première instance, le conseil supérieur en appel. Les recours contentieux qui ont été expressément organisés par la loi sont
fort peu nombreux. Si l'université de France n'avait pas
été organisée en 1808 comme elle l'a été, avec, à sa tête,
un conseil dont les pouvoirs s'étendaient à toutes les questions, il est probable que les conseils divers qui ont suc-
cédé à ce conseil de l'université auraient été de simples
comités consultatifs sans attributions juridictionnelles ;
et il faut remarquer que le nom de juridictions universitaires qu'on leur donne est surtout mérité par leurs attri-

butions disciplinaires bien plus importantes que leurs
attributions contentieuses. Mais il y a bien dans l'enseignement quelques questions contentieuses ; les plus nombreuses sont relatives aux droits de l'enseignement privé
ou libre ; ce contentieux appartient-il à juste titre aux
conseils universitaires composés pour la majeure partie
de membres de l'enseignement public? nous le croyons,
d'abord à cause de la compétence particulière que possèdent ces conseils ainsi composés, et surtout parce qu'ils
représentent l'État et exercent ses droits.

D'autre part, l'on peut adresser des critiques justifiées
à la composition et au fonctionnement de ces conseils
considérés en tant que tribunaux administratifs. La composition de ces conseils est en contradiction absolue avec
le principe aujourd'hui admis [1], que la juridiction administrative ne doit pas être remise aux mêmes mains que
l'administration active ; en effet les conseils universitaires
comprennent parmi leurs membres, et ont pour présidents, des administrateurs, dont les actes peuvent faire
l'objet de recours contentieux portés devant ces conseils
mêmes ainsi, l'opposition de l'inspecteur d'académie à
l'ouverture d'une école primaire privée est portée devant
le conseil départemental de l'enseignement primaire dont
l'inspecteur d'académie fait partie en qualité de vice-président ; l'opposition formée par le recteur à l'ouverture
d'un établissement d'instruction secondaire libre est soumise à la juridiction du conseil académique que préside
le recteur ; et l'inconvénient est d'autant plus grand que
le droit de récusation n'existe pas devant les tribunaux
universitaires [2], ni dans les cas que nous venons d'indi-

1. V. J. Appleton, *op. cit.*, p. 247, note 5.
2. V. p. 129. — C. S., 24 déc. 1885, aff. Goguillot.

quer ni même, quand un membre du conseil supérieur a
connu comme membre d'une juridiction de première instance de l'affaire qui vient en appel devant le conseil supérieur. La proposition de loi de M. Maurice Faure qui
d'ailleurs ne vise pas ces difficultés, et se base uniquement pour déclarer l'exclusion des administrateurs sur des
considérations tirées des attributions administratives et
disciplinaires des conseils, ne remédie pas aux inconvénients que nous signalons ; dans ce projet, en effet, les
administrateurs ne prennent plus part aux travaux des
conseils qu'à titre de commissaires du gouvernement ; ce
serait leur donner le droit de soutenir leurs propres actes ;
le remède serait pire que le mal. Il faut d'autre part remarquer que les attributions contentieuses et même disciplinaires des conseils universitaires sont les moindres
de leurs attributions et qu'ils sont avant tout des comités
consultatifs et des conseils d'administration. Il nous semble bien d'ailleurs que les principes de la hiérarchie universitaire et le principe de l'élection qui est appliqué pour
la composition de tous ces conseils, s'opposent à ce que les
administrateurs soient exclus de ces conseils même considérés comme tribunaux administratifs ; nous n'insistons
pas. Un moyen fort simple de concilier les principes du
droit administratif général et ceux qui sont admis dans
l'administration de l'instruction publique serait d'autoriser la récusation des administrateurs dans toutes les affaires où leurs actes feraient l'objet de recours contentieux ; nous ne nous dissimulons pas que cette disposition
enlèverait à ces conseils la compétence de fait qui leur
manque le plus souvent au point de vue du droit administratif.

Au point de vue du fonctionnement et de la procédure

nous avons vu que la législation présentait de nombreuses lacunes auxquelles il est pourtant possible de remédier par l'application des principes généraux. L'inconvénient le plus flagrant est celui de la lenteur avec laquelle
le conseil supérieur rend fatalement ses décisions en appel
par suite de la surcharge qui résulte du nombre croissant
des affaires qui lui sont soumises et qui restent quelquefois de longs mois sans solution [1]. Le projet de loi présenté
par M. Rambaud remédie à cet inconvénient en créant
une section du contentieux au sein même du conseil supérieur ; cette section, qui n'aurait que des attributions
d'instruction en matière disciplinaire, aurait en matière
contentieuse les plus larges pouvoirs, et jugerait soit en
appel, soit directement, mais toujours en dernier ressort,
toutes les affaires soumises actuellement au conseil supérieur. Cette disposition aurait pour effet de changer complètement le caractère du conseil supérieur considéré
comme tribunal administratif ; l'inconvénient auquel elle
aurait pour but de remédier a d'ailleurs disparu en partie
depuis que la commission des affaires contentieuses peut
être convoquée avant la réunion du conseil supérieur [2].

Il est des modifications plus importantes qui devraient
être apportées à la composition, au fonctionnement et surtout aux attributions des tribunaux universitaires ; il serait
désirable surtout que le caractère de ces attributions soit
nettement déterminés.

Ce sont là les conclusions de notre travail ; il n'est pas
possible d'en donner d'autres en présence, ou plutôt en
l'absence presque totale de principes et d'idées générales
dans le contentieux de l'enseignement. Les tribunaux ad-

1. V. exposé des motifs des projets Combes et Rambaud cités.
2. Décret 11 mars 1898, art. 9, V. p. 238.

ministratifs de l'instruction publique forment une catégorie toute spéciale dans la juridiction administrative ; les principes qui les régissent n'ont que peu de rapports avec les principes du droit administratif général.

Vu, Lyon, le 4 juin 1899,
Le Doyen de la Faculté,
Président de la thèse,
E. CAILLEMER.

Vu et permis d'imprimer :
Lyon, le 5 juin 1899,
Le Recteur de l'Académie,
Président du conseil de l'Université,
GABRIEL COMPAYRÉ.

Imp. J. THEVENOT, Saint-Dizier (Haute-Marne).

www.ingramcontent.com/pod-product-compliance
Ingram Content Group UK Ltd.
Pitfield, Milton Keynes, MK11 3LW, UK
UKHW021054220726
13924UKWH00005B/2101